新訂
標準中国語作文

模範解答・音声付き

長谷川寛・張世国（原著）
中山時子（監修）
田芳・劉嘉惠・劉偉静（解答執筆）

東方書店

まえがき

　本書は，長谷川寛著『標準中国語作文』前編（改訂版）（1967年改訂第1刷, 1995年改訂第17刷）および，長谷川寛・張世国著『標準中国語作文』続編（改訂版）（1967年第1刷, 1995年改訂第9刷）の2冊を1冊にまとめ，各課の例題とその解答および，練習問題796題の模範解答を記載したものであります。前編の第1課から第60課，続編の第1課から第28課，計88課に通し番号を付けました。

　見開き左頁に例題とその解答・要点をまとめ，同じく見開き右頁に練習問題と単語，A・B・Cお三人の先生の中国語訳文を列記しています。原典の古い日本語は編集部の方で現代の日本語に改めました。また繁体字をすべて簡体字に改めました。

　長谷川先生は，『中国語作文』によって昭和初期から東京外国語大学の学生をきびしく指導され，学生運動の激しい時期には，他の先生方の研究室が荒らされたなか，長谷川先生のみはご無事で，「専門馬鹿」と書かれた紙が一枚，本の上に置かれていただけであったと聞いています。

　私も昭和24年，お茶の水女子大学奉職以来，新入生の前半期にはこの作文書によって学生を叱咤激励して中国語学習の基礎を作りました。この活動は定年後の今日に至るまで今なおゆるめておりません。

　この数十年間，私はこの作文書の練習問題について多くの日中両国人の先生方にご質問してきましたが，その回答は必ずしも納得のゆくものではありませんでした。この作文書の模範解答の出版を望む声は以前からありましたが，昨年来一人の好学の方から，模範解答を出版するなら全問題の中国語訳文を提供する，ただし中国人の先生の検討を受けること，自分については絶対に匿名にすることという申し出がありました。私は即座に快諾しここに長年渇望してきました796題の全中国語訳文を入手することができました。この匿名者の労作がなければ本書が世に出ることは永遠になかったでしょう。

　私は田芳先生（A）にお願いしていろいろな問題を解決していただき，これを模範解答といたしました。同時に，この機会に私は劉偉静先生（B），劉嘉恵先生（C）にお願いして本書の練習問題を何らの制約もつけずに自由に訳していただき併記しました。

　本書の学習者はまず見開きの左頁を熟読玩味し，それから右頁の練習問題の解答を自力で作成し，然る後にA先生の模範解答と比較検討して勉強していただきたい。その上で同じ日本文の訳でありながらA，B，Cお三人の先生の訳文の微妙な違いを学習，研究していただきたい。

　次に先生方のご紹介をします。田芳先生は，大学・大学院で一貫して中国語学を専攻され，来日後は，中国語検定試験出題者も務めました。武蔵高校，東亜学院等において長年中国

語教育に携わってこられた生粋の北京人です。劉偉静先生は上海人，中国語学，文学の専門家です。劉嘉恵先生は北京人，六十年余りの歴史をもつ「老舎を読む会」の講師として中国語表現法の授業を受け持っていただいています。お三人とも私共の個人教室の講師をお願いしています。

　なお，この本を学習なさって何か問題がありましたら，下記へご連絡ください。
　日本国東京都練馬区東大泉 6-34-21　大泉公館　中山時子・田芳

　最後に，もう一度，本書出版のために 796 題の解答お寄せてくださった匿名者に，この本をご利用なさる方々と共に心からの感謝を捧げたいと思います。
　本書をお使いになる皆様のご健闘を祈っております。

中山時子

原著はしがき

『標準中国語作文』前編
　本書は中国語の入門書である。中国語学習に必要と思われる基本的語型をそろえ，その語型を骨格として，日常卑近の言葉を配し，読み・書き・話す基礎を学習できるように工夫したつもりである。各課の要点は自宅で予習または独習できるように，わかりやすく説明した。教科書として，また参考書として，すこしでも役に立つことができたらと願う次第である。
　本書は陳東海氏，安念一郎氏，および輿水優君らの有益な助言を得て作ったものである。ここに厚く謝意を表する。

昭和36年1月3日　　長谷川寛

『標準中国語作文』続編
　「中国語を日本語に訳すのはよいが，中国語の作文はどうもねー」と敬遠する人がいます。これは「食わず嫌い」というものです。私の経験では，学生のころから中国語の作文はへたはへたなりで，けっこう面白くやって来ました。そして，いまでも作文の授業が一番楽しいと思っています。こういうのを「すきこそ物の上手なれ」だと見当はずれのほめかたをしてくれる友人がいますが，私の場合は「へたの横好き」というのでしょう。
　さて，中国語の作文というと，まず単語で，その単語の並べかたが問題になります。ことばの順序が正しいかどうか，単語が適切であるかどうか，発音してみて調子のよい文になっているかどうか？　これらの点を判断しなければなりません。それにはある程度中国文になれていないと判断できません。しかし，中国文になれることは一朝一夕ではできません。こうした場合，便法として例題の中国文を暗誦できるぐらい読んでみるのもひとつの方法だと思います。こうした心がまえで勉強してください。
　本書は言うまでもなく《標準中国語作文》「改訂版」の続編として作ったもので，張君（張世国）の協力を得て，訳語には万全を期し，すこしでも多くの単語をおぼえ，実用的方面に役立つようにしたものです。

昭和42年5月10日　長谷川寛

本書の使い方

　この本では各課でひとつの文型を学習する構成となっています。関連のある表現に触れながら，例題と訳を提示して説明しました。そして第1～60課は1課ごとに10個，第61～88課は各7個の練習問題が付いています。もともと2冊であった『標準中国語作文』の前編と続編を1冊にまとめましたので，第1～60課（前編）と第61～88課（後編）は練習問題の数以外でも形式が多少異なります。

　本書は，まず要点を読み，しっかり理解してから例題で文型の使い方を確認してください。最後に練習問題にチャレンジしてください。答えは同じページの下部に掲載されていますが，作文力をしっかり身につけるために，安易に解答を見ず，まずは挑戦してみてください。

　また，間違えたところを十分認識するため，練習問題は是非，紙に書いて学習してください。

　答え合わせをしたら，どこを間違えたのか突き詰めましょう。語法の問題であれば要点と例題を復習して正しい知識を身につけてください。単語の問題であれば各課の単語の部分で確認してください。

　徐々に難しくなっていきますから，飛ばさずに順番通りに学習することをお勧めします。

　本書にはMP3CDが付いていますから，必ず発音も確認してください。正しい作文を完成させてから音声を聴き，そして声を出してシャドーイングの練習もしてみましょう。

練習の解答について補足説明をさせていただきます。
1. 三人の先生の解答が同じ場合は「ABC：～」のようにまとめて表示しています。
2. 解答中，（　）は削除可能，〔　〕は直前の下線部と入れ替え可能な語句を示しています。
　 音声では（　）〔　〕内の語句は読んでいません。
3. ごくまれですが，第42課（85頁）や第43課練習7（87頁）のように，必ずしもその課で提示している文型・単語を使っていないことがあります。

田　芳

MP3CD について

本書にはMP3CDを附属しています。パソコンやMP3対応のCDプレーヤーでご利用ください。また、Windows Media Playerなどの音楽再生ソフトを立ち上げても、自動では読み込まれません。任意のフォルダにコピーしてからご利用ください。

目　次

1　一个 …………………… 2
　　ひとつ（数字の書きかた）
2　狗叫唤 …………………… 4
　　犬がほえる。（中国語の語順1）
3　不〜 …………………… 6
　　……しない。
4　是〜 …………………… 8
　　……だ。
5　〜的 …………………… 10
　　……の
6　不是〜 …………………… 12
　　……ではない。
7　（我）写字 …………………… 14
　　（私は）字を書く。（中国語の語順2）
8　有〜 …………………… 16
　　……がある。
9　没有〜 …………………… 18
　　……がない。
10　在〜 …………………… 20
　　いる。
11　〜吗？ …………………… 22
　　……か？
12　什么 …………………… 24
　　なに
13　是〜是〜？ …………………… 26
　　……か？　それとも……か？
14　是不是〜 …………………… 28
　　……ではありませんか？
15　一点儿 …………………… 30
　　すこし……
16　你自己去取！ …………………… 32
　　君は自分で取りに行け！（命令文）

17　不必〜 …………………… 34
　　……するにはおよばない。
18　〜了 …………………… 36
　　……になった。
19　正在〜呢 …………………… 38
　　……している。
20　〜过 …………………… 40
　　……したことがある。
21　要〜了 …………………… 42
　　もうすぐ……
22　一边〜一边〜 …………………… 44
　　……しながら……する。
23　把〜 …………………… 46
　　……を
24　一〜就〜 …………………… 48
　　……するとすぐに……（1）
25　用 …………………… 50
　　……をもって
26　跟 …………………… 52
　　……と
27　比〜 …………………… 54
　　……に比べて
28　得〜 …………………… 56
　　程度が……
29　〜不得了 …………………… 58
　　……でたまらない。
30　像〜 …………………… 60
　　……のようだ。
31　又〜又〜 …………………… 62
　　……したり，……したり
32　被 …………………… 64
　　……される。

v

#	中文	頁	#	中文	頁
33	叫～ ……させる。	66	50	只要～ ……さえすれば	100
34	会～ ……できる。	68	51	无论～ ……であろうと	102
35	～见 ……できた。	70	52	不是～，就是～ ……でなければ……である。	104
36	～不了 ……しきれない。	72	53	不但～，而且～ ……のみならず，しかも……	106
37	～不起 ……できない。	74	54	虽然～，可是～ ……であるが，しかし……	108
38	也许～ ……かもしれない。	76	55	就是～，也～ たとえ……でも	110
39	连～也～ ……さえ	78	56	越～越～ ……であるほど，いよいよ……	112
40	从～ ……から	80	57	为了～ ……のために（1）	114
41	应该～ ……すべきである。	82	58	难道～吗？ まさか……ではあるまい？	116
42	愿意～ ……したい。	84	59	别说～，连～ ……はおろか，……さえも	118
43	给～ ……してあげる。	86	60	与其～，（倒）不如～ ……するよりも，かえって……したほうが	120
44	早就～ とっくに……	88	61	除了～以外 ……を除いて	122
45	才～／就～ やっと……／もう……	90	62	非～不～ ……しなくてはいけない。	124
46	想不到～ ……とは思いもよらない。	92	63	只有～才～ ……してこそ	126
47	连～带～ ……に……を加えて	94	64	由～ ……が	128
48	因为～，所以～ ……なので，それで……	96	65	由于～ ……から	130
49	要（是）～，就～ もし……ならば	98	66	对于～ ……に対して	132

67 一~就~ …………………… 134 ……するとすぐに……（2）	84 不是~而是~ ………………… 168 ……ではなく……
68 弄 ……………………………… 136 する	85 爱~ ……………………………… 170 よく……
69 搞 ……………………………… 138 する	86 反而~ …………………………… 172 かえって……
70 以为~ ………………………… 140 ……だと思う	87 在~中 ………………………… 174 ……のなかでは
71 却~ …………………………… 142 ……なのに	88 为了~ ………………………… 176 ……のために（2）
72 几乎~ ………………………… 144 もうすこしで……	
73 究竟~ ………………………… 146 いったい……	同類語の説明 "知道"と"了解" 126
74 只好~ ………………………… 148 ……するよりほかはない	"对于"と"关于" 132 "高兴"と"愉快" 134
75 既然~ ………………………… 150 ……（する）以上	"以为"と"认为" 140 "庆祝"と"祝贺" 140
76 总~ …………………………… 152 どうしても……	"美丽"と"漂亮" 142 "几乎"と"不完全" 144
77 肯~ …………………………… 154 喜んで……	"几乎"と"简直" 144 "果然，居然，竟然" 146
78 白 ……………………………… 156 むだに	"揭露，暴露，揭发，揭穿" 160 "顽强，顽固，固执" 166
79 尽管~也~ …………………… 158 たとえ……でも	"好，爱，喜欢" 170 "夸奖"と"夸耀" 172
80 甚至于~ ……………………… 160 ……どころか	"明白"と"清楚" 174 "困苦"と"困难" 176
81 竟~ …………………………… 162 よくもまあ……	"互相"と"相互" 176
82 既~又~ ……………………… 164 ……のうえ……も	重要語句索引　179
83 似乎~ ………………………… 166 ……らしい	

新訂
標準中国語作文
模範解答・音声付き

ひとつ（数字の書きかた）
一个

1) 1. 2. 3. 4. 5. 6. 7. 8. 9. 10.
2) 11. 22. 33. 44. 55.
3) 100. 101. 102. 103.
4) 210. 220. 230.
5) 千五百。千五十。千五。二万二千。一億。
6) ひとつ。ふたつ。みっつ。よっつ。いつつ。

001

1) 一。二。三。四。五。六。七。八。九。十。
2) 十一。二十二。三十三。四十四。五十五。
3) 一百。一百零一。一百零二。一百零三。
4) 二百一（十）。二百二（十）。二百三（十）。
5) 一千五（百）。一千零五十。一千零五。两万二千。<u>一万万</u>〔一亿〕。
6) 一个。两个。三个。四个。五个。

【要点】
※ "一百，一千" のように "一" をつけて言う。ただし "十" のまえの "一" は省略することが多い。
※ "二百一" は 201 ではない。"二百一十" を省略した言いかたである。201 は "二百零一" と言う。
※ 1005 のように欠けている位には "零" を補うが，「0」がいくつ続いても "零" はひとつでよい。ただし，電話の番号などは "一零零五" のように言う。
※ "二" と "两" の用いかた……200 は "二百" が普通だが，"两百" とも言う。また，"二千" "二万" とも言うが，"两千" "两万" が普通である。なお「ひとつ」「ふたつ」と数える場合は "一个，两个" であるが，「12 こ，22 こ」は "十二个，二十二个" といい，これらの "个" は軽読…すなわち本来の声調を失い，軽く発音する。
※ "一" は元来第一声であるが，"一" のつぎにくる言葉によって声調が変わる。
　（A）第一，二，三声がきたときは…第四声に発音。
　（B）第四声がきたときは…………第二声に発音。
※ "二十二，二十三" など中間にはさまっている "十" は普通軽読される。

練習

1. 105.
2. 180.
3. 244.
4. 1,200.
5. 1,020.
6. 3,002.
7. 13,055.
8. 11,894.
9. 37,841.
10. 116,592.

【練習】解答

1. ＡＢＣ：一百零五。
2. ＡＣ：一百八。　　　　Ｂ：一百八十。
3. Ａ：两百四十四。　　　ＢＣ：二百四十四。
4. Ａ：一千两百。　　　　Ｂ：一千二百。　　　Ｃ：一千二。
5. ＡＢＣ：一千零二十。
6. ＡＢＣ：三千零二。
7. ＡＢＣ：一万三千零五十五。
8. ＡＢＣ：一万一千八百九十四。
9. ＡＢＣ：三万七千八百四十一。
10. ＡＢＣ：十一万六千五百九十二。

【単語】

一 yī　二 èr　三 sān　四 sì　五 wǔ　六 liù　七 qī　八 bā　九 jiǔ　十 shí　百 bǎi　零 líng　千 qiān
万 wàn　亿 yì　个 gè

中国語作文 2　犬がほえる。(中国語の語順1)

狗 叫唤

1) 彼は来ます。
2) 私が行きます。
3) 犬がほえる。
4) 鳥が飛ぶ。
5) これはおおきい。
6) それはちいさい。

○003

1) 他 来。
2) 我 去。
3) 狗 叫唤。
4) 鸟儿 飞。
5) 这个 大。
6) 那个 小。

【要点】

※ 言葉の順序――すなわち語順によって「テ，ニ，ヲ，ハ」の関係を表わすのが中国語の特徴である。
※ "我去"では"我"が主語，"去"が述語。"这个大"では"这个"が主語，"大"が述語。なお「彼が来ます」「彼は来ます」のいずれも"他来"である。
※ 日本語では「ぼく，わたし，おれ」などあるが，中国語は"我"だけである。また「君，おまえ，あなた」も"你"だけである。ただし"你"をていねいに言うときには"您 nín"とも言う。
※ "这"の発音は zhè であるが，場所を示す場合を除いて，zhèi とも発音する。同様に"那"を nèi とも言う。
※ 「君は聞く」は"你听"であるが，話しの場によって，「君聞きなさい」ともなる。第16課参照。
※ 練6"小鸟儿"のように第三声がふたつ重なったときは，普通最初のほうを第二声に変えて発音する。
　　xiǎoniǎor → xiáoniǎor

練 習

1. 私が話す（说）。
2. 君（你）は聞く（听）。
3. 彼は笑う（笑）。
4. 子供（孩子）が泣く（哭）。
5. 猫（猫）が鳴く（叫唤）。
6. 小鳥（小鸟儿）がさえずる（哨）。
7. 犬がはしる（跑）。
8. 馬（马）がはしる。
9. これは長い（长）。
10. それは短い（短）。

【練習】解答

004

1. AC：我说。　　　　　　B：我来说。
2. AC：你听。　　　　　　B：你听吧。
3. AC：他笑。　　　　　　B：他在笑。
4. AC：孩子哭。　　　　　B：小孩在哭。
5. A：猫叫唤。　　　　　 B：猫儿在叫。　　　　　C：猫叫。
6. A：小鸟儿鸣〔哨〕。　　B：小鸟儿在叽叽喳喳地叫。　C：鸟儿啼。
7. AC：狗跑。　　　　　　B：狗儿在跑。
8. AC：马跑。　　　　　　B：马儿在奔。
9. AB：这个很长。　　　　C：这个长。
10. AB：那个很短。　　　　C：那个短。

【単語】

他 tā　来 lái　我 wǒ　去 qù　狗 gǒu　叫唤 jiàohuan　鸟儿 niǎor　飞 fēi　这 zhè　大 dà　小 xiǎo　那 nà
说 shuō　你 nǐ　听 tīng　笑 xiào　孩子 háizi　哭 kū　猫 māo　哨 shào　跑 pǎo　马 mǎ　长 cháng　短 duǎn

中国語作文 3   ……しない。
不～

1) 私は行きません。
2) 彼も行きません。
3) 私たちはみんな行きません。
4) これはよくない。
5) それもよくない。
6) 品物がみんなよくない。

005

1) 我　　　不去。
2) 他　也　不去。
3) 我们　都　不去。
4) 这个　　　不好。
5) 那个　也　不好。
6) 东西　都　不好。

【要点】

※「行きません」というように動詞をうちけす時には，うちけす言葉のまえに否定の副詞"不"をそえる。なお「行かなかった」と言う場合は第20課参照。

※"也（～も）""都（みんな）"などは副詞であり，副詞の位置は動詞・形容詞のまえ，または他の副詞のまえかあとにつく。

※形容詞をうちけすには，そのまえに"不"をそえる。

※"不"は第四声であるが，"不"のつぎに第四声の言葉がきたときにかぎり，"不"を第二声に発音して，否定の語気をはっきりと示す。

※"我们・你们・他们"はそれぞれ"我・你・他"の複数を表わすが，"您们"という言葉はない。なお聞き手をも含めて「私たち」と言うとき"咱们 zánmen"と言う。

練習

1. 私は話しません。
2. 彼は聞かない。
3. 私は泣かない。
4. 私は見（看）ない。
5. 彼も見ません。
6. 私たちはみんな見ない。
7. 品物が多く（多）ない。
8. 品物が少なく（少）ない。
9. 道（道儿）が遠く（远）ない。
10. 道が近く（近）ない。

【練習】解答　006

1. ＡＢＣ：我不说。
2. ＡＢＣ：他不听。
3. ＡＢＣ：我不哭。
4. ＡＢＣ：我不看。
5. ＡＢＣ：他也不看。
6. ＡＢＣ：我们都不看。
7. ＡＣ：东西不多。　　　　Ｂ：东西不太多。
8. ＡＢＣ：东西不少。
9. Ａ：道儿不远。　　　Ｂ：路程不太远。　　　Ｃ：路不远。
10. Ａ：道儿不近。　　　Ｂ：路程不太近。　　　Ｃ：路不近。

【単語】

不 bù　也 yě　我们 wǒmen　都 dōu　好 hǎo　东西 dōngxi　看 kàn　多 duō　少 shǎo　道儿 dàor
远 yuǎn　近 jìn

中国語作文 4 ……だ。 是〜

1) これは椅子です。
2) これはテーブルです。
3) これは寝台です。
4) それはふとんです。
5) それは毛布です。
6) それは枕です。

○ 007

1) 这个　　是　椅子。
2) 这个　　是　桌子。
3) 这(个)　是　床铺。
4) 那个　　是　铺盖。
5) 那个　　是　毯子。
6) 那(个)　是　枕头。

【要点】
※ 名詞を述語にするときは，その名詞のまえに"是"をそえる。ただしこの"是"は軽読される。なおごく限られた言葉——すなわち日にち・出生地・数量などを言う場合には名詞が述語の働きをする。
　　明天星期三。(明日は水曜だ)
しかし"明天星期三"が他の言葉の一部となって，"明天星期三我去"と言えば，「明日の水曜に私は行く」となるので，常に前後の関係に注意しなければならない。
※ 例3・6の"个"をカッコに入れたのは，省略できることを示したものである。ただし"桌子是这个（机はこれだ）"と言う場合——すなわち文尾にきた"这个"の"个"は省略できない。だから"桌子是这"とは言わない。
※ シングルベッドを"单人床 dānrénchuáng"，ダブルを"双 shuāng 人床"という。
※ "孩子・桌子・枕头"などの"子・头"は名詞の接尾辞で，軽読する。
※ "床铺"の"铺"は第四声，"铺盖"の"铺"は第一声である。ひとつひとつ区別して記憶するのも，また楽しいことではなかろうか！
※ "是"は単独で「はい・そうです」と言う肯定の返事になる。
※ "牙"を"牙齿"とも言う。

4

練習

1. これは顔（脸）です。
2. これは頭（脑袋／头）です。
3. これは目（眼睛）です。
4. これは鼻（鼻子）です。
5. これは口（嘴）です。
6. それは歯（牙）です。
7. それは耳（耳朵）です。
8. それは手（手）です。
9. それは足（脚）です。
10. それは髪（头发）です。

【練習】解答　　　　　　　　　　　　　　　　　　　　　008

1. ＡＢＣ：这是脸。
2. ＡＣ：这是头。　　　　　　Ｂ：这是脑袋。
3. ＡＢＣ：这是眼睛。
4. ＡＢＣ：这是鼻子。
5. ＡＣ：这是嘴。　　　　　　Ｂ：这是嘴巴。
6. Ａ：那是牙。　　　　　　　ＢＣ：那是牙齿。
7. ＡＢＣ：那是耳朵。
8. ＡＢＣ：那是手。
9. ＡＢＣ：那是脚。
10. ＡＢＣ：那是头发。

【単語】

是 shì　椅子 yǐzi　桌子 zhuōzi　床铺 chuángpù　铺盖 pūgai　毯子 tǎnzi　枕头 zhěntou　脸 liǎn　脑袋 nǎodai　头 tóu　眼睛 yǎnjing　鼻子 bízi　嘴 zuǐ　牙 yá　耳朵 ěrduo　手 shǒu　脚 jiǎo　头发 tóufa　齿 chǐ

9

中国語作文 **5** ……の

~的

1) 君の服。
2) 私の帽子。
3) 彼の革靴。
4) これは君のレインコートです。
5) その靴下は私の(靴下)です。
6) これらはみんな君のセーターです。

──────── 009 ────

1) 你的　衣服。
2) 我的　帽子。
3) 他的　皮鞋。
4) 这个　是　你的　雨衣。
5) 那个袜子　是　我的（袜子）。
6) 这些　都是　你的　毛衣。

【要点】

※〈修飾語＋名詞〉の構文は"的"を用いてつなげる。たとえば"中国的国旗（中国の国旗）","看的人（見る人・見た人）","不好的东西（よくない品物）"。ただし"我(的)父亲（私の父）"のように修飾語が代名詞で家族・親戚・勤務先など所属関係を表わしたりする場合とか，あるいは"中国人""皮鞋"のように熟語化したもの，または"好人""大帽子"のように単音節の形容詞が修飾語となるとき，特にその修飾語を強調する必要がなければ，いずれも"的"を省略することができる。

※"这・那"などの指示代名詞が修飾語となるときは，例5"这个袜子"のように直接つながるので，"的"を用いない。

※動詞・形容詞なども"是～的"の型を用いて〈判断句〉（分類・説明などを表現する文）とすることができる。たとえば

　　这个是好的。（これはよいものだ）　我是去的。（私は行くのです）

なお"这个是好"と言うと，「これはたしかによい」となり，"是"が強調する言葉に変わってしまう。この場合の"是"は重読…すなわち声調を特にはっきりと発音する。

　　他[是]勇敢。（彼は[たしかに]勇敢だ）

5

練習

1. 君の洋服（西服）。
2. 私の上着（上衣）。
3. 彼のズボン（裤子）。
4. これは彼のシャツ（衬衣）です。
5. それは私の手袋（手套）です。
6. このワイシャツ（衬衫）は彼のです。
7. そのハンカチ（手绢／手帕）は君のです。
8. このマフラー（围巾）は私のです。
9. そのコート（大衣）は彼のです。
10. それらはみんな君のネクタイ（领带）です。

【練習】解答　　010

1. ＡＢＣ：你的西服。
2. ＡＢＣ：我的上衣。
3. ＡＢＣ：他的裤子。
4. ＡＣ：这是他的衬衣。　　　　　　Ｂ：这是他的衬衫。
5. ＡＢ：那是我的手套。　　　　　　Ｃ：那是我的手套儿。
6. ＡＢＣ：这件衬衫是他的。
7. Ａ：那块手绢是你的。　　Ｂ：那块手帕是你的。　　Ｃ：那条手绢儿是你的。
8. ＡＢＣ：这条围巾是我的。
9. ＡＢＣ：那件大衣是他的。
10. ＡＣ：那些都是你的领带。　　　　Ｂ：这些都是你的领带。

【単語】

的 de　　皮鞋 píxié　　衣服 yīfu　　帽子 màozi　　雨衣 yǔyī　　袜子 wàzi　　这些 zhèxiē　　毛衣 máoyī　　西服 xīfú
上衣 shàngyī　　裤子 kùzi　　衬衣 chènyī　　手套 shǒutào　　衬衫 chènshān　　手绢 shǒujuàn　　手帕 shǒupà
围巾 wéijīn　　领带 lǐngdài

11

……ではない。
不是～

1) 彼は学生ではありません。
2) 彼は大学教授ではありません。
3) 私たちはみんな技師ではない。
4) 彼らのすべてが労働者というわけではない。
5) 彼は用務員ではない。(彼は)事務員だ。
6) 彼は私の親戚ではない。(彼は私の)同郷人だ。

1) 他　不是　学生。
2) 他　不是　大学教授。
3) 我们　都不是　技师。
4) 他们　不都是　工人。
5) 他　不是　工友,（他）是　办事员。
6) 他　不是　我的亲戚,（他）是（我的）同乡。

【要点】
※ 例5・6のような場合，後句の主語を省略することが多い。
※ "是"の否定には"不"を用いる。"都不是～（みんな…でない）""不都是～（すべてが…であるのではない）"というように，"不"以下が否定されることに注意。
※ "不是"は単独で，「過失・不正」という名詞にも，また「いいえ・ちがいます」という否定の返事にもなる。
　　不是，是我的不是。(いいえ，私が悪いのです)
※ 中国語で"学生"と言えば生徒・学生のことをいう。
※ 郵便配達夫，商人の"送信的(人)"，"做买卖的(人)"などは普通"人"を省略する。なお"送信的"よりも"邮递员"のように"员"を用いた言葉のほうがていねいないいかたである。
※ 本課までの発音をしっかりと学習したら，第7課からの学習は容易になろう。とにかく発音のレッスンにもっと力を入れることにしよう。

6

練習

1. 彼は医者（医生／大夫）ではない。
2. 彼は私たちの同僚（同事）ではない。
3. 私は君たちの先生（老師）ではない。
4. 彼は私の友人（朋友）ではない。
5. 君は貧乏人（穷人）ではない。大金持ち（富人）だ。
6. 彼は支配人（经理）だ。課長（科长）ではない。
7. 私たちはみんな農民（农民）ではない。
8. 彼は郵便配達（邮递员／送信的）で，商人（商人／做买卖的）ではない。
9. 君は秘書（秘书）で，経理（会计）ではない。
10. 彼らのすべてがインテリ（知识分子）というわけではない。

【練習】解答　　　　　　　　　　　　　　　　　　012

1. A：他不是大夫。　　　　　　BC：他不是医生。
2. ABC：他不是我们的同事。
3. AB：我不是你们的老师。　　　C：我不是你们的先生。
4. ABC：他不是我的朋友。
5. A：你不是穷人，是富人〔大款〕。　B：你不是穷人，而是大富翁。
   C：你不是穷人，你是有钱人。
6. A：他是老板，不是科长。　　B：他是经理，而不是科长。
   C：他是经理，不是科长。
7. ABC：我们都不是农民。
8. A：他是邮递员，不是商人。　B：他是邮递员，而不是商人。
   C：他是送信的，不是做买卖的。
9. AC：你是秘书，不是会计。　　B：你是秘书，而不是做会计的。
10. A：他们不都是知识分子。　　B：他们所有的人并不都能说是知识分子。
    C：他们并不都是知识分子。

【単語】
学生 xuésheng　大学 dàxué　教授 jiàoshòu　技师 jìshī　工人 gōngrén　工友 gōngyǒu　办事员 bànshìyuán
亲戚 qīnqi　同乡 tóngxiāng　医生 yīshēng　大夫 dàifu　同事 tóngshì　老师 lǎoshī　朋友 péngyou
穷人 qióngrén　富人 fùrén　经理 jīnglǐ　科长 kēzhǎng　农民 nóngmín　邮递员 yóudìyuán
送信的 sòngxìnde　商人 shāngrén　做买卖的 zuòmǎimaide　秘书 mìshū　会计 kuàijì　知识分子 zhīshifènzǐ

（私は）字を書く。（中国語の語順2）

（我）写字

1) （私は）字を書く。
2) （彼は）辞典をひく。
3) 第六課をひらく。
4) 私は教科書を読む。
5) 先生は本を講義する。
6) 知っている者が手をあげる。

───────────────────── ◉ 013 ─

1) （我）写 字。
2) （他）查 词典。
3) 翻开 第六课。
4) 我 念 课本。
5) 先生 讲书。
6) 知道的人 举 手。

【要点】
※ 動詞が客語をともなう場合は，〈主語＋動詞＋客語〉の語順である。なお主語が明瞭な場合省略される点は日本語とまったく同じ。
※ 例3の"翻开"を"打开"とも言う。
※ 酒・油・醬油など液体を買う場合には，"买"のほかに"打"も用いられる。たんに"肉"と言えば「豚肉」を指すことが多い。
※ 修飾語は普通修飾する言葉のまえにおかれる。たとえば
　　我父亲不看今天的报。（[私の] 父は [今日の] 新聞を見 [ない]）
※ 三人称の言葉はみな tā という発音であるが，文字の上では人間以外の事物を"它"と書きわける。

練習

1. 私たちはみんな紅茶（红茶）をのむ（喝）。
2. 彼はコーヒー（咖啡）をのまない。
3. 私はギョーザ（饺子）をたべる（吃）。
4. ごはん（米饭）をたべ，うどん（面）をたべない。
5. パン（面包）をたべ，牛乳（牛奶）をのむ。
6. 彼女（她）は晩ご飯（晚饭）の準備をする（预备）。
7. 私は昼食（午饭）をたべ，朝食（早饭）をたべない。
8. 私はおかゆ（粥）を作り（做），彼はスープ（汤）を作る。
9. 君が酒（酒）を買い（买），私が肉（肉）を買い，彼は料理（菜）を作る。
10. 私は日本酒（日本酒）をのみ，彼はビール（啤酒）をのむ。

【練習】解答　　　　　　　　　　　　　　　　　　　　　　014

1. ＡＢＣ：我们都喝红茶。
2. ＡＢＣ：他不喝咖啡。
3. ＡＢＣ：我吃饺子。
4. ＡＣ：吃米饭，不吃面。　　　　Ｂ：吃米饭，但不想吃乌冬面。
5. ＡＣ：吃面包，喝牛奶。　　　　Ｂ：又吃面包又喝牛奶。
6. Ａ：她预备晚饭。　　　　　　　Ｂ：她在做晚饭的准备。　　　　Ｃ：她予备晚饭。
7. ＡＣ：我吃午饭，不吃早饭。　　Ｂ：我吃午饭，但不吃早饭。
8. Ａ：我熬粥，他做汤。　　　　　Ｂ：我煮粥，他做汤。　　　　　Ｃ：我做粥他做汤。
9. Ａ：你买酒，我买肉，他做饭。　Ｂ：你去买酒，我去买肉，他做菜。
   Ｃ：你买酒，我买肉，他做菜。
10. ＡＢＣ：我喝日本酒，他喝啤酒。

【単語】

写 xiě　查 chá　词典 cídiǎn　翻开 fānkāi　第 dì　念 niàn　课本 kèběn　讲 jiǎng　知道 zhīdào　举 jǔ
红茶 hóngchá　喝 hē　咖啡 kāfēi　饺子 jiǎozi　吃 chī　饭 fàn　面 miàn　面包 miànbāo　牛奶 niúnǎi
她 tā　晚 wǎn　预备 yùbèi　午 wǔ　早 zǎo　粥 zhōu　汤 tāng　酒 jiǔ　肉 ròu　菜 cài　日本 Rìběn
啤 pí　米 mǐ

中国語作文 8 ……がある。
有〜

1) ここに手紙が一通ある。
2) そこに本が二冊ある。
3) ここに雨傘が三本ある。
4) 私は紙を四枚もっている。
5) 君は洋服を五着もっている。
6) 彼のところにはシェパードが六匹いる。

───015───

1) 这里　有　一封信。
2) 那里　有　两本书。
3) 这里　有　三把雨伞。
4) 我　　有　四张纸。
5) 你　　有　五套西服。
6) 他那里　有　六条狼狗。

【要点】

※ "这里"を"这儿"とも言う。なお「こちら，こちらがわ」と言うときは"这边儿 zhèbiānr"と言う。

※ 本課の"有"は存在・所有を表わす。すなわち場所を表わす言葉《場所詞》が主題語のときは「どこどこにある」，人を表わす言葉が主語のときは「だれだれはもっている」となる。なお主題語とは文全体の主題・広い意味での主語を指す。

※〈場所詞＋有／没有〜〉の文では介詞"在"を文頭に用いることはできない。"在"の使いかたは第10課を参照のこと。

※ 一人・一通・二冊のように，人や物を数える言葉を《名量詞》と言う。多くの名詞は特定の量詞をもっているが，"个"は特定の量詞のない名詞や，他の量詞のかわりにも用いられる。量詞は名詞に直接接続するので"一封的信"とは言わない。

※ "封"は手紙のように封をする物，"本"は書物・雑誌，"把"は傘・刀・扇子など手で握る物，"张"は紙・机・寝台・絵など平らな物，"套"は衣服・茶器などひと纏めになった物，"条"は道・川・縄・ズボン・魚・蛇・犬など細長い物，"双"は靴・靴下・箸など二つで揃う物というように用いかたがきまっている。

練 習

1. ここに道が一本（条）ある。
2. そこに一本（条／道）の川（河）がある。
3. ここに一足（双）の革靴がある。
4. そこに片方（一只）のゴム長靴（长胶鞋）がある。
5. 山には（山上）お寺が一軒（一座庙）ある。
6. 山のふもとに（山脚下）林がひとつ（一座树林子）ある。
7. 彼には妹（妹妹）が二人（两个）いる。
8. 君は鉛筆（铅笔）を三本（枝）もっている。
9. 君のところに猫が四匹（只）いる。
10. 彼のところに寝台が五つ（张）ある。

【練習】解答

1. A：这儿有一条道。　　　　　　BC：这里有一条路。
2. A：那有一道河。　　　　B：那里有一条河。　　C：那儿有一条河。
3. A：这儿有一双皮鞋。　　　　　BC：这里有一双皮鞋。
4. AB：那里有一只长胶鞋。　　　C：那儿有一只长胶鞋。
5. ABC：山上有一座庙。
6. A：山脚下有一座树林子。　　　B：山脚下有一排树林。　　C：山脚下有一片树林。
7. ABC：他有两个妹妹。
8. A：你有三枝铅笔。　　　　　　BC：你有三支铅笔。
9. AB：你那里有四只猫。　　　　C：你那儿有四只猫。
10. A：他那里有五张床。　　　　　B：他的那里有五张床。　　C：他那儿有五张床。

【単語】

这里 zhèli　有 yǒu　一封信 yīfēngxìn　把 bǎ　伞 sǎn　张 zhāng　纸 zhǐ　条 tiáo　狼 láng　河 hé
双 shuāng　只 zhī　长 cháng　胶鞋 jiāoxié　山 shān　座 zuò　庙 miào　脚下 jiǎoxià　树林子 shùlínzi
妹妹 mèimei　枝 zhī　铅笔 qiānbǐ

中国語作文 9 没有～

……がない。

1) あそこには病院がありません。
2) あそこには百貨店がありません。
3) ここには劇場がなく，映画館がある。
4) この付近にはよい喫茶店がない。
5) 今日は私は用事がない。
6) 明日は（私は）忙しくて，（私は）ひまがない。

017

1) 那里　没有　医院。
2) 那里　没有　百货公司。
3) 这里　没有　戏院，有　电影院。
4) 这附近　没有　好咖啡馆儿。
5) 今天　我没（有）　事（情）。
6) 明天　（我）很忙，（我）没有　工夫。

【要点】
※ "有"を否定するときは"没"を用いる。なお"没有事情・没有工夫"などの"没有"のかわりに，単に"没"と言うこともできるが，文尾にきたときは"有"は省略できない。第11課例6参照。"事情"は「仕事・用事・事柄」ということで，「じじょう」ではなく，"工夫"は「ひま・時間」ということで，「くふう」の意味はない。なお"事情"の"情"は省略されることがある。
※ "很忙"の"很"をハッキリと発音すれば「たいへん」となるが，軽読するときは，特に強調の意味をもたない。
※ 例5・6の主語は"我"である。"今天・明天"はそれぞれ"我"で始まる文全体の主題語になる。なお主題語は常に主語に先行する。ただし例6を"我明天很忙"と言えば，"明天"は"很忙"を修飾することになり，主題語とはならない。中国語は前後の関係が非常に大切であることに注意。英文法と混同して主語をやかましく考えるよりも，こうした点，日本語によく似ていることに注目すべきである。
※ 練10「学校がやすみになる」を"学校放假"と言う。

練習

1. ここには店（商店／铺子）がありません。
2. あそこには本屋（书店／书铺）がありません。
3. この付近には郵便局（邮局）がありません。
4. あそこにはよいレストラン（饭馆）がない。
5. ここには理髪店（理发馆）があって，銭湯（澡堂）がない。
6. ここは田舎（乡下）です。ホテル（旅馆）はありません。
7. 午前中（上午）は学校があって（有课），ひまがない。
8. 午後（下午）は用事がなく，ひまがあります。
9. 午前午後とも（都）ひまがありません。
10. 明後日（后天）は学校がやすみで（放假）授業（课）がない。

【練習】解答　018

1. A：这儿没有铺子。　　　　　　　BC：这里没有商店。
2. A：那儿没有书店。　　　　　　　BC：那里没有书店。
3. ABC：这附近没有邮局。
4. A：那里没有好饭馆儿〔菜馆／餐厅〕。
   B：那里没有好的饭店。　　　　　C：那儿没有好的饭馆。
5. A：这里有理发馆，没有澡堂。　　B：这里有理发店，但没有公共澡堂。
   C：这儿有理发店，没有澡堂。
6. A：这里是乡下，没有饭店。　　　B：这里是乡下，没有宾馆。
   C：这儿是乡下，没有旅馆。
7. A：上午我有课，没工夫〔时间〕。　B：上午要上学，没有空。
   C：上午学校有课，没空儿。
8. A：下午我没有事情，有空儿。　　B：下午没有事，有空闲时间。
   C：下午没事，有空儿。
9. A：上午下午我都没有工夫〔时间〕。B：上午和下午都没有空。　C：上下午都没空。
10. A：后天学校放假，没有课。
    B：后天学校放假，不用上课。　　C：后天学校放假，没课。

【単語】

没 méi　医院 yīyuàn　百货 bǎihuò　公司 gōngsī　戏院 xìyuàn　电影 diànyǐng　附近 fùjìn　很 hěn
馆 guǎn　今天 jīntiān　事情 shìqíng　明天 míngtiān　忙 máng　工夫 gōngfu　铺子 pùzi　书店 shūdiàn
邮局 yóujú　理发 lǐfà　澡堂 zǎotáng　乡下 xiāngxià　旅馆 lǚguǎn　上午 shàngwǔ　课 kè　下午 xiàwǔ
放假 fàngjià

中国語作文 10　　在〜いる。

1） 彼はこの部屋にいます。
2） 客もこの部屋にいます。
3） 父は会社で働く。
4） 母は家で働く。
5） 姉は学校で勉強する。
6） 子供たちはそとで遊ぶ。

──019──

1） 他　在　这屋子里。
2） 客人　也　在　这屋子里。
3） 父亲　在　公司里　做事。
4） 母亲　在家里　做活。
5） 姐姐　在学校里　读书。
6） 孩子们　在外头　玩儿。

【要点】

※ 例1・2の場合，"在"は動詞であるが，例3以下のように他に動詞があるときは，"在"は場所や時間を示す前置詞——すなわち《介詞》に変わる。

※ 「会社で働く」を英語式に"做事在公司里"と訳出しないように注意。なお"做事"は広く仕事をする意味に用いるが，"做活"のほうは主として肉体的な仕事を指す。

※ "里头有人（なかに人がいる）"，"外头有人（そとに人がいる）"などの"里头・外头"は方位を示す名詞であるが，"里・外・上"などは名詞について場所詞を作る。

　　屋子里（部屋のなか）　　门外（ドアのそと）　　楼上（階上）

※ 一般に国名・地名や省略体（たとえば"初级中学校"を"初中"というとき）などのあとには"里"をつけない。公共的な建物には"里"をつけても，つけなくてもよい。

※ "英文・法文・中文"などを"英语・法语・汉语"とも言う。

練習

1. 兄（哥哥）はドアのそと（门外）にいます。
2. 弟（弟弟）は工事現場（工地上）にいます。
3. 一番上の兄（大哥）は役所（机关）で働く。
4. 私は畑（庄稼地里）で働く。
5. 彼は中学（初中）で英語を学ぶ（学英文）。
6. 君は高校（高中）でフランス語（法文）を学ぶ。
7. 私は大学（大学）で中国語（中文）を学ぶ。
8. その女子学生（女学生）は夜学（夜校）でロシア語（俄语）を学ぶ。
9. 私は家で外国語（外语）を学ぶ。
10. 彼らは図書館（图书馆）で勉強する。

【練習】解答　020

1. A：哥哥在门外头。　　　　　　　BC：哥哥在门外。
2. AB：弟弟在工地上。　　　　　　C：弟弟在工地。
3. A：大哥在机关做事〔上班〕。　　B：大哥在机关里工作。　C：大哥在机关工作。
4. A：我在庄稼地里做活。　　　　　B：我在田地里干活。　　C：我在地里干活。
5. A：他在初中学习英文。　　　　　B：他在初中学英语。　　C：他在初中学英文。
6. A：你在高中学习法语。　　　　　B：你在高中学法语。　　C：你在高中学法文。
7. A：我在大学学习中文。　　　　　BC：我在大学学中文。
8. A：那个女学生在夜校学习俄语。　B：那个女学生在夜校学俄语。
   C：那个女学生在夜校学俄文。
9. A：我在家里学习外语。　　　　　B：我在家里学外语。　　C：我在家学外文。
10. A：他们都在图书馆学习。　　　　B：他们在图书馆里学习。　C：他们在图书馆学习。

【単語】

在 zài　屋子 wūzi　客人 kèrén　父亲 fùqīn　母亲 mǔqīn　活 huó　姐姐 jiějie　读 dú　外头 wàitou
玩儿 wánr　门 mén　弟弟 dìdi　大哥 dàgē　机关 jīguān　庄稼 zhuāngjia　地 dì　初中 chūzhōng
英文 Yīngwén　高中 gāozhōng　法文 Fǎwén　女 nǚ　夜校 yèxiào　俄语 Éyǔ　外语 wàiyǔ
图书馆 túshūguǎn

中国語作文 **11**　……か？
～吗？

1) 君は乗車券を買いますか？
2) 君も彼を迎えに行きますか？
3) これは一等車ですか？
4) 駅は遠いですか，遠くないですか？
5) 今日は船が出ますか，出ませんか？
6) 君は特急券を持っていますか，いませんか？

───────────────────────────●─021─

1) 你 买 车票 吗？
2) 你 也 接 他 去 吗？
3) 这辆 是 软席车 吗？
4) 火车站 远不远？
5) 今天 船 开不开？
6) 你 有 快车票 没有（快车票）？

【要点】
※ 疑問文にするときには，文尾に助詞"吗"をそえたり，または〈肯定＋否定〉の言いかたを用いる。例1・4 などを"你买车票不买""火车站远吗"のように言いかえることもできるし，例6を"你有没有快车票"とも言う。なお実際の場合には，例1・2・3などの"吗"を省略して，最後の一音節——たとえば例1の"票"を尻上りに発音することによって疑問の語気を表わしたり，例4・5などの最後の"远""开"を省略することがある。しかし初歩のときはこのような省略した言いかたを敢えてまねるに及ばない。
※ "我接他去"の"去"は動作の方向を示す趨向動詞で，動詞の前または後に位置し，"我接他去"では動作の目的を示し，"我去接他"では，動作の趨勢を示し，"我去接他去"ではこれらの意味をあわせて示す。
※ "认得"とは（人・物・所・道・字などを）見知っている意である。
※ 客車の乗車口には"软座车・硬座车"などと書いてあるが，"软席车・硬席车"とも言う。

練 習

1. 君は寝台券（卧铺票）を買いますか？
2. 君も彼を見送り（送）に行きますか？
3. これは二等車（硬席车）ですか？
4. つぎの駅（下一站）は北京ですか？
5. 君は駅長（站长）を知って（认得）いますか？
6. 波止場（码头）は遠いですか，遠くないですか？
7. 私たちは乗換え（换车）しますか，しませんか？
8. 彼はホテルに泊まり（住旅馆）ますか，泊まりませんか？
9. チップをやり（给小费）ますか，やりませんか？
10. 君は証明書（证明书）を持っていますか，いませんか？

【練習】解答　　　　　　　　　　　　　　　　　　　　022

1. ＡＢＣ：你买卧铺票吗？
2. Ａ：你也送他去吗？　　　　　ＢＣ：你也去送他吗？
3. Ａ：这（辆）是硬席车吗？　　Ｂ：这个是硬席车吗？　　Ｃ：这里是硬座车吗？
4. ＡＣ：下一站是北京吗？　　　Ｂ：下一站是北京站吗？
5. Ａ：你认得站长吗？　　　　　Ｂ：你认识站长吗？　　　Ｃ：你认识这里的站长吗？
6. ＡＢ：码头远不远？　　　　　Ｃ：码头离这儿远不远？
7. Ａ：我们换车不换（车）？　　ＢＣ：我们换不换车？
8. Ａ：他住饭店不住（饭店）？　Ｂ：他住不住宾馆？　　　Ｃ：他住不住旅馆？
9. Ａ：你给小费不给（小费）？　Ｂ：要不要给小费？　　　Ｃ：给不给小费？
10. Ａ：你带着证件没有（证件）？　Ｂ：你带没带证明书？　Ｃ：你有没有证件？

【単語】

车票 chēpiào　吗 ma　接 jiē　辆 liàng　软席车 ruǎnxíchē　火车站 huǒchēzhàn　船 chuán　开 kāi　快 kuài
卧 wò　送 sòng　硬 yìng　北京 Běijīng　站长 zhànzhǎng　认得 rènde　码头 mǎtóu　换 huàn　住 zhù
给 gěi　小费 xiǎofèi　证明 zhèngmíng

中国語作文 12 什么(なに)

1) 君はどこへ行きますか？
2) 君はなんじの汽車にのりますか？
3) 明日のいつごろ帰って来ますか？
4) 君はなぜ乗車券を買わないのですか？
5) これらの手回り品はだれのですか？
6) その鉄橋はどのくらいの長さがありますか？

023

1) 你上哪儿去?
2) 你 坐 几点钟的 车?
3) 明天 什么时候 回来?
4) 你 怎么 不买 车票?
5) 这些 手使的东西 是谁的?
6) 那架 铁桥 有多（么）长?

【要点】

※ 文中に"什么・怎么・几・哪"などの疑問詞を用いると疑問文になるから，文尾に"吗"を更に加えてはいけない。"什么"は「なに？」と言うことで，"那是什么?（それはなに）"のように単独でも用いられる。"怎么"は「なぜ・どういうわけで？」ということだが，また"怎么了""怎么样"となって動詞にもなる。

　　　他怎么了。（彼はどうしたか？）

※〈多(么)＋形容詞〉で疑問句にも感嘆句にもなる。例6は場合によっては「その鉄橋はなんと長いこと！」となる。同じ言葉が疑問句にも感嘆句にもなると言うと，混同することはないか？と心配するかもしれないが，すべては『話しの場』が解決する。いらぬ心配するよりも単語のひとつでも覚えたらよい。

※"上"は"上山（山に登る）・上车（車にのる）・上北京（北京へ行く）"というように動詞の働きをする。例1を"你上哪儿?"と言うこともできる。

※ 乗車券は"车票"，駅の入場券は"月台票・站台票"と言い，美術館などの入場券の場合は"门票"と言う。

練習

1. 駅はどこですか？
2. 君はいつ（几时／多会儿）出発（动身）しますか？
3. 次の電車（下趟车）はなんじに出ますか？
4. 運賃（车钱）はどれほどいりますか（要多少）？
5. だれが待合室（候车室）にいますか？
6. 君はどこで下車（下车）しますか？
7. 君はなぜ入場券（月台票）を買わないのですか？
8. 君の弟のトランク（手提箱）はどれ（哪个）ですか？
9. このふろしき（包袱）になにが入っていますか？
10. 電車の停留所（电车站）はどれほどありますか（有多远）？

【練習】解答　　　　　　　　　　　　　　　　　　　　024

1. AC：车站在哪儿？　　　　B：车站在哪里？
2. A：你多会儿动身？〔你什么时候出发？〕
   B：你几时出发？　　　　C：你什么时候动身？
3. A：下趟车几点钟开？　　B：下趟车几点发车？　　C：下趟车几点发？
4. AB：车费要多少钱？　　　C：车钱要多少？
5. ABC：谁在候车室里？
6. AC：你在哪儿下车？　　　B：你在哪一站下车？
7. A：你怎么不买站台票？　　B：你为什么不买站台票？　　C：你为什么不买月台票？
8. A：你弟弟的拉箱是哪个？　B：你弟弟的箱子是哪一个？　C：哪个是你弟弟的手提箱？
9. A：这个包袱里有什么东西？B：这个包袱里放了些什么？C：这个包袱里有什么？
10. AC：电车站有多远？　　　B：车站有多远？

【単語】

哪儿 nǎr　　坐 zuò　　几点钟 jǐdiǎnzhōng　　什么 shénme　　时候 shíhou　　回来 huílái　　怎么 zěnme　　使 shǐ
谁 shuí　　架 jià　　铁桥 tiěqiáo　　多会儿 duōhuir　　动身 dòngshēn　　趟 tàng　　钱 qián　　候车室 hòuchēshì
要 yào　　月台 yuètái　　箱 xiāng　　提 tí　　哪个 něige　　包袱 bāofu

中国語作文 13

……か？ それとも……か？

是〜是〜？

1) これは急行ですか，普通ですか？
2) この車は君のか，彼のか？
3) この自転車は君が買ったのか，彼が買ったのか？
4) 君は午前の汽車で行くか，夜行で行くか？
5) 君は歩いて行くか，バスで行くか？
6) 片道買いますか，それとも往復にしますか？

━━━━━━━━━━━━━━━━━━━━━━━━●━025━

1) 这是 快车 是 慢车？
2) 这辆车 是你的 是他的？
3) 这自行车 是你买的 是他买的？
4) 你是 坐早车去 是坐 晚车去？
5) 你是 走着去 是坐 公共汽车去？
6) 你是 买单程的，还是买 来回的？

【要点】

※ 本課は"是〜是〜"の型を用いて，二つのうちの一方を選択させる疑問文である。しかし例4以下のように"是"，或いは"还是"を用いるだけでもよいし，両方が対照的であれば，そのままでも選択疑問文になる。

　　先有鸡，还是有蛋？（先に鶏がいたのか，それとも卵があったのか？）
　　你要这个要那个？（君はこれがほしいか，あれがほしいか？）

※ 本課の"还是"とは「それとも・やはり」という意味である。なお後句の"还"を"也"に代えると全然別のものに変わるから注意されたい。

　　这是日本人民的喜事，也是中国人民的喜事。
　　（これは日本人民の喜びごとであり，中国人民の喜びごとでもある）

※ 自転車，馬などのように，またいで乗る物には"骑"を用いる。

※ "早车"は午前中に出る車，朝一番に出る車を"首班车"，晩に出るのを"晚车"，夜おそく出るのを"夜车"と言う。なお"开夜车"といえば「夜行列車を運転する」意味から「夜業する，徹夜で勉強する」などの意味になる。

練習

1. これは寝台車（卧车）ですか，食堂車（餐车）ですか？
2. 君は汽車で行くか，飛行機（飞机）で行くか？
3. 彼は歩いて行くか，自転車で行くか？
4. 君は今日行くか，それとも（还是）明日行くか？
5. 彼の買ったトラック（卡车）はこれか，それか？
6. あれは自転車か，オートバイ（摩托车）か？
7. この電車は一日かしきり（包一天的）か，半日（半天）か？
8. 君は陸路を行きます（走旱路）か，水路を行きます（走水路）か？
9. この旅費（路费）は片道ですか，往復ですか？
10. これは北京直通です（直达北京的）か，途中までです（开到半路）か？

【練習】解答

1. AC：这是卧铺车还是餐车? B：这是卧车还是餐车?
2. AC：你坐火车去还是坐飞机去? B：你是坐火车去还是坐飞机去?
3. AC：他走着去还是骑自行车去? B：他是走着去还是骑自行车去?
4. AC：你今天去还是明天去? B：你是今天去还是明天去?
5. ABC：他买的卡车是这辆还是那辆?
6. ABC：那是自行车还是摩托车?
7. AB：这辆车是包一天的还是包半天的? C：这电车是包一天的还是包半天的?
8. A：你走旱路还是水路? B：你是走旱路还是走水路?
   C：你走旱路还是走水路?
9. A：这个路费是单程还是来回? B：这个路费是单程费还是来回程费?
   C：这路费是单程的还是往返的?
10. A：这是直达北京的还是只开到半路的? B：这是直达北京的还是只到半路的?
    C：这是直达北京的还是要中转的?

【单语】

慢 màn　自行车 zìxíngchē　公共汽车 gōnggòngqìchē　单程 dānchéng　还是 háishi　餐 cān　骑 qí
卡车 kǎchē　摩托 mótuō　半 bàn　走 zǒu　旱路 hànlù　水 shuǐ　直 zhí　达 dá　到 dào　着 zhe
首班 shǒubān

中国語作文 14 ……ではありませんか？
是不是～

1) これはさつま芋ではありませんか？
2) これは君の買った大根（だ，そう）でしょう？
3) 彼の売る白菜はあまりよくありませんか？
4) こちらにほうれん草はありませんか？
5) 台所にもやしがありませんか？
6) なにかおいしい果物がありますか？

027

1) 这　是不是　白薯？
2) 这是　你　买的萝卜，是不是？
3) 他　卖的白菜　不大好　吗？
4) 你们这里　没有　菠菜　吗？
5) 厨房里　没有　豆芽菜　吗？
6) 有什么　好吃的　水果　吗？

【要点】
※ "是不是"とは「そうではありませんか・そうでしょう？」ということで，"不是"を軽読する。例1を"这是白薯不是"と言っても同じだが，"这不是白薯吗"と言えば「これは（あきらかに）さつま芋ではないか」となって語気が強くなる。なお「さつま芋」は種類によって，"红薯・白薯・红白薯"などあり，俗に"地瓜 dìguā"と言う。
※ 文中に"什么・谁"などがあり，さらに文尾に"吗"があると，"什么・谁"などが不定詞「なにか・だれかが」に変わる。次の例を参照されたい。
　　有什么蔬菜？………（野菜の種類をたずねる）"什"を重読する。
　　有什么蔬菜吗？……（野菜の有無をたずねる）"什"を軽読する。
※ "不大好"を"不很好・不太好・不大很好"とも言うが，"不很大好"とは言わない。
※「なすとトマト」の意味から，"和 hé（～と）"を添える。（第26課参照）

練習

1. これはりんご（苹果）ではありませんか？
2. これは君の買った甘栗（糖炒栗子）でしょう？
3. このぶどう（葡萄）はすっぱく（酸）ありませんか？
4. このバナナ（香蕉）はおいしくないですか？
5. このみかん（桔子）は甘い（甜），君たべませんか？
6. こちらにピーナツ（花生）はありませんか？
7. 君はにんにく（蒜）をたべて，玉葱（葱头）をたべないのか？
8. あの店のきゅうり（黄瓜）は新しく（新鲜）ないですか？
9. 台所になす・トマト（茄子・西红柿）がありませんか？
10. なにか新しい野菜（蔬菜）がありますか？

【練習】解答　　　　　　　　　　　　　　　　　　　028

1. AB：这不是苹果吗？　　　　C：这是不是苹果？
2. A：这是你买的糖炒栗子，是不是？　BC：这是你买的糖炒栗子吧。
3. A：这种葡萄不酸吗？　　B：这个葡萄酸不酸？　　C：这葡萄是不是有点儿酸？
4. A：这种香蕉不好吃吗？　　B：这个香蕉不好吃吗？　C：这香蕉不好吃吗？
5. A：这种桔子很甜，你也吃吧？　　B：这个桔子很甜，你不吃吗？
   C：这桔子很甜，你不尝尝？
6. A：你们这里（没）有花生吗〔有没有花生〕？
   B：这里有花生吗？　　　C：您这儿有花生吗？
7. A：你吃蒜，不吃葱头吗？　　B：你吃大蒜，却不吃洋葱吗？
   C：你吃蒜不吃洋葱，是不是？
8. A：那家菜店里卖的黄瓜不新鲜吗？
   B：那家店的黄瓜不那么新鲜吗？　C：那店的黄瓜是不是不太新鲜？
9. A：厨房里没有茄子和西红柿吗？　BC：厨房里有茄子和西红柿吗？
10. AB：有什么新鲜的蔬菜吗？　　C：有什么新鲜蔬菜吗？

【单语】
白薯 báishǔ　　萝卜 luóbo　　菠菜 bōcài　　厨房 chúfáng　　豆芽 dòuyá　　水果 shuǐguǒ　　苹果 píngguǒ
糖炒栗子 tángchǎolìzi　　葡萄 pútao　　酸 suān　　香蕉 xiāngjiāo　　橘子 júzi　　甜 tián　　花生 huāshēng　　蒜 suàn
葱头 cōngtóu　　黄瓜 huángguā　　新鲜 xīnxiān　　茄子 qiézi　　西红柿 xīhóngshì　　蔬 shū

中国語作文 15 すこし……
一点儿

1) 今日はすこしさむい，ストーブをたこう。
2) 日中はすこしあたたかい，買物に行く。
3) 今年はすこしあつい，避暑に行く。
4) 晩はすこし涼しい，散歩に行く。
5) いま私はまだすこし用事がある。
6) すこしカステラを買って，彼におくる。

029

1) 今天　冷了一点儿，生　火炉子吧。
2) 白天　暖和了一点儿，买东西去。
3) 今年　热了一点儿，避暑去。
4) 晚上　凉快了一点儿，散散步去。
5) 现在　我　还有（一）点儿事。
6) 我　买些　鸡蛋糕，送他。

【要点】
※ "一点儿" とは少量，または不定量「いくらか」を示す量詞で，名詞のまえ，動詞・形容詞のあとにつく。
"一点儿" が文首にきたとき以外は "一" を省略できる。
　　名詞を修飾するとき　　一点儿（的）东西。（すこしの品物）
　　動詞を修飾するとき　　买一点儿。　　　　（すこし買う）
　　形容詞を修飾するとき　好一点儿。　　　　（すこしよい）
なお "有点儿" を形容詞の前において，「すこし…だ」と言うことがある。
　　今天有点儿冷。（今日はすこしさむい）
なお客語が代名詞の場合は，動詞と代名詞がぴったりと接合するので，"一点儿" はそのあとにつく。
　　爱惜他一点儿。（彼をすこし大事にする）
※ "些" はまた "一些" とも言い，"一点儿" と同様若干または不定量を表わすが，ときには相当量をも示す。
※ 例1の "吧" については第16課の【要点】を，例1〜4の "了" については第18課を参照。
※ "现在" のような時間を表わす名詞は文首にも，文中にも用いられる。すなわち例5を "我现在还有〜" と言うこともできる。"现在" を "这会儿" とも言う。

15

練習

1. このめざまし時計（醒钟/闹钟）はすこし進んでいる（快）。
2. その置時計（座钟）はすこしおくれている（慢）。
3. この掛時計（挂钟）はすこしたかい（贵）。
4. そのデジタル時計（电钟）はすこし安い（便宜）。
5. この腕時計（手表）はすこしおおきい。
6. その懐中時計（怀表）はすこしちいさい。
7. この腕時計のバンド（表带）はすこし細い（细）。
8. そとは風があって（有风），すこし涼しい。
9. すこし塩を入れて（放盐）卵をゆでる（煮）。
10. すこし早く、ふろをわかす（烧洗澡水）。

【練習】解答　　　　　　　　　　　　　　　　　　　030

1. A：这个闹钟有点儿快。　　B：这台闹钟有点儿快。　　C：这闹钟有点儿快。
2. A：那个座钟有点儿慢。　　B：那台台钟有点儿慢。　　C：那座钟慢了一点儿。
3. A：这座挂钟有点儿贵。　　B：这个挂钟有点儿贵。　　C：这挂钟有点儿贵。
4. A：那座电钟便宜一点儿。　B：那个电子钟比较便宜。　C：那电钟便宜一些。
5. AB：这块手表有点儿大。　　C：这手表有点儿大。
6. A：那个怀表有点儿小。　　B：那块怀表有点儿小。　　C：那怀表有点儿小。
7. A：这块手表的表带有点儿窄。　B：这块手表的表带有点儿细。
   C：这手表的表带细了一点儿。
8. A：外面有风，凉快一点儿。　B：外面刮风，挺凉快。　　C：外边有风，凉快一点儿。
9. A：放一点儿盐，煮鸡蛋。　　B：煮蛋时放一点儿盐（吧）。
   C：煮鸡蛋时锅里加点儿盐。
10. A：快点儿烧洗澡水。　　B：请快点儿烧洗澡水（吧）。　C：早点儿烧洗澡水。

【単語】
冷 lěng　炉子 lúzi　吧 ba　暖和 nuǎnhuo　今年 jīnnián　热 rè　避暑 bìshǔ　晚上 wǎnshang　凉快 liángkuai　散步 sànbù　现在 xiànzài　鸡蛋糕 jīdàngāo　醒 xǐng　闹 nào　贵 guì　贱 jiàn　便宜 piányi　表 biǎo　怀 huái　细 xì　风 fēng　盐 yán　烧 shāo　洗澡水 xǐzǎoshuǐ

中国語作文 16 君は自分で取りに行け！（命令文）
你自己去取!

1) 君は自分で取りに行け！
2) 早く来て見たまえ！
3) この事は君自身彼に聞きに行きなさい！
4) なんのにおいか，君かいでごらん！
5) どんな味か，君たべてごらん！
6) 彼はすぐ帰って来ます。すこしお待ちください！

◎ 031

1) 你自己去取!
2) 快来看（一）看!
3) 这件事，你自己问他去吧!
4) 你闻一闻，这是什么味儿!
5) 你尝一尝，这是什么味道!
6) 他就回来，你请等一会儿!

【要点】

※ 直接命令では"你・你们"など二人称の省略されることが多く，また言葉が短いほど語気の強いのが普通。看→你看→你看看→你看一看→你看一看吧 の順に語気が弱くなる。"看一看"の"一"は「ちょっと…してみる」というように試みる気持を表わす。なお"看看"のように動詞を重ねた場合，第二音節は本来の声調を失う。

※ "吧"は語気を表わす助詞で，文尾に用い，軽読する。その意味は

(A) 相談・依頼の気持を示す 　还是你去吧!（やはり行きなさいよ）
(B) 推測の気持を示す 　　　　大概不去吧!（たぶん行かないだろう）
(C) 軽い命令を示す 　　　　　快去吧!　　（早く行くんですよ）

※ 例3では"这件事"を強調するため，主題語として取りあつかったが，普通は"他"のあとにおいて客語とする。

※ "闻"を「きく」という意味に用いるのは"闻一知十"のように文語の場合で，口語では「鼻でかぐ」意。"味儿"は「あじ・におい」の両方の意味をもっているが，"味道"と言えば「あじ」に限定される。

16

練習

1. おそいですよ（天不早了），早く（快）起きなさい（起来）！
2. ここに洗面器（洗脸盆）がある。早く顔を洗いなさい！
3. ねりはみがき（牙膏），歯ブラシ（牙刷）を持って（拿）来なさい！
4. このタオル（毛巾）はきたない（不干净）。ほかのを（别的）持って来なさい！
5. このかみそり（刮脸刀）は切れない（不快）。よいのを（好的）持って来なさい！
6. この石鹸（香皂/肥皂）はよい。次も（下次也）これを買いなさい！
7. ぼくは腹（肚子）がへった（饿了）。早くごはんにし（开饭）なさい！
8. 食卓（饭桌子）がよごれた（脏了）。君ふき（擦）なさい！
9. 私はたべた（吃完了）から，きゅうす（茶壶）を持って来なさい！
10. このお茶（茶）はこすぎる（太酽）。お湯（开水）ですこしうめ（加）なさい！

【練習】解答　　　　　　　　　　　　　　　　　　032

1. AC：天不早了，快起来吧！　　　B：已经不早了，快起来吧。
2. AB：这里有洗脸盆，快洗脸吧！　　C：这儿有脸盆，快洗脸吧。
3. A：拿牙膏和牙刷来吧！　　　　　B：请把牙膏牙刷带来吧。　C：拿牙膏牙刷来。
4. A：这条毛巾很脏，拿条别的来吧！　B：这条毛巾不干净，拿别的来吧。
   C：这毛巾不干净，另拿干净的来！
5. A：这把刮脸刀不快，拿把好的来！　B：这把刮脸刀不快，拿好用的来吧。
   C：这刮脸刀不快，拿把好的来！
6. A：这种香皂好，下回也买这个〔这种〕牌子的吧！
   B：这块香皂很好，下次还买吧。　　C：这香皂很好，下次也买这种吧。
7. A：我肚子饿了，快点儿开饭吧！　B：我肚子饿了，快吃饭吧。　C：我肚子饿了，快开饭吧。
8. A：饭桌子脏了，你擦一擦吧！　　B：饭桌脏了，你把它擦一下吧。
   C：饭桌不干净，请擦一下。
9. A：我吃完了，拿茶壶来！　　　　B：我吃完了，把茶壶拿来吧。
   C：我吃完了，请上茶吧。
10. A：这杯茶太酽了，加〔对〕点儿开水（吧）！
    B：这个茶太浓了，加点儿开水吧。　C：这茶太酽了，请加〔兑〕点儿开水。

【单語】
自己 zìjǐ　取 qǔ　件 jiàn　问 wèn　闻味儿 wénwèir　尝 cháng　就 jiù　请 qǐng　等 děng　一会儿 yíhuìr
起来 qǐlái　脸盆 liǎnpén　牙膏 yágāo　刷 shuā　拿 ná　干净 gānjìng　别 bié　刮脸刀 guāliǎndāo
肥皂 féizào　下次 xiàcì　肚子 dùzi　饿 è　脏 zāng　擦 cā　完 wán　了 le　茶壶 cháhú　太 tài　酽 yàn
加 jiā

中国語作文 17

……するにはおよばない。
不必〜

1) 君は彼に話すにはおよばない。
2) 君は彼らと相談する必要はない。
3) 君たちはこのように油断するな！
4) 君はよけいなせわをやくな！
5) 彼は悪い人だから，彼と交際しないように！
6) これは重要書類だから，手をふれるな！

◎ 033

1) 你不必和他说。
2) 你不用和他们商量。
3) 你们别这么大意！
4) 你不要多管闲事！
5) 他是坏人，不要和他交往！
6) 这是重要文件，不许动！

【要点】
※ "不必〜" は「…するにはおよばない」，"不用〜" は「…しなくてよい，…する必要がない，…してはいけない」のように範囲が広い。北方方言では "甭 béng" とも言う。"不要〜" は「…してはいけない」ということで，または "别" とも言う。"不准・不许" などは「…するを許さない」と命令的に禁止するものであるから，特別の場合にしか用いられない。
※ "要" が動詞の場合は「ほしい」という意味である。次を比較せよ。
　　我不要。　（私はいらない）
　　我不要看。（私は見たくない）
※ "说" には「話す・意見する」などの意味がある。「意見する」と言うときは "说他（彼に忠告する），说了他一顿（彼を一度叱った）"，「話す」というときは普通 "和他说（彼に話す），和我说（私に話す）" と言う。
※ 例4の "多管闲事" を "狗拿耗子（犬が鼠をつかまえる）" と冗談まじりに言う人もある。例5・6は「…から」に相当する言葉はないが，前後の意味から，そうした関係が生じる。

練習

1. 君は秘書に相談するにはおよばない。
2. 君は私を待つ必要はない。先に（先）帰りな（回去）さい。
3. 君はバスで行ってはいけない！
4. 立ちどまら（站住）ないで，早く歩きなさい！
5. 明日持って来なさい。忘れない（忘了）ように！
6. 下に（底下）物があるから，ふみこわさ（踩坏了）ないように！
7. 君は人を馬鹿にしては（瞧不起人）いけない！
8. 君は彼と（和他）交渉を進めて（进行交涉）はいけない！
9. 作業中は（工作时间）タバコを吸う（抽烟／吸烟）な！
10. 君はあわてる（着急）な。彼はきっと（一定）来る。

【練習】解答　　034

1. A：你不必和秘书商量。　　B：你用不着和秘书商量。　　C：你不用和秘书商量。
2. AB：你不用等我，先回去吧！　　C：你不必等我，先回去吧。
3. A：你别坐公交车去。　　BC：你不能坐公共汽车去。
4. A：别停下来，快走吧！　　B：不要止步，快走吧。　　C：快走！不要站住不动。
5. A：不要忘了明天带来。　　B：明天带来吧，不要忘了。　　C：别忘了！请明天带来。
6. AC：别踩坏了，底下有东西。　　B：底下有东西，不要踩坏了。
7. A：你<u>不要</u>〔别〕瞧不起人了。　　B：你不能瞧不起人。　　C：你不应该瞧不起人！
8. A：你<u>不要</u>〔别〕和他进行交涉。　　B：你跟他的交涉不能再继续了。
   C：你不该和他交涉！
9. A：工作时间<u>不要</u>〔别〕抽烟。　　B：工作时间内不许抽烟。　　C：工作时间不许抽烟！
10. A：你不要着急，他是一定会来的。
    B：你不必着急，他一定会来。　　C：你别着急，他一定会来的。

【単語】

必 bì　和 hé　用 yòng　商量 shāngliang　大意 dàyì　管 guǎn　闲事 xiánshì　坏人 huàirén　交往 jiāowǎng
重 zhòng　文件 wénjiàn　许 xǔ　动 dòng　住 zhù　忘 wàng　踩 cǎi　瞧不起 qiáobuqǐ　进行 jìnxíng
交涉 jiāoshè　工作 gōngzuò　时间 shíjiān　抽 chōu　吸 xī　烟 yān　着急 zháojí　一定 yídìng

中国語作文 18

……になった。

〜了

1) 彼は病気になった。
2) そのお医者さんは往診にでかけた。
3) 彼の病気はよくなりましたか？
4) 寝るときに薬をのみました。
5) 君はどのお医者さんを呼んで見てもらいましたか？
6) 以前彼はよく病気したものです。

035

1) 他<u>病了</u>〔得了病了〕。
2) 那位医生出诊去了。
3) 他的病<u>好了吗</u>〔好了没有〕？
4) 临睡的时候儿吃了药了。
5) 你请了哪位医生看的？
6) 从前他常常得病。

【要点】

※ 例1では"病"が動詞にも，名詞にも用いられることを示した。

※ "了"は liǎo と発音し，「完了する・終わる」という意味の動詞であるが，"他得了病了"という場合の"了"はいずれも le と発音し，初めの方の"了"は動詞の語尾となって《完了・完成の状態》を示し，文尾の"了"は語気詞で，《新しい状況の発生したこと》を示す。なおこれらの"了"は情況を示すものであって動作の時間とは関係がない点に注意されたい。時間を表わす時は例6のように時間を限定する言葉"从前"などを用いる。

    1. 得病了。（病気になった）   3. 得了病〜。（病気になってから…）
    2. 得了病了。（病気になった）   4. 得了一场大病。（一度大病にかかった）

前記の1と2は同じ意味だが，2のほうが完了の気分をよく出している。3では言葉がまだ続くようで安定しない。しかし4のように客語が数量詞をともなっている時には語気詞の"了"を用いない。もしも"得了一场大病了"と言うと，「一度大病にかかったが，まだ…だ」のように言葉が続く場合になる。

※ 例5の"看的"は「見てもらったもの」という意。

※ 練7以下を訳す場合には第21課の【要点】4つめを参照せよ。

練習

1. 彼は急病（暴病）になった。
2. 彼は胃癌（胃癌）になった。
3. 彼の病気はすっかり（完全）よく（好）なった。
4. 私は伝染病の予防注射をし（打防疫針）た。
5. 私は靴べら（鞋拔子）をなくし（丢）た。
6. 君の服はよごれた。洗いなさい。
7. 靴ひも（鞋带子）が切れ（断）た。新しいのを買おう。
8. ボタン（扣子）がはずれ（开）た。かけな（扣上）さい。
9. ボタンがおち（掉）た。つけて下さい（请给钉上）。
10. 服がほころび（破）た。縫って下さい（请给缝一缝）。

【練習】解答   036

1. A：他得（了）暴病了。   B：他生急病了。   C：他得了急病。
2. A：他得胃癌了。   BC：他得了胃癌了。
3. ABC：他的病完全好了。
4. A：我打了传染病的防疫针。 B：我打了预防传染病的针。 C：我打了防疫针。
5. A：我把鞋拔子丢了。〔我丢鞋拔子了。〕
   B：我把鞋拔子弄丢了。   C：我丢了鞋拔子。
6. A：你的衣服脏了，洗洗吧。 B：你的衣服弄脏了，把它洗一下。
   C：你的衣服脏了，洗洗。
7. A：鞋带子断了，买副新的吧。 B：鞋带断了，买新的吧。 C：鞋带儿断了，要买新的。
8. A：扣子开了，扣上吧。   B：钮扣松了，把它扣好吧。
   C：你的扣子开了，系上（扣好）。
9. A：扣子掉了，请给钉上吧。 B：钮扣掉了，请给钉一下。 C：扣子掉了，给钉上。
10. A：衣服绽线〔开绽〕了，请给缝一缝吧。
    B：衣服破了，请给缝一缝。 C：衣服破了，给补一补。

【単語】
得 dé   病 bìng   位 wèi   出诊 chūzhěn   临 lín   睡 shuì   药 yào   从前 cóngqián   常 cháng   暴病 bàobìng
胃癌 wèi'ái   完全 wánquán   防疫针 fángyìzhēn   鞋拔子 xiébázi   丢 diū   断 duàn   扣子 kòuzi   掉 diào
钉上 dīngshang   破 pò   缝 féng

中国語作文 19 ……している。
正在～呢

1) 学生たちは毎日中国語を復習している。
2) 彼は試験準備をしているところです。
3) 王君は食堂でサイダーをのんでいる。
4) 彼はあそこで十課を暗誦している。
5) 今日は用事がなくて，ちょうど手紙を書いている。
6) 私はアメリカ製の万年筆を一本持っている。

◯ 037

1) 学生们每天复习中文呢。
2) 他在预备考试呢。
3) 王同学在食堂喝汽水儿呢。
4) 他在那里背着第十课呢。
5) 今天没事，正在写信呢。
6) 我有一支美国制的钢笔。

【要点】
※「彼は靴をはいている」という言葉は，次のふたつの場合にわけられる。
　A　彼は靴をはきつつある動作……動作の進行。
　B　彼は靴をはいたままの状態……状態の持続。
Aは〈正在＋動詞（＋客語）＋呢〉，Bは〈動詞＋着（＋客語）＋呢〉の型で示すが，Aの"正在～呢"をもっと簡単に"正在～""在～呢""在～""～呢"と言うこともあり，Bの場合はAと併用して"正～着～呢"とも言う。"正"は「ちょうど」という副詞，"呢"はこの場合，動作や状態の継続を示す語気詞である。なおこれらA，Bともに現在時のみに限定されず，過去・未来にも使用される点注意されたい。
※動作の進行・状態の持続を否定する時には"没有"を用いる。
　　門没有開着，窓戸開着呢。（ドアはあいていない，窓があいている）
※"知道・爱・有"など持続性の動詞には"着"をつけないが，書き言葉では"有着很大的意义（大きな意義をもっている）"のように，客語に抽象名詞がおかれた場合"有着"が用いられる。
※「王君」は"王同学・王先生・老王・小王"など相手によって呼びかたがちがう。

練習

1. 彼は毎日絵をかいて（画画儿）いる。
2. 彼は応接室（客厅）で新聞を見ている。
3. 趙（赵）君が戸口（门口）で君を待っている。
4. その客は眼鏡をかけ（戴眼镜）ていますか？
5. その人は手に（手里）扇子（扇子）を持っている。
6. だれがあそこで話をして（说话）いるのですか？
7. 君はだましてもだめです（别瞒着我），私はみんな知っている。
8. 私は昨日習ったところ（学的地方）を暗誦しています。
9. 彼はインド（印度）で作った（做的）洋服を一着持っている。
10. 私はたいへん彼を愛して（爱）いる。彼はかわいい（可爱的）子供だ。

【練習】解答

1. ＡＢＣ：他每天都画画儿。
2. Ａ：他在客厅里看着报呢。　　Ｂ：他正在客厅看报纸。　　Ｃ：他在客厅看报纸呢。
3. Ａ：小赵在门口等着你呢。　　Ｂ：小〔老〕赵正在门口等你。　　Ｃ：小赵在门口等你呢。
4. Ａ：那个客人戴着眼镜呢吗？　　Ｂ：那个客人戴着眼镜吗？　　Ｃ：那客人戴着眼镜吗？
5. Ａ：那个人手里拿着一把扇子。　　Ｂ：那个人手里拿着扇子。　　Ｃ：那人手里拿着扇子。
6. Ａ：谁在那儿说着话呢？　　Ｂ：谁在那里说话呢？　　Ｃ：谁在那儿说话呢？
7. Ａ：别瞒我，我什么都知道。　　Ｂ：你别瞒着我，我都知道。　　Ｃ：你瞒不了我，我都知道。
8. Ａ：我正背着昨天学过的地方呢。　Ｂ：我背诵了昨天学的地方。
   Ｃ：我在背昨天学的地方呢。
9. Ａ：他有一件在印度做的衣服。　　Ｂ：他有一套在印度做的衣服。
   Ｃ：他有一套在印度做的西服。
10. Ａ：我非常爱他，他是个很可爱的孩子。
    Ｂ：我非常喜欢他，他是一个可爱的孩子。　　Ｃ：我特别喜欢他，他是个很可爱的孩子。

【単語】
每天 měitiān　复习 fùxí　呢 ne　考试 kǎoshì　王 Wáng　食堂 shítáng　背着 bèizhe　美国 Měiguó
制 zhì　钢笔 gāngbǐ　画 huà　客厅 kètīng　赵 Zhào　门口 ménkǒu　戴 dài　眼镜 yǎnjìng　扇子 shànzi
地方 dìfang　印度 Yìndù　可爱 kě'ài　瞒 mán　昨天 zuótiān　正 zhèng

中国語作文 20 ……したことがある。
～过

1）昼飯をすまして彼らはみな昼寝した。
2）この所は先生がいくども説明したことがある。
3）私は中国の映画を一度見たことがある。
4）私は診療所で彼に二度出会ったことがある。
5）現在の自由はこれまであったことのない自由だ。
6）君は中国へ行ったことがありますか？

○039

1）吃过午饭，他们都睡午觉了。
2）这个地方，老师讲过好几次。
3）我看过一次中国电影。
4）我在诊疗所见过他两回。
5）现在的自由是从来没有过的自由。
6）你到中国去过没有？

【要点】
※ 本課での"过"はいずれも動詞のすぐあとについて，動作のすこし前にすんだこと（例1），…した経験のあること（例2以下）を示す。否定文には動詞の前に"没有"をそえる。
※ "过"は「通過する」という動詞である。たとえば
　　这些都是他们过草地的时候吃过的野菜。
　　（これらはみな彼らが草地を通ったとき食べたことのある野草である）
※ 例2・3・4の"好几次・一次・两回"などは述語のあとに位置して，その述語を修飾するもので，これらを《動量補語》と言う。述語が客語をもつ場合には，普通一般には例3のように〈動量補語＋客語〉となり，客語が代名詞の場合に限って，例4のように位置がいれかわるのが普通である。
※ 回数を表わす《動量詞》には，"次・回・遍・趟"などあるが，"趟"は往復の回数を示す場合にのみ使用する（練3参照）。
※ "撒谎・吵嘴"などは〈動＋客〉でできている言葉であるから"过"を用いるときは"撒过谎"のように言わなければならない。
※「中国の映画」を"中国的电影"とも言うが，ひとつの名詞と考えて"的"を省略することもできる。
　　木头房子（木造家屋）

練習

1. いましがた（刚才）夕食をすました。
2. 私はあの会社で働いた（工作）ことがある。
3. 去年の夏（夏天）私は一度（一趟）行ったことがある。
4. 私はまだうそを言った（撒谎）ことがない（还没〔有〕〜）。
5. 私はまだ彼の手紙を受取った（收到）ことがない。
6. その本は私はなんべんも（好几遍）読んだことがある。
7. 私は中国料理（中国菜）を一度たべたことがある。
8. 彼ら二人は（他们俩）これまでけんかし（吵架）たことがない。
9. 私はこれまでいろいろと夢を見た（做各种各样的梦）ことがある。
10. こんな事は（这样事），私はまだ経験し（经历）たことがない。

【練習】解答　　　040

1. AB：刚才吃过晚饭了。　　C：刚才吃了晚饭。
2. A：我在那个公司干过活儿〔上过班〕。
   B：我在那个公司工作过。　　C：我在那家公司工作过。
3. AC：去年夏天我去过一趟。　　B：去年的夏天我去过一次。
4. A：我还从来没有撒过谎。　　B：我还没有撒过谎。　　C：我从来没撒过谎。
5. AB：我还没有收到过他的信。　　C：我还没收到过他的来信。
6. A：那本书我看过好几遍。　　B：那本书我读过好几遍。　　C：那本书我看了好几遍。
7. ABC：我吃过一次中国菜。
8. A：他们俩从来没有吵过架。　　B：他们两个人至今为止还没有吵过架。
   C：他们俩从来没吵过架。
9. A：我曾经做过各种各样的梦。　　B：至今为止我做过各式各样的梦。
   C：我过去做过不少的梦。
10. A：这种事，我还从来没有经历过。B：像这样的事，我至今为止还没有经历过。
    C：这样的事，我还没碰到过。

【単語】

看过 kànguo　次 cì　诊疗所 zhěnliáosuǒ　见 jiàn　自由 zìyóu　刚才 gāngcái　夏天 xiàtiān　撒谎 sāhuǎng　遍 biàn　俩 liǎ　吵架 chǎojià　梦 mèng　这样 zhèyàng　经历 jīnglì　觉 jué　吵嘴 chǎozuǐ

中国語作文 21　もうすぐ……
要〜了

1) もうすぐ時間になるよ。
2) 早く行こう。すぐに授業が始まる。
3) 乗りたまえ。汽車はもうすぐ出るから。
4) 彼は突然泣きはじめた。
5) 話したら長い。
6) おや，また雨が降りだした。

041

1) 快要到时候儿了。
2) 快走吧。就要上课了。
3) 快上车吧。火车就要开了。
4) 他忽然哭起来了。
5) 说起来，话很长。
6) 哎，又下起雨来了。

【要点】

※ "要〜了" は「…しそうだ，…しようとしている」というように，これから起ころうとしている状態・情況を表わす。よく "快・就" などの副詞をともない，"快要〜了" とも言うが，もっと簡単に "快〜了" と言うこともある。

※ "起来・上来" などは「おきる，のぼって来る」という動詞であるが，他の動詞のあとにおかれて補語となったときは，次の意味に用いられる。

　　動＋起来　…しはじめる。（動作の開始）
　　動＋上来　…しだした。　（動作が完成の状態に近づく）

なお例6のように "起来" が客語を伴うときは〈動＋起＋客＋来〉の語順。

※ 天候などの自然現象は "下雨・刮风" のように〈動＋現われた（または消えた）物〉の語順である。なおこれら動作の主体の明らかでないもの，主体を言い出す必要のないときは主語がなく《無主句》と言う。

※ 中国語は常にそのときの情況に主眼をおく，それで《既知より未知へ》の語順になる。たとえば「電報が来た」と言う場合にも，次のふたつの言いかたがある。

　　电报来了＝話題になっていた，または期待していた電報の場合。
　　来电报了＝予期していなかった場合。来た→それが電報だったという言いかたで，未知より先に言い出すときは，"有电报来了" のように "有" を用いて話題を持ち出し，相手の注意を喚起する。

練習

1. もうすぐ雨になる。
2. 夜（天）がまもなくあける（亮）。
3. 日（天）がまもなくくれる（黑）。
4. 空（天）が晴れてき（晴了）た。やはり（还是）行こう。
5. 空が曇ってき（阴上来）た。早く帰ろう。
6. 雪（雪）が降りだした。セーターを着て（穿着）行く。
7. 雷がなり（打雷），にわか雨（骤雨）が降りだした。
8. この数日（这几天）また忙しくなりだした。
9. 彼は仕事を始めると，たいへん早い。
10. 北風（北风）が吹き（刮）だして，外は寒い。

【練習】解答　042

1. AB：快要下雨了。　　　　　C：要下雨了。
2. A：天就要亮了。　　　　　BC：天快亮了。
3. A：天就要黑了。　　　　　B：就要天黑了。　　　C：天快黑了。
4. A：天晴起来了，还是去吧。　B：天放晴了，还是去吧。　C：天晴了，还是去吧。
5. A：天阴上来了，快点儿回去吧。B：天空转阴了，早点儿回去吧。
   C：天阴上来了，早点儿回去吧。
6. A：下起雪来了，穿着毛衣去。　B：下起雪来了，穿着毛衣出去。
   C：下起雪来了，穿上毛衣去。
7. A：打起雷，下起骤雨来了。　B：打雷了，下起阵雨了。　C：打雷了，下起雷阵雨来了。
8. ABC：这几天又忙起来了。
9. A：他一做起工作来〔开始工作起来〕就做得非常快。
   B：他只要开始工作了，就非常快。　C：他一着手，事情就做得很快。
10. A：刮起北风来了，外边很冷。　B：刮北风了，外面很冷。　C：刮起北风来了，外面很冷。

【单语】

忽然 hūrán　哎 āi　又 yòu　亮 liàng　黑 hēi　晴 qíng　阴上来 yīnshànglai　雪 xuě　穿 chuān
打雷 dǎléi　骤雨 zhòuyǔ

中国語作文 22

……しながら……する。

一边〜一边〜

1) 学ぶはじから忘れる。
2) 叔父は夜学へ通いながら勤めている。
3) 姉の夫は電話を聞きながら速記している。
4) 兄嫁はラジオを聞きながら髪をとかしている。
5) 伯父はあそこで手まねきしながら，大声でどなっている。
6) 自動車を運転しながら話をするのは危険だ。

043

1) 随学随忘。
2) 叔叔一边儿上夜校，一边儿搞工作。
3) 姐夫一边听电话，一边速记。
4) 嫂子一边听收音机，一边梳头。
5) 伯父在那里一面招手，一面大声喊。
6) 一面开汽车，一面说话是危险的。

【要点】

※ ふたつの動作が前後しながら進行するときには"随〜随〜""一边〜一边〜"などの型を使用する。"随"のほうは"随开随播（開墾したはじからまく）"，"随熟随收（熟したはじから取り入れる）"というように，動詞が一字の場合が普通で，しかもひとつの動作がいまひとつの動作に続いているときである。"一边〜一边"のほうにも，"边走边说（歩きながら話す）"，"边读边耕（学校へ通いながら耕作する）"というような短い言いかたがあるが，例2以下の言いかたが普通で，しかも"边说边走"のように述語をいれかえても，意味の上では変わらない。

※ 「坐りながら話す」「寝ながら新聞を見る」などは"坐着说话・躺着看报"と言う。すなわち"坐・躺"などは瞬間的にその動作が終わるので，"着"をそえて持続態にかえ，そのままの状態で主要な動作を行うからである。

※ 例4を"一边听着收音机，一边梳着头"とも言うが，言葉の経済の点から"着"を略すのが定石である。

練習

1. 聞くはじから書く。
2. テレビ（电视）を見ながらタバコ（香烟）を吸っている。
3. ガム（口香糖）をかみ（嚼）ながら，トランプをして（打扑克）いる。
4. 彼女は歌をうたい（唱歌儿）ながらおどって（跳舞）いる。
5. 彼女はラジオを聞きながら部屋を掃除して（打扫屋子）いる。
6. 母は手まねしな（打手势）がら物語りをして（讲故事）いる。
7. 各国を旅行しな（游历各国）がら社会事情を研究する（研究社会情况）。
8. 衛生（卫生）に注意しながら運動する（运动）ことが大切だ。
9. 彼はノート（笔记本）を見ながら情況を報告（报告情形）している。
10. 彼は地図をさしながら（指着地图）話をして（讲话）いる。

【練習】解答 044

1. A：随听随写。　　B：他一听到就写了下来。　C：边听边写。
2. AB：一边看电视，一边抽烟。　C：吸着香烟看电视。
3. A：一边嚼口香糖，一边打扑克。　B：一边嚼口香糖一边打牌。　C：嚼着口香糖打扑克。
4. A：她一边唱歌儿，一边跳舞。　B：她一边唱歌一边跳舞。　C：她边唱边跳。
5. A：她一边听收音机，一边打扫卫生。
   B：她一边听收音机一边打扫房间。　C：她听着广播打扫屋子。
6. A：妈妈一边比划，一边讲故事。　B：妈妈边打手势边讲故事。　C：妈妈打着手势讲故事。
7. A：一面游历各国，一面研究社会情况。
   B：他边游历各国，边研究社会情况。　C：他游历各国的同时，研究各国的社会情况。
8. A：在（做）运动的同时注意卫生是很重要的。
   BC：边注意卫生边进行运动，这很重要。
9. A：他一边看笔记本，一边报告情形。
   B：他边看笔记边作汇报。　　C：他看着笔记报告情况。
10. A：他一边指着地图，一边讲着话。B：他一边指着地图一边说着话。
    C：他指着地图讲话。

【单语】

随 suí　叔叔 shūshu　边 biān　搞 gǎo　姐夫 jiěfu　速记 sùjì　嫂子 sǎozi　收音机 shōuyīnjī　梳头 shūtóu
伯父 bófù　招手 zhāoshǒu　大声 dàshēng　喊 hǎn　危险 wēixiǎn　电视 diànshì　嚼 jiáo　扑克 pūkè
唱歌儿 chànggēr　跳舞 tiàowǔ　扫 sǎo　手势 shǒushì　故事 gùshi　游历 yóulì　各国 gèguó　研究 yánjiū
社会 shèhuì　注意 zhùyì　卫生 wèishēng　运动 yùndòng　报告 bàogào　情形 qíngxing　指 zhǐ

中国語作文 23 ……を 把〜

1) 君はこの部屋をかたづけなさい！
2) 君はこの事を軽く見てはいけない。
3) 私はこの事を彼に伝えた。
4) 私ののりをかってに持って行って使わないように。
5) 君たちはこの問題をじゅうぶんに考えなさい。
6) 私はこの点をくわしく君に話しましょう。

045

1) 你把这屋子收拾收拾！
2) 你别把这件事看轻了。
3) 我把这件事告诉他了。
4) 别把我的糨子随便拿去用。
5) 你们把这个问题好好儿地考虑考虑。
6) 我把这一点详详细细地告诉你说吧。

【要点】
※ "把"を用いて客語を動詞の前に出す文を《処置文》と言い，動詞がその客語の表わす人・事物に積極的に影響をあたえたり，処置したりすることに重点をおく言いかたである。処置文では次の各条件に注意。
　A 単独の動詞ではいけない。すなわち動詞を重ねるか，動詞のあとに他の成分をつけるか，または前になにか修飾語を加えてその動作を具体的に示す。
　B 客語は限定されたものであること，すなわち "这・那" などがついているか，または "这・那" などがなくても，特定のものとして相手に了解されていること。
　C "知道・觉着・有" など積極的な動作を表わさない動詞では処置文を作れない。
　D 例3のように客語がふたつある場合，直接客語 "这件事" を強調するため "把" を用いて述語の前に出すことができる。さもなければ "我告诉他这件事了"。
※ 否定文は例2のように否定の副詞 "别" などを "把" の前におく。
※「…においた。…に入れた」を "搁在〜了" と言う。
※ 複音節の動詞修飾語——すなわち状況語の語尾として "地" を用いる。例5・6参照。
※ 動詞の重複は "收拾收拾" のようにABAB式であり，形容詞の重複は "详详细细" のようにAABB式である。
※ "糨子" を "糨糊" "胶水" とも言う。

練習

1. 君は私のインキ（墨水）を持ってきなさい。
2. 彼は私の印肉入れ（印色盒儿）を持って行った。
3. 君はこの箱（箱子）をあけて（打开）ごらん（看看）。
4. 君は私の印鑑（图章）をどこにおいた（搁在～）か？
5. 私は君の衣服を箱のなか（里头）に入れました（搁在～）。
6. 私は君のはさみ（剪子）をひきだし（抽屉里）に入れた。
7. 私はそのポスター（宣传画）をかべにはりつけ（贴在墙上）た。
8. 君はこの手紙を彼に手渡し（亲手交给他）なさい。
9. 君は部屋に入る（进屋子）とき，まず（先）帽子をぬぎな（摘下来）さい。
10. 私はこの事をさっそく（立刻）彼に話しましょう。

【練習】解答　　　　　　　　　　　　　　　　　　　046

1. A：请你把我的墨水拿来吧。　　B：你把我的墨水拿过来。　C：你把我的墨水拿来。
2. AC：他把我的印色盒儿拿走了。　B：他把我的印泥盒拿去了。
3. A：你把这个箱子打开看看。　　B：你打开这个盒子看看。　C：你打开这个箱子看看。
4. A：你把我的图章搁在哪儿了？　B：你把我的图章放哪儿啦？
   C：你把我的图章放到哪儿了？
5. A：我把你的衣服搁在箱子里头了。　B：我把你的衣服放进箱子里了。
   C：我把你的衣服放在箱子里了。
6. A：我把你的剪子搁在抽屉里了。　B：我把你的剪刀放进抽屉里了。
   C：我把你的剪子放在抽屉里了。
7. AC：我把那张宣传画贴在墙上了。　B：我把那张画报贴在墙上了。
8. A：你把这封信亲手交给他吧。　B：你亲手把这封信交给他。
   C：请你把这封信亲手交给他。
9. A：你进屋子时，请先把帽子摘下来。B：你进房间的时候，先把帽子摘下来。
   C：你进屋时，要先摘下帽子来。
10. A：我立刻把这件事告诉他吧。　　B：我立刻跟他说了这件事。
    C：我要立刻把这事告诉他。

【単語】

收拾 shōushi　轻 qīng　告诉 gàosu　糨子 jiàngzi　随便 suíbiàn　问题 wèntí　好好儿地 hǎohāorde
考虑 kǎolǜ　详细 xiángxì　墨水 mòshuǐ　印色盒儿 yìnsèhér　箱子 xiāngzi　图章 túzhāng　搁 gē
里头 lǐtou　剪子 jiǎnzi　抽屉 chōuti　宣传 xuānchuán　贴 tiē　墙 qiáng　亲手 qīnshǒu　进 jìn　摘 zhāi
立刻 lìkè　胶水 jiāoshuǐ

中国語作文 24 ……するとすぐに……（1）

一～就～

1) 晩になると熱が出る。
2) 感冒にかかるとなおりにくい。
3) 私は献血すると気分が悪くなる。
4) この注射をすると，熱のさがるのを保証します。
5) アスピリン三錠のむと，きっと汗が出る。
6) 私たちは病気になると，健康のありがたさを知る。

047

1) 一到晚上就发烧。
2) 一得了感冒就不好治。
3) 我一献血就觉着恶心。
4) 一打这个针管保烧就退了。
5) 一吃三粒阿司匹林一定（就）出汗。
6) 我们一得了病就晓得健康的可贵。

【要点】
※ "一" と "就" が呼応して次の意味を表わす。
　A. ふたつの動作が時間的に近接していることを示す。（…するとすぐに）
　B. こうすればああなると言うように条件を示す。　（…するごとに）
　練1がBの場合，練2がAの場合にあたる。なお"一""就"の位置は通常動詞または動詞句の前である。
※ 例5では副詞の"一定"があるので，「…するときっと…」となって"一"と呼応するので，"就"は省略できるという意味からカッコに入れたものである。
※ "一" には次のような用法もあるので記憶されたい。
　　一屋子的人。（部屋いっぱいの人）
　　出了一身汗。（全身汗をかいた）
これらの"一"は"满"の意味であり，次の"一个"は「ひょっと…すると」の意味である。
　　一个不留神，就掉在河里。（ひょっと油断すれば川に落ちる）

練習

1. 雨が降ると、道が歩きにくく（不好走）なる。
2. 私は家を出る（离开家）と、彼にであった（碰见他）。
3. 彼らは警官（警察）を見ると逃げ（逃跑）た。
4. 私はこのにおいをかぐと、気分が悪くなる。
5. 彼らはひまがあると、図書館へ行って勉強する。
6. あの人は口をあけれ（张嘴）ば、人の批判をする（批评）。
7. 私が彼に忠告（劝）したら、彼はすぐ改め（改过）た。
8. 私たちが北京に着くと、盛んな歓迎を受けた（受到了热烈的欢迎）。
9. 私はちょっと見たら（一看）、ほんもの（真的）かにせもの（假的）かわかる。
10. 話したらすぐ承知する（一说就应）わけ（道理）がどこにありましょう（哪里有〜啊）？

【練習】解答　048

1. A：一下雨，路就不好走了。　　　　BC：一下雨，路就不好走。
2. A：我一出家门儿，就碰见他了。　　B：我一离开家，就碰到了他。
   C：我一出家门，就碰见他了。
3. A：他们一看见警察，就逃跑了。　　B：他们一见到警察，就逃跑了。
   C：他们一见警察就逃跑了。
4. A：我一闻见这味儿就觉得恶心。　　B：我一闻到这个气味，就感到恶心。
   C：我一闻这个味，就恶心。
5. AC：他们一有时间，就去图书馆学习。　B：他们只要一有时间，就去图书馆学习。
6. A：那个人一张嘴就批评别人。　　　B：那个人只要一张口，就批评别人。
   C：他一张嘴就批评人。
7. A：我一劝他，他马上就改了。　　　B：我劝告他以后，他马上就改了。
   C：我一劝，他就立刻改过了。
8. AB：我们一到北京，就受到了热烈的欢迎。　C：我们到了北京，受到了热烈的欢迎。
9. AC：我一看就知道是真的还是假的。　B：我只看了一下，就区别得出是真货还是假货。
10. A：哪儿有一说就应的道理呢？　　　B：哪里有一说就应的道理啊？
    C：哪里有一说就应的道理？

【单語】

发烧 fāshāo　感冒 gǎnmào　治 zhì　献血 xiànxiě　觉着 juézhe　恶心 ěxin　管保 guǎnbǎo　退 tuì　粒 lì
阿司匹林 āsīpǐlín　晓得 xiǎode　健康 jiànkāng　碰见 pèngjiàn　警察 jǐngchá　逃 táo　批评 pīpíng
劝 quàn　改过 gǎiguò　受 shòu　热烈 rèliè　欢迎 huānyíng　真假 zhēnjiǎ　应 yìng

中国語作文 25 ……をもって
用

1) これはなんで作ったものですか？
2) これはプラスチックで作ったものです。
3) 斧でまきを割り，のこぎりで材木を切る。
4) 箸でご飯をたべ，スプーンでスープをすくってのむ。
5) 火箸で炭をすこしつぎたす。
6) 君はなぜコップでビールをのまないのか？

049

1) 这是用什么做的？
2) 这是用塑胶做的。
3) 拿斧子劈柴火，拿锯锯木头。
4) 拿筷子吃饭，拿匙子舀汤喝。
5) 拿火筷子添上点儿木炭。
6) 你怎么不拿玻璃杯喝啤酒？

【要点】
※ "拿・用"はそれぞれ「手に持つ」「用いる」という動詞であるが，本課では「…をもって・…を用いて・…で」というように介詞としての用法である。
※ "用什么做的・用塑胶做的"などの"用"は省略されることがある。
　　那箱子是纸做的。（その箱は紙製です）
※ "劈 pī"は斧などで割ることを言う。「まきを割る」を"劈劈柴 pīpichái"とも言い，「まき」を"柴火"，または"劈柴 pīchái"とも言う。なお"火柴 huǒchái"はマッチのことである。"锯"は名詞にも動詞にもなる。
※ おおぜいの人が一つの皿をつつく時，各自の箸を使っては不衛生だというので，"公筷（おかずを取る箸）"の使用を奨励している。
　　なお，せと物のスプーンを"调羹 tiáogēng"（ちりれんげ）と言う。
※ この教科書に出てくる単語を全部おぼえたら，日常生活にそれほど不自由しないであろう。いいかげんな学習なら，"随学随忘"になってしまう。学習する以上は楽しく，しかもきちんとやるにこしたことはない。

練習

1. 竹ぼうき（扫帚）で庭（院子）をはく。
2. 羽根のはたき（毛掸子）で机にはたきをかける（掸）。
3. 雑巾（搌布）でゆか（地板）をふく。
4. 洗濯機（洗衣机）で服を洗う。
5. このちりとり（簸箕）は木（木头）で作ったものだ。
6. 君はなぜちりとりでごみを取ら（撮垃圾）ないのか？
7. こがたな（小刀子）で鉛筆をけずり（修／削），包丁（菜刀）でけずってはいけない。
8. まず（先）巻尺（卷尺）で寸法をはかり（量尺寸）なさい。
9. それから（再）はかり（秤）で目方をはかり（称分量）なさい。
10. 君はミシン（缝纫机）でなにを縫うのですか？

【練習】解答　　　　　　　　　　　　　　　　　　　　050

1. A：拿竹扫帚扫院子。　　　B：用扫帚扫院子。　　　C：用竹笤帚扫院子。
2. A：拿鸡毛掸子掸桌子。　　BC：用毛掸子掸桌子。
3. A：拿抹布擦地板。　　　　B：用抹布擦地板。　　　C：用搌布擦地板。
4. ABC：用洗衣机洗衣服。
5. AB：这个簸箕是用木头做的。　C：这簸箕是木头做的。
6. AC：你怎么不用簸箕撮垃圾？　　B：你为什么不用簸箕簸垃圾。
7. A：拿小刀子削铅笔，别拿菜刀削。　B：要用小刀削铅笔，不能用菜刀削。
   C：要用小刀修铅笔，不要用菜刀。
8. A：先拿卷尺量尺寸。　　　B：首先请用卷尺量好尺寸。　　C：先用卷尺量尺寸。
9. A：再用秤称分量。　　　　B：然后再用秤称分量。　　　　C：然后再用秤称重量。
10. AC：你用缝纫机缝什么？　　B：你用缝纫机缝什么呀？

【単語】

塑胶 sùjiāo　斧子 fǔzi　劈 pī　柴火 cháihuo　锯 jù　木头 mùtou　筷子 kuàizi　匙子 chízi　舀 yǎo
添上 tiānshang　玻璃杯 bōlibēi　扫帚 sàozhou　院子 yuànzi　掸子 dǎnzi　搌布 zhǎnbù　地板 dìbǎn
簸箕 bòji　撮 cuō　垃圾 lājī　修 xiū　削 xiāo　卷尺 juǎnchǐ　量 liáng　尺寸 chǐcùn　秤 chèng　称 chēng
分量 fènliàng　缝纫机 féngrènjī

中国語作文 26　……と

跟

1）彼のところにまだあるから，君は彼からもらって来なさい。
2）こんな話はまったく人に言いにくい。
3）私は君に話すのを忘れた。ほんとうにすみません。
4）この事に関しては，君は彼と相談しなさい。
5）今晩私は彼といっしょに芝居を見に行く。
6）私が実際に見たのと君の言うこととは完全にちがっている。

051

1）他那里还有，你去跟他要来。
2）这种话实在不好对人说。
3）我忘了和你提了，真对不起。
4）关于这件事你和他商量商量吧。
5）今天晚上我同着他一起看戏去。
6）我亲眼看到的和你说的完全不一样。

【要点】
※ "和・跟・同" などは介詞「…と，…に，…から」としても，連詞（「AとB」のように並列を示す）としても用いられる。
　〔介〕我和他说。（私が彼に話す）　〔連〕我和他是朋友。（私と彼は友人だ）
"対・向" は「…に対して」という介詞。たとえば "对人和气（人に対しておだやかだ）"，"向他借钱（彼からかねをかりる）"。
※ "跟・同" などは介詞とは言うものの，動詞性をかなり持っているので，"跟着（あとについて）"，"同着（いっしょになって）" と言えるが，"和着 hèzhe" は別の意味になるので使えない。なお，例5の "同着" を "跟着"，"和" などに代えてもさしつかえない。
※ 名詞の並列では接続詞を省略することがある（第16課練3参照）。なお名詞が三こ以上並列した場合には，最後の名詞の前にのみ "和" を加えることが多い。なお "和" を動詞の並列に用いることがある。
　我们关心和注意他。（私たちは彼に関心をもち注意する）
※ 例1 "跟他要来" の "跟" のかわりに "和・同・向" などを用いてもさしつかえない。
※ "和～一样" を否定する場合の "不" の位置は "不和～一样" "和～不一样" のどちらでもよい。

練習

1. 君はなぜ彼と口論（吵嘴）するのですか？
2. こんな事はまったく近所の人（邻居们／街坊）に話しにくい。
3. 私が行って彼にこの事を説明（说明）しましょう。
4. 君は電話で（打电话）彼にその事をたずね（打听）なさい。
5. 兄は父といっしょに出かけ（出去）て，まだ帰って来ません。
6. 現在私は彼といっしょに中国の人民公社を研究しています。
7. 彼は私に家賃を要求する（要房钱）が，あいにく（偏巧）おかね（钱）がない。
8. 彼は私たちにはおだやか（和气）で，傲慢な所（狂傲的地方）がない。
9. 君はそのもよう（情形）を一部始終（一五一十地）私に話しなさい。
10. 君の話は彼の言うこととちがう。ほんとうにおかしい（奇怪）。

【練習】解答　　　　　　　　　　　　　　　　　　　　052

1. AC：你为什么跟他吵嘴？　　　　　B：你为什么跟他吵架？
2. A：这种事实在不好对街坊说。　　　B：这种事实在很难跟邻居说。
   C：这样的事实在不好对邻居们说。
3. A：我去给他解释一下这件事吧。　　B：我去跟他说明这件事。
   C：我去向他说明一下儿这件事吧。
4. A：你打个电话跟他打听一下儿那件事。　B：你在电话里问他这件事吧。
   C：你打电话向他打听一下儿那件事。
5. AB：哥哥跟父亲一起出去了，还没有回来。　C：哥哥跟爸爸出去了，还没回来。
6. A：我目前跟他一起研究中国人民公社呢。
   B：现在我正他一起研究着"中国人民公社"。C：现在我正和他一起研究中国的人民公社。
7. A：他跟我要房钱，可偏偏〔不凑巧〕我没带着钱。
   B：他来问我要房租，可偏巧我没有钱。　C：他向我要房钱，偏巧我手头没钱。
8. A：他对我们很和气，没有傲慢的地方。　B：他对我们很和气，一点儿也不傲慢。
   C：他对我们很和气，没有一点儿狂傲的地方。
9. A：你给我一五一十地说清楚那件事的情形。　B：你把这个情形跟我一五一十地说明白。
   C：把那情形一五一十地告诉我。
10. A：你说的跟他说的完全不一样，真奇怪。　B：你的话跟他说的完全不一样，真的很奇怪。
    C：你说的和他说的不一样，实在有点儿奇怪。

【単語】

跟 gēn　种 zhǒng　实在 shízài　关于 guānyú　同着 tóngzhe　邻居们 línjūmen　街坊 jiēfang
人民公社 rénmíngōngshè　偏巧 piānqiǎo　和气 héqi　狂傲 kuáng'ào　奇怪 qíguài

中国語作文 27　……に比べて

比～

1) 彼は私よりふとっていて，六十キロある。
2) 君は私よりやせているが，たいへんじょうぶだ。
3) 商売が繁昌して，売上高が年年多くなる。
4) 中国と貿易して以来仕事が日ましに忙しくなった。
5) 東京は漢口ほど暑くない。
6) 祖父は「東京がどこよりもよい」と言いました。

　　　　　　　　　　　　　　　　　　　　　053

1) 他比我胖，有六十公斤。
2) 你比我瘦，可是很结实。
3) 买卖很兴旺，销售额一年比一年多起来。
4) 和中国开始贸易以来，事情一天比一天忙起来了。
5) 东京没有汉口（那样）热。
6) 祖父说："东京比哪儿都好。"

【要点】
※ 本課の"比"は「…に比べて，…よりも」であるが，「AはBよりたいへんよい」を"A比B很好"とは言わない。すなわち"A比B好得多（AはBよりずっとよい）"，"A比B好一点儿（AはBよりすこしよい）"のように言う。
　このように形容詞（または動詞）のあとについて，「どれくらいだ」「どのようだ」と説明する言葉を補足語と言う（第20課 "好几次・一次"など参照），なお「AはBよりまだましだ」は"A比B还好"と言う。
※ 「BよりAのほうがよい」という言葉を"比BA好"とは言わない。「AはBより…」のように中国語の表現法に改めてから訳出する。
※ "没有～那样热"は「…のそれほど暑くない」の意で，簡単に"没有～热"とも言える。
※ 例6の「言いました」は"说"とする。"说了"は「叱った」意味にとれやすいのでだめ。
※ "比哪儿都好"の"都"がなければ，「どこよりよいか？」となる。"都"または"更（もっと）"の有無に注意。
※ 練4は「去年の値段から一倍高くなった」"贵一倍"（形容詞＋"一倍"）という表現だが，練6は量の変化のみを示す（形容詞を伴わない）ので"两倍"を使う。第28課【要点】も参照のこと。

練習

1. 彼の病気は日ましによくなってきた。
2. ペニシリン（青霉素）はストマイ（链霉素）より安い。
3. 中国語はほかの外国語よりもっとむずかしい（更难）。
4. この値段（价钱）は去年に比べて二倍だ（贵一倍）。
5. このガーゼ（纱布）はそれよりも十元（十块钱）たかい。
6. 今年の生産高（产量）は去年の倍です。
7. 私のドイツ語（德文）は君ほどうまく（好）ない。
8. 妙高山は富士山ほど高くはない。
9. 桃の花（桃花）は桜の花（樱花）ほど美しく（好看）ない。
10. 父（家父）は「このポット（暖水瓶）はどれよりもよい」と言いました。

【練習】解答　054

1. AC：他的病一天比一天好起来了。　B：他的病一天一天好起来了。
2. ABC：青霉素比链霉素便宜。
3. A：汉语比别的外语更难。　B：中文比其他外语更难。　C：中文比其他外文更难。
4. A：这个价钱比去年贵一倍。　B：这个价钱比去年的贵一倍。
   C：这个价钱比去年贵了一倍。
5. A：这种纱布比那种贵十块。　B：这块纱布比那块贵10元。
   C：这种纱布比那种贵十块钱。
6. A：今年的产量是去年两倍。　BC：今年的产量是去年的两倍。
7. A：我的德文没有你好。　B：我的德语程度没有你的那么好。
   C：我的德文不如你好。
8. AC：妙高山没有富士山高。　B：妙高山没有富士山那么高。
9. AC：桃花没有樱花好看。　B：桃花没有樱花那么美。
10. AC：父亲说："这个暖水瓶比哪个都好。"
    B：家父说过这个暖水瓶比哪个都好的话。

【単語】

比 bǐ　胖 pàng　公斤 gōngjīn　瘦 shòu　结实 jiēshi　兴旺 xīngwàng　销售额 xiāoshòu'é　开始 kāishǐ
贸易 màoyì　以来 yǐlái　汉口 Hànkǒu　祖父 zǔfù　链霉素 liànméisù　更难 gèngnán　价钱 jiàqián
倍 bèi　纱布 shābù　块 kuài　产量 chǎnliàng　德文 Déwén　妙高 Miàogāo　富士 Fùshì　桃花 táohuā
樱 yīng　瓶 píng

中国語作文 28

程度が……

得～

1）君は話すのが早く，彼は話すのがのろい。
2）彼は早く話すので，私は聞いてわからない。
3）私はたべるのがのろく，君の倍かかる。
4）私は毎日起きるのが早く，七時に出勤する。
5）彼はおそく起きるから，よく電車におくれる。
6）君はなぜこんなにおそく来たんだ？　ぼくは一時間待った。

055

1）你说得快，他说得慢。
2）他说得快，我听不懂。
3）我吃的比你慢一倍。
4）我每天起得早，七点钟上班。
5）他起得晚，所以时常赶不上火车。
6）你怎么来得这么晚？我等了一（个）小时啊！

【要点】
※"得"は「得る」という動詞であるが，本課では助詞として次の用法を示す。
A 可能補語をみちびく……動詞のすぐあとについて「…できる」という可能を示す。否定は"得"のかわりに"不"を用いる。　说得好（うまく話せる）　说不好（うまく話せない）
B 程度補語をみちびく……動詞・形容詞のすぐあとについて「…のしかた，…の程度」という意味を示す。否定にはさらに"不"を加える。　说得好（話しかたがうまい）　说得不好（話しかたがまずい）
可能・程度ともに肯定形は同じなので，「話しの場」によって区別する。なお程度の場合は"说得很好"のように，補語に修飾語を加えることができるが，可能の場合は他の成分を挿入することができない。
なお程度の場合"得"を"的"と書くこともある。
※練9を"他把中国歌儿～"のように"把"を用いるほかに，"他唱中国歌儿，唱得～"のように同じ動詞を重複させる言いかたもある。
※例3を"我吃得慢，慢得比你加倍"とも言う。ところで，倍数のあらわしかたは普通"增加了，减少了"を用いて増減した部分を示し，"增加到，减少到"を用いて増減後の結果を示す。

　　2が4になったとき　　增加了一倍。　　增加到两倍。
　　6が2になったとき　　减少了三分之二。　减少到三分之一。

練 習

1. 君安心しな（放心）さい。彼らのやりかたは公平（公道）だ。
2. 彼のやりかたは周到（周到）だから，まちがい（错）がない。
3. この写真（照片）はよくとれている。だれがうつし（照）たのか？
4. この文章（文章）はよく出来ている。君が書いたのでしょう（吧）？
5. この雨（这场雨）はまったく猛烈に（厉害）降る。
6. 各種の生産（各项生产）はみなスムーズにいっている（搞得很好）。
7. 彼のやりかたは早い。まったく腕（能耐）がある。
8. 彼はこの話を聞くと，ぷんぷんにおこった（气得怒容满面）。
9. 彼は中国の歌をじょうずに歌う（唱得好）。
10. 私がこの話を言い出し（提起～来）たら，彼はまっかになって恥ずかしがった（羞得满脸通红）。

【練習】解答　　　　　　　　　　　　　　　　　056

1. A：你放心吧，他们的做法很公道。　B：你放心吧，他们的做法是很公平的。
   C：你放心吧，他们办事很公道。
2. A：不会犯错误，他做得很周到。　B：他的做法很周到，不会有错。
   C：他办事很周到，没错。
3. A：这张照片照得很好，是谁照的？　B：这张照片拍得很好，是谁拍的？
   C：这照片照得很好，是谁给照的？
4. A：这篇文章写得很好，是你写的吧？　B：这篇文章写得不错，你写的吧？
   C：这文章写得很不错，是你写的吧？
5. A：这场雨下得真猛。　B：这场雨真的下得很厉害。　C：这场雨下得真厉害。
6. A：各项生产都搞得很好。　B：各项生产都进行得很顺利。　C：各项生产都搞得很顺利。
7. A：他做得很快，真有能耐。　B：他做得很快，真的很有本事。
   C：他办事很麻利，真有能耐。
8. A：他听到这话，就气得怒容满面了。　B：他一听这话，就气得怒气冲天。
   C：他一听这话，气得怒容满面。
9. A：他唱中国歌儿唱得很好。　　　BC：他的中国歌唱得很好。
10. A：我一提起这话来，他就羞得满脸通红了。　B：我一提起这个话题，他就羞得满脸通红。
    C：我一提起这件事，他马上羞得满脸通红。

【単語】

懂 dǒng　加 jiā　上班 shàngbān　赶不上 gǎnbushàng　啊 a　周到 zhōudào　错 cuò　照片 zhàopiàn
章 zhāng　这场雨 zhèichǎngyǔ　厉害 lìhai　各项 gèxiàng　能耐 néngnài　怒容满面 nùróngmǎnmiàn
提 tí　羞 xiū　通红 tōnghóng

中国語作文 29

……でたまらない。
〜不得了

1) 私はこの話を聞いて，うれしくてたまらない。
2) この部屋は西向きで，夏は暑すぎる。
3) 昨日徹夜したので，今日はねむくてたまらない。
4) 体にできものがひとつできて，とても痛い。
5) 風がびゅうびゅう吹き続いて，今日は寒くてたまらない。
6) 以前彼は大金持ちだったが，今ではひどく貧乏している。まったくかわいそうだ。

057

1) 我听这话就喜欢得不得了。
2) 这间屋子是朝西的，夏天太热。
3) 昨天我熬夜来着，今天困得了不得。
4) 身上长了一个疙瘩，疼得厉害。
5) 风吹得呼呼地直响，今天冷得够呛。
6) 从前他是个大财主，现在穷极了，真可怜。

【要点】

※ 程度副詞には前置と後置とがある。
　前置＝"太，过于，顶，最，真，很，极，非常，特别，格外〜"など。
　後置＝"得"を用いてみちびくもので，"不得了，了不得，够呛，厉害，要命，很"など，
　　　　および"极了，死了，透了"など。

※ "太，过于"は「…すぎる」，"很"は"很好，好得很"のように前・後置ともに用いられ，後者のほうの意味がつよい。"顶，最"は他の物に比べて「もっとも」の意，"真"は「ほんとうに」。"极"は「きわめて」の意で，"极好，好极了"のように前・後置ともに用いられ，後置の場合は普通"了"をともなう。"不得了，了不得，够呛"は「ひどい，たいへんだ」の意だが，"了不得"は「たいしたものだ」の意に用いる場合もある。"厉害"は「ひどい，はげしい」。"要命"は「命をとる」ことだが，ここでは「たまらない」の意。"死了"は第36課【要点】参照。"透了"は「とっても」。

※ "来着"は句末に位置して，「…していた」という意味。
　　你做什么来着？（君は何をしていたのか？）

練 習

1. 彼は食事（吃饭）がたいへん早い。
2. 一日じゅうなにもたべなかった（一天什么都没吃）。おなかがへってたまらない。
3. 一日じゅう用事がなくて、たいくつ（闷）でたまらない。
4. この任務（任务）は重大だ（重大）から、注意して（小心）やりなさい。
5. 林君の成績（成绩）はクラスで（在班里）もっともよい。
6. この数日忙しくてかなわない。君手伝い（帮帮忙儿）なさい。
7. 今日の試験問題（考试题目）はむずかしすぎる。
8. これはとてもややこしく（麻烦），うまくやれない（做不好）。
9. 相当歩いた（走了不少路）ので、とても疲れ（累）た。
10. この教科書は内容が豊富（内容丰富）で、たいへん面白い（有意思）と思う（觉着）。

【練習】解答　　　　　　　　　　　　　　　　　　　　058

1. AC：他吃饭吃得很快。　　　　　B：他饭吃得好快。
2. A：一整天什么都没吃，肚子饿得够呛。B：一整天什么都没吃，肚子饿极了。
   C：一天什么都没吃，肚子饿得不得了。
3. A：一天没有什么事儿，闷得不得了。B：一整天都没什么事，真是闷得慌。
   C：一整天没事干，闷得不得了。
4. A：这个任务非常重大，你要小心〔慎重/好好儿〕地做。
   B：这个任务很重要，请多留心。C：这个任务很重要，千万别大意〔要慎重行事/多留神点儿〕。
5. A：小林的成绩在班里最好。　　　B：小林的成绩在班级里是最优秀的。
   C：小林的成绩在班里是最好的。
6. A：这几天忙得要命，你帮帮我忙儿吧。　　B：这几天忙得都完不成，你帮帮忙吧。
   C：最近我忙不过来，你来帮帮忙吧。
7. AB：今天的考试题目太难了。　　C：今天考试的题目太难了。
8. A：这太麻烦了，我做不好。　B：这个事麻烦极了，没法做好。　C：这事挺麻烦，恐怕做不好。
9. A：走了不少路，累得够呛〔不得了〕（了）。　B：因为走了太多的路，所以累极了。
   C：走了不少路，累要命。
10. A：这本教材内容丰富，我觉得很有意思。
    B：这本教科书内容很丰富，我感到非常有意思。　C：我觉着这课本的内容很丰富很有意思。

【单语】

喜欢 xǐhuan　　不得了 bùdeliǎo　　间 jiān　　朝 cháo　　熬夜 áoyè　　来着 láizhe　　困 kùn　　了不得 liǎobude
疙瘩 gēda　　疼 téng　　吹 chuī　　呼 hū　　响 xiǎng　　够呛 gòuqiāng　　财主 cáizhǔ　　极 jí　　可怜 kělián　　闷 mèn
任务 rènwu　　小心 xiǎoxīn　　成绩 chéngjì　　帮 bāng　　题目 tímù　　麻烦 máfan　　累 lèi　　丰富 fēngfù　　意思 yìsi

中国語作文 30 ……のようだ。 像～

1) 彼は父親に似ている。
2) この赤の革靴は私のとよく似ている。
3) 彼の態度を見ると商人らしくない。
4) ここは一度来たことがあるようだ。
5) 私はどこかで彼に会ったことがあるようだ。
6) その老人は仕事を始めると，若者のように早い。

◎059

1) 他像他父亲。
2) 这双红皮鞋很像是我的。
3) 看他的态度，不像买卖人。
4) 这个地方像是我来过一次。
5) 我好像在哪里见过他似的。
6) 那个老头儿干起活来，像年青小伙子一样快。

【要点】
※ "像"は「かたち」という名詞のほかに，例1のように「似ている，…のようだ」など動詞としても用いられる。例2・4の"像是"は"像似"とも書かれ，意味は"像"と同じ。"好像"の"好"は「まるで，よくも」の意で，例5・6のように，後に"似的""一样"などを伴うことが多い。なお"好像"の同類語に"仿佛 fǎngfú（ぼんやりと，どうやら）""如同 rútóng（ちょうど…のようだ）""似乎 sìhū（…のようだ）"などがある。"似的""一样"の同類語に"一般 yìbān（おなじ）"がある。
※ 例6の"像年青小伙子一样"は状況語となって"快"を修飾しているが，第26課で既出の"和～一样"も同様に状況語とすることができる。
　　他的身量和我一样高。（彼の身長は私と同じく高い）
※ "一样"には「一種類」の意味もあるので，"两样儿（二種類）"も使いかたによっては"和他们两样儿（彼らとはちがう）"のようになる。

練習

1. 彼の人相（长相）を見ると，チベットの人（藏族人）に似ている。
2. 彼の挙動（举动）を見ると，すり（扒手）らしくない。
3. 君の中国語はまるで中国人のようだ。
4. 見たところ（看样子）彼はなにか緊急の任務（紧急任务）があるようだ。
5. この黒板の字（黑板上的字）は君の筆跡（笔迹）に似ている。
6. 彼は最近（近来）元気がなく（没有精神），病人（病人）のようだ。
7. 青森のリンゴをたべるのは、蜜をたべるようなものだ。
8. この話を聞いて，彼はなにか刺激をうけた（受了什么刺激）ようだ。
9. 彼の走るのは飛ぶように（像飞一样）速い。
10. この手紙を見ると，直接彼に会っている（直接见到他）ようだ。

【練習】解答　　　　　　　　　　　　　　　　　　　　060

1. A：看他的长相像藏族人一样。B：看他的长相,很像是个藏族人。C：看他的长相,像藏族人。
2. A：看他的举动不像个小偷。B：看他的举动,不像是个扒手。C：看他的举动,不像个扒手。
3. A：你的中文说得像中国人一样。　　B：你的中文简直和中国人差不多。
   C：你中文说得和中国人一样。
4. A：看样子,他好像有什么紧急任务似的。　　B：看他的样子,好像有什么紧急任务。
   C：看样子,他像是有什么紧急任务似的。
5. A：这个黑板上的字好像你的笔迹。　　B：这个黑板上的字很像你的笔迹。
   C：黑板上的字像你的笔迹。
6. A：他最近没有精神,好像病人似的。　　B：他最近没有精神,好像病人一样。
   C：他近来没精神,像是病了似的。
7. A：吃青森的苹果,好像吃蜜似的。　　B：吃青森产的苹果,就像吃蜜一样（好甜）。
   C：吃青森的苹果像吃蜜一样甜。
8. A：听到这话,他好像受了什么刺激。　　B：他听了这个话,好像受了什么刺激一样。
   C：听这么一说,他好像是受了什么刺激似的。
9. AB：他跑得飞快。　　　　　　　　C：他跑得像飞一样快。
10. A：看这封信就像直接看着他一样。　　B：看到这封信,就好像直接见到了他一样。
    C：看到这封信,像是直接见到他似的。

【单语】

像 xiàng　态度 tàidù　似的 shìde　干 gàn　小伙子 xiǎohuǒzi　相 xiāng　藏族 Zàngzú　扒手 páshǒu
笔迹 bǐjì　精神 jīngshen　刺激 cìjī

中国語作文 31 ……したり，……したり
又～又～

1) ぼくもいらない，君もいらない，捨てよう。
2) それはきまっていない，行く人も行かない人もいる。
3) この方法では，まったく骨を折るうえ能率も悪い。
4) 彼らは私が歳をとっているのも，しろうとなのもいやがらない。
5) 同郷ですし，それに友人ですからことわりにくい。
6) 学校が休校だし，天気もよいから郊外へ遊びに行きましょう。

061

1) 我也不要，你也不要，扔了吧。
2) 那不一定，也有去的，也有不去的。
3) 用这种方法，真是又吃力效率又低。
4) 他们既不嫌我年纪大，又不嫌我外行。
5) 一来是同乡，二来是朋友，所以我不好推辞。
6) 一则是学校停课，二则是天气也好，咱们到郊外玩儿玩儿去吧。

【要点】
※ ふたつ以上の動作が同時に，またはほとんど同時におこなわれるとき，ふたつ以上の状態が並立するとき，これらを強調するのに"又～又～"を用い，しかも並立するもの全部に"又"をつけなければならない。たとえば"又多又快又好又省地建设社会主义"のように言う。書き言葉では"又～又～"のかわりに"既 jì～又～""既～且 qiě"が用いられる。
※ "也～也～"のほうは，ふたつ以上の事柄が並立することは"又～又～"と同じだが，同時におこなわれることを強調していない。要するに同時であっても，同時でなくてもよい。
　　A 又抽烟又喝酒。（タバコを吸ったり，酒をのんだりする）
　　B 也抽烟也喝酒。（タバコも吸うし，酒ものむ）
　なおBを"烟也抽，酒也喝"とも言う。
※ "一则是～""一来是～"などは「ひとつには…，ふたつには…」という中国語特有の表現法。
※ 練7は「彼はそろばんをはじくことが」の意より訳出する。練9の「行かなかった」は"没去"とする。"没"は現在時までの否定「…していない」の意であるから，"了"は不要。

練習

1. 服を洗う者も服をつくろう（补）者もいる。
2. 明日の会合（聚会）には林さんも森さんも行く。
3. 買う人も売る人もいるが，くらべると（比较起来说）売る人が多い。
4. このブランドのは（牌子的）安くて丈夫だ。売れ行きがよい（销得快）。
5. 彼の主人は薄情（刻薄）で傲慢だ（自大／傲慢）。
6. この玩具（玩具）は面白くてためになる（有益处）。
7. 彼のそろばんは（打算盘打得～）のろくてよくまちがう（好错）。
8. 君の発音（发音／口音）は四声もあっていない（不对）し，口調（腔调儿）もよくない。早く退学し（退学）たらよい。
9. 雨が降り出したし，時間（天）もおそくなったので，私は行かなかった。
10. 君にもよいし（于你也好），ぼくにもよいのだから，なんと一挙両得ではなかろうか？(岂不是一举两得吗)。

【練習】解答　　　　　　　　　　　　　　　　　　　　　　　　062

1. A：也有洗衣服的，也有补衣服的。　　BC：有洗衣服的，也有补衣服的。
2. AB：明天的聚会，林先生也去，森先生也去。　C：明天的聚会林先生和森先生都去。
3. A：也有买的，也有卖的，比较起来说卖的多一些。
   B：有想买的也有想卖的,比较起来还是想卖得多。　C：有买的也有卖的，比较起来卖的人多。
4. A：这种牌子的又便宜又结实，销得很好。B：这个牌子又便宜又牢固，销得很快。
   C：这牌子的又便宜又结实，卖得很好。
5. A：他的老板既刻薄又自大。　B：他的主人又刻薄又傲慢。　C：他的老板又刻薄又傲慢。
6. A：这种玩具又好玩儿又有教益〔好处〕。　B：这个玩具又有趣又有益处。
   C：这玩意儿既好玩又有益。
7. A：他打算盘打得又缓慢又爱错〔好错〕。　B：他的算盘打得不仅慢而且经常出错。
   C：他算盘打得不但慢，而且还常出错。
8. A：你的发音四声又不对，腔调儿又不好，还是早点儿退学算了。　B：你的四声发音不仅不对语调也不好。还是早点儿退学为好。　C：你的四声不准，发音不对，趁早退学的好。
9. A：一来是下起雨来了，二来是天也晚了，所以我没去。
   B：因为又下雨时间又晚，所以我没去。　C：因下起雨来，加上天也晚了，我就没去。
10. A：（一则是）对你也好，（二则是）对我也好，岂不是一箭双雕吗？　B：不仅对你好，而且对我也好，岂不是一举两得吗？　C：这于你也好，于我也好，岂不是一举两得吗？

【单语】

扔 rēng　　方法 fāngfǎ　　力 lì　　效率 xiàolǜ　　低 dī　　既 jì　　嫌 xián　　年纪 niánjì　　外行 wàiháng　　推辞 tuīcí
一则 yìzé　　停课 tíngkè　　天气 tiānqì　　郊外 jiāowài　　补 bǔ　　聚会 jùhuì　　森 sēn　　比较 bǐjiào　　牌子 páizi
刻薄 kèbó　　玩具 wánjù　　益处 yìchù　　算盘 suànpán　　好错 hàocuò　　口音 kǒuyīn　　腔调 qiāngdiào　　岂 qǐ

中国語作文 32 ……される。
被

1) 私は彼らに笑われ，まったくはずかしかった。
2) タクシーの運転手がまた強盗に殺されたそうだ。
3) 私は南京虫に一晩中さされ、とてもつらかった。
4) 彼になんども頼んだが，いつも拒絶された。
5) 彼はすくなくない財産を息子にきれいに使いはたされた。
6) 本会は中国文学研究会と名づけられた。

───────── 063 ─────────

1) 我被他们笑话了，实在是不好意思了。
2) 说是又有出租车的司机被强盗杀死了。
3) 我被臭虫咬了一夜，实在难受极了。
4) 我央求他好几回，每回都被他拒绝了。
5) 他那不少的财产叫他的儿子给花干净了。
6) 本会被称为中国文学研究会。

【要点】
※「…に…される」という受身を"被・叫・让"などで表わす。
　〈被〔or 叫など〕＋ A（＋給）＋動詞〉＝ Aに…される。
　ただし"被"を用いた場合で，Aを言い出す必要のないときはAを省略し（A参照），Aが不明のときは"人"を用いることが多い（B参照）。
　　A 封建制度被推翻了。（封建制度はくつがえされた）
　　B 我的戒指被人偷了。（私の指輪はぬすまれた）
※"給"は"被・叫"などと呼応して，その受身であることを明確に示すが，単独でも用いられる。
※書き言葉では"被～所～"が常用される。
　　楚国被秦国所吞没了。（楚国は秦国に併呑された）
※"被"などを用いないでも"北京好容易解放了（北京はやっと解放された）"のように受身を表わす文もある点に注意。
※例1の"笑话"は「笑いばなし，おかしなこと」といった名詞にも，本文のように「笑いものにする，冷笑する」という動詞にも用いられる。
※"说是"は「…だそうだ」の意で，または"所说・所见说"などとも言う。
※練8の"嘴巴"はビンタをはるときの頬をいう。たんに頬というときは"腮帮子"。

練習

1. 私は彼にまた一度ののし（骂）られた。
2. 彼の娘（女儿）は電車にひかれて死ん（轧死）だ。
3. そのこそ泥（小偷）はついに（到底）つかまっ（抓住）た。
4. 映画館で財布（钱包）をぬすま（偷）れた。
5. 兄は父にこづかいをねだり（要零用钱），また叱ら（说了一顿）れた。
6. 昨日の大風で稲が（稻子）たくさん吹き倒さ（刮倒了不少）れた。
7. 彼に一万円かたられ（骗）た。まったくにくらしい（可恶）。
8. 理由もなく（无缘无故地）彼に頬をひとつ殴ら（打了一个嘴巴）れた。
9. 彼らの秘密（秘密）は君のひとこと（一句话）で暴露（暴露）された。
10. 私は蚊（蚊子）にさされ（叮/咬），君は蚤（跳蚤）にさされ，体がかゆい（身上痒痒）。

【練習】解答　　　　　　　　　　　　　　　　　　　　　　　　　　　064

1. A：我又被他骂了一顿。　　　B：我又被他骂了一次。　　　C：我又被他骂了。
2. AC：他女儿被电车轧死了。　　B：他的女儿被电车压死了。
3. A：那个小偷到底被捉住了。　B：正因为那样小偷终于被抓住了。　　C：那小偷到底被抓住了。
4. A：钱包在电影院里被偷走了〔在电影院里钱包被人偷走了〕。
   B：皮夹子在电影院里被偷了。　　C：在电影院钱包被偷了。
5. A：哥哥跟爸爸要零用钱，又被说了一顿。　　B：哥哥问父亲要零用钱，又被臭骂了一顿。
   C：哥哥向爸爸要零用钱，又被爸爸说了一顿。
6. A：昨天刮大风〔由于昨天的大风〕，稻子被刮倒了不少。
   B：稻子被昨天的大风刮倒了一大片。　　C：稻子被昨天的大风刮倒了不少。
7. A：被他骗走了一万日元，真可恶。　　B：被他骗了一万日元，真是太可恶了。
   C：被他骗了一万日元，真可恶。
8. A：我被他无缘无故地打了一个嘴巴。　　B：无缘无故被他打了一个耳光。
   C：无缘无故地被他打了个嘴巴。
9. A：他们的秘密叫〔被〕你一句话给泄漏了。　　B：因为你的一句话，他们的秘密被暴露了。
   C：你的一句话把他们的秘密暴露了。
10. A：我被蚊子叮了,你被跳蚤咬了,(我们)全身都很痒痒。　　B：我被蚊子叮了,你被跳蚤咬了,
    浑身好痒。　　C：我叫蚊子叮，你被(给)跳蚤咬，大家身上都怪痒痒的。

【単語】

被 bèi　笑话 xiàohuà　出租车 chūzūchē　司机 sījī　强盗 qiángdào　杀死 shāsǐ　臭虫 chòuchóng　咬 yǎo　央求 yāngqiú　拒绝 jùjué　财产 cáichǎn　儿子 érzi　称为 chēngwéi　骂 mà　轧 yà　偷 tōu　抓 zhuā　顿 dùn　稻子 dàozi　倒 dǎo　骗 piàn　可恶 kěwù　缘故 yuángù　嘴巴 zuǐba　秘密 mìmì　暴露 bàolù　蚊子 wénzi　叮 dīng　跳蚤 tiàozao　痒 yǎng

中国語作文 33 ……させる。 叫

1) まもなく試験だ。彼に勉強させなさい。
2) 早く行きなさい。ながく彼を待たせないように。
3) この真珠を私に値ぶみさせたら，一万円ぐらいだ。
4) お客さんを応接室へお通ししなさい。
5) どうして私を帰宅させないのですか？
6) 彼らに三日以内に作らせなさい。

065

1) 快（要）考试了，叫他用功吧。
2) 快点儿去吧。不要叫他老等着。
3) 这个珍珠叫我估计总在一万日元左右。
4) 你让客人到客厅里坐着吧。
5) 你怎么会不让我回家？
6) 你限他们三天做完了吧。

【要点】

※「…に…させる」という使役にも"叫"（"教"とも書く）を用いる。これと受身の場合の"叫"と混同することはないか？と思われようが，「話しの場」がこれを解決してくれる。なお混同する心配があれば，受身を"叫～给～"で示したらよい。
　"让"は「…するにまかせる」という意味で，ていねいな言いかたになる。
　　叫〔让〕＋A＋動詞＝Aをして…させる。
　なお"使 shǐ・令 lìng"などを用いると，文語的な言いかたになる。
　　令人发指。（人をして憤激せしむ）
　　恋爱使人变成诗人。（恋愛は人を詩人とする）

※例6は"你叫他们三天做完了吧"でもよいが，"限"を用いたら，"叫"は不要。同様に練9も"打发（さしつかわす）"で使役を示すから，"叫"はいらない。このように中国語は簡潔な表現をモットーとすることに注目せよ。

※"总"は「きっと・どうしても・ともかく・たいがい」など，その用い場所によって意味がちがう。

※「一万円ぐらい」を"一万日元上下"とも言う。

33

練習

1. お待たせしました（让你久等了／受等受等）。彼はすぐ来ます。
2. 彼が私にやらせた仕事はまだ出来上って（做出来）いません。
3. 彼はぶきよう（手太笨）だ。彼にやらせないように。
4. 彼にタバコを買いにやらせたら，彼は（倒）塩（咸盐）を買って来た。
5. この事を彼に納得（了解）させることはむずかしい。
6. 子供が六才になれば（到了六岁）学校へあげる（上学）。
7. この井戸（井）は彼に掘らせ（挖）たもので十メートル（十公尺）の深さ（深）がある。
8. これは私のした事ではない。どうして私に責任をおわせ（负责）るのですか？
9. 私はいましがた人をやって（打发人）医者を呼びにやりました。
10. 彼女は一日中汽車に乗って（坐了一天的火车）疲れたろうから，休ませ（休息／歇息）てあげなさい。

【練習】解答　066

1. AB：让您久等了，他马上就来。　　C：叫你久等了，他马上就来。
2. A：他叫我做的工作我还没做完。　　B：他让我做的工作还没做好。
   C：他让我做的事还没做出来。
3. A：他手太笨，不要让他去做。　　B：他笨手笨脚的，尽量不要让他做。
   C：他手很笨，别让他做吧。
4. A：叫他买烟，他却〔倒〕买回咸盐来了。B：我让他去买香烟，他却把盐给买回来了。
   C：让他去买香烟，他倒买回咸盐来了。
5. A：这些事叫他了解是很难的。B：让他理解这件事有点儿困难。C：这事很难让他接受〔同意〕。
6. A：小孩儿到了六岁就叫他去上学。　　B：小孩儿到了六岁，就让他去上学。
   C：孩子到了六岁，就该上学了。
7. A：这口井有十公尺深，是我叫他挖的。　B：这口井是他让给挖的，有十米深。
   C：这口井是他挖的，有十米深。
8. A：这件事不是我做的，怎么叫我负责呢？　　B：这件事不是我做的，为什么让我负责任？
   C：这不是我干的，为什么让我承担责任？
9. A：我刚打发人请医生去了。　　B：刚才我派人去叫医生了。　　C：我刚才打发人去请大夫了。
10. A：她坐了一天的火车恐怕累了吧，让她休息休息。　　B：她坐了一天的火车很累了，让她好好休息吧。　　C：她坐了一天火车，一定累了，让她好好休息吧。

【単語】

珍珠 zhēnzhū　估计 gūjì　总 zǒng　左右 zuǒyòu　让 ràng　限 xiàn　笨 bèn　久 jiǔ　咸盐 xiányán
了解 liǎojiě　岁 suì　挖井 wājǐng　深 shēn　负责 fùzé　打发 dǎfā　休息 xiūxi　歇 xiē　发指 fàzhǐ
恋爱 liàn'ài　变 biàn

中国語作文 34 会

……できる。

1) おん鶏はときを作ることができ，めん鶏は卵を生むことができる。
2) 君は買えるだけ買いなさい。
3) この本を私に貸していただけませんか？
4) 彼のそろばんは加減乗除がみなできる。
5) 私は日常会話がすこしできるだけです。
6) 原子爆弾一こは百キロ平方を爆破できる。

067

1) 公鸡能打鸣儿，母鸡能下蛋。
2) 你能买多少，就买多少。
3) 这本书可（以）不可以借给我看看？
4) 他打算盘，加减乘除都会。
5) 我不过会说几句日常会话（而已）。
6) 一颗原子弹可以炸毁一百公里见方。

【要点】

※ "能・能够・会・可以"はいずれも動詞の前に位置して可能を示す。"能・能够"は能力の有無に関したあらゆる場合に用いるが，特に練習や経験の結果「できる」と言うときには"会"を用い，周囲の状況からさしつかえないと言うときは"可以"を用いる。たとえば書けないは"不能写"，心得がなくて書けないは"不会写"，書いてはならないと強く制止するときには"不可以写"である。なお，"能・会・可以"などは単独でも用いることができる。

※ "买东西・说话"などだれにでも容易にやれる事柄に"会"を加えると，「上手だ」の意味になり，さらに"真"を加えると，「とても上手だ」となる。"他真会买东西（彼は買物がとてもうまい）"。
"会"はまた「…するはずだ」と解されるときもある。練8参照。"他现在有病躺着呢，怎么会来。（彼は病気で寝ている。どうして来よう）"

※ 例2は疑問詞の重複使用による慣用的な用法である。
　　哪里好，住哪里。（どこでもよい所に住む）　你要什么，我给什么。（君のほしいものをやる）
　　谁愿意去，就叫谁去。（行きたい者を行かせる）
　　谁干活谁吃，不干活就不要吃。（働く者がたべ，働かねばたべるな）

※ 例5の"而已"とは「それだけである」意。
※ 練3の"里"は五百メートルを表わす。中国で常用される長さの単位。

練習

1. 彼はスケート（溜冰）ができ、私はスキー（滑雪）ができる。
2. この子供ははいだしたばかり（刚会爬）で、まだ歩けない。
3. 一日にどれほど歩けます（能走多远）か？ 三十里（里路）歩けます。
4. 君は明晩来られますか？ たぶん（大概）来られます。
5. もう一万円出せば（再添上～）事務員一人雇う（雇）ことができる。
6. 物価（物价）がこう高くては、生活を維持（维持生活）できない。
7. このニュース（新闻）は彼らの民族意識（民族觉悟）を高める（提高）ことができる（能够）。
8. 世のなかに（世界上）こんな不思議な（奇怪的）ことはありえない（不会有～）。
9. 知らない（不认得的）字があって、私は読めません。
10. 今日の試験は君は百点とれ（能得一百分）ましたか？

【練習】解答　　　　　　　　　　　　　　　068

1. A：他会滑冰，我会滑雪。　　BC：他会溜冰，我会滑雪。
2. A：这个孩子刚会爬，还不会走。　B：这个小孩儿刚会爬，还不会走路呢。
   C：这孩子刚会爬，还不会走。
3. A：你一天能走多远? 能走三十里。　B：一天能走多少路? 能走三十里路。
   C：一天能走多远? 能走三十里路。
4. A：你明天晚上能来吗? 大概可以。　B：你明晚能来吗? 大概能来。
   C：你明天晚上来得了吗? 大概来得了。
5. A：再添上一万日元就能雇一个办事员了。　B：只要再出 1 万日元就能雇一个办事员。
   C：再添上一万日元就可以雇一名办事员。
6. A：物价这么高，就没法儿维持生活。　B：物价这么高的话，生活很难维持。
   C：物价这么高，不能维持生活。
7. A：这条消息能够提高他们的民族觉悟。　B：这条新闻能提高他们的民族意识。
   C：这一新闻能够提高他们的民族觉悟。
8. A：世界上不会有这么奇怪的事。　B：世界上不可能会有这种不可思议的事情。
   C：世界上不会有这样奇怪的事。
9. A：有不认得的字，我不会念。　B：有不认识的字，我读不来。
   C：里面有不认得的字，我念不下来。
10. A：今天的考试你能考一百分吗? 　BC：今天的考试你能得一百分吗?

【单语】

鸣 míng　鸡蛋 jīdàn　借 jiè　减 jiǎn　乘 chéng　除 chú　会 huì　而已 éryǐ　颗 kē　原子弹 yuánzǐdàn　炸毁 zhàhuǐ　溜冰 liūbīng　滑 huá　爬 pá　里路 lǐlù　大概 dàgài　再 zài　雇 gù　物价 wùjià　维持 wéichí　觉悟 juéwù　世界 shìjiè　分 fēn

中国語作文 35 〜见

……できた。

1) 君の声はちいさすぎて聞こえない。
2) 空には雲があって北斗七星が見えない。
3) 鼻がつまってにおいがなにもわからない。
4) 君のうまくやれん事が，どうして私にうまくやれよう。
5) そんなあてにならん話をだれが信じようか？
6) 外は風が強くて傘をさせない。

○ 069

1) 你的声音太小，我听不见。
2) 天上有云彩，看不见北斗星。
3) 鼻子不通气了，什么都闻不见。
4) 你搞不好的事，我怎么能搞得好。
5) 那样靠不住的话，谁还能相信呢?
6) 外头风大，打不住雨伞。

【要点】

※ "听见・看见・闻见" などの "见" は結果補語で，"听（きく）" "看（みる）" "闻（かぐ）" の結果「聞こえる，見える，におう」をあらわしている。「聞こえない」を "不能听见" "没听见" という。

※ 動詞と補語の間に "不" を挿入すると「聞こえない，見えない，匂いがわからない」となり，"得" を挿入すると可能を示す（可能補語）。第28課参照。
　　听不见。（聞こえない）　　听得见。（聞こえる）

※ "搞好" は「うまくやる」意で，"好" は立派にしあげる意味をもつ結果補語。"靠不住" は「頼りにならない」意で，"住" は動作の安定・静止を示す結果補語。"打伞" は「傘をさす」意で，"打不住雨伞" で「傘をさしておれない」意。

※ "搞" は "做・干" などと同義だが，現在広く用いられている俗な言葉。"搞生意（商売をする）"，"搞对象（恋人を作る）" などよく口にされている。第69課参照。

※ 練9の "赶上" は「追いつく，時間に間にあわす，雨などに出あう」などの意味があり，"上" は動作の完成，目的への到達を示す結果補語。

※ 例3の "什么都〜" のように，"什么・哪里・谁" などの疑問詞のあとに "都・也" などが来ると，これらの疑問詞は不定詞にかわる。

練習

1. 日本晴れで（万里晴空），一片の（一点／一丝）雲も見あたらない（看不到）。
2. いまベル（电铃）がなった（响了）。君は聞こえませんか？
3. 私は近眼（近视眼）で，遠いと（远了）見えません。
4. 私は風邪をひい（伤风）て，においがなにもわからない。
5. この翻訳（翻译）はむずかしくて，今日中にできません（做不完）。
6. これぐらい（这么点儿）の事がうまくやれないのか？
7. この事は君のほかは（除了你）だれもうまくやれない。
8. この成績では彼は及第出来ない（考不上）でしょう。
9. 自動車で行けば，きっと間にあいます（赶得上）。
10. 私は頭が悪くて（脑筋不好）すこしも憶えられない（记不住）。

【練習】解答　　　　　　　　　　　　　　　　　　　　070

1. A：万里晴空，一丝云彩也看不到。　B：晴空万里的天空，一点儿云也看不见。
   C：万里晴空，一丝云也看不到。
2. A：刚才电铃响了，你没听见吗？　B：现在电铃响了，你听不见吗？
   C：电铃响了，你听不见吗？
3. A：我近视眼，远了就看不见。　B：我是近视眼，远的地方看不见。
   C：我近视眼，远了看不见。
4. A：我伤风了，什么都闻不见。　B：我感冒了，气味一点儿都闻不到。
   C：我感冒了，什么味儿也闻不见。
5. A：这个翻译太难，今天做不完。　B：这个翻译太难了，今天完不成。
   C：这翻译比较难，今天翻不完。
6. A：这么点儿事儿还做不好吗？　B：连这点事儿都做不好吗？
   C：这么点儿事还做不好吗？
7. A：这件事除了你谁也搞不好。 B：这件事除了你，谁都干不好。 C：这事除了你谁也做不好。
8. A：看这个成绩，他恐怕考不上吧。　B：这个成绩的话，他是考不上的吧。
   C：就凭这成绩，他恐怕考不上吧。
9. A：坐车去，一定赶得上。　B：开车子去的话，一定能赶得上。　C：开车去，一定赶得上。
10. A：我脑子不好，一点儿也记不住。　B：我脑筋不好，一点儿都记不住。
    C：我脑筋不好，一点儿也记不住。

【単語】
声音 shēngyīn　云彩 yúncai　北斗 běidǒu　靠不住 kàobuzhù　相信 xiāngxìn　空 kōng　丝 sī
电铃 diànlíng　翻译 fānyì　脑筋 nǎojīn　伤 shāng

中国語作文 36 　〜不了

……しきれない。

1) 私は忘れて，どうしても思い出せない。
2) 私はしばらく考えたが，よい方法がうかばない。
3) 知っていることは知っているが，言葉が出てこない。
4) 君は六年間英語をやって，まだ話せないのか？
5) 私は三杯たべた。もうたべられない。
6) 物価がいくら高くても，ひと月に十万円かからない。

071—

1) 我忘光了，怎么也想不起来。
2) 我想了半天，可想不出好办法来。
3) 我知道是知道，可是说不上来。
4) 你学了六年的英文，还说不上来吗？
5) 我吃了三碗了，再也吃不下去了。
6) 物价怎么贵，一个月也用不了十万日元。

【要点】

※ "想不起来"は「（忘れて）思い出せない」。"起来"は動作が下から上へ向う趨勢・およびばらばらの物をひとつにまとめるなどの意味を示す方向補語。"想不出来"は「（方法など）思いつかない」。"出来"は動作が中から外へ出る，見わけるなどの意味を示す。
"说不出来"は「（心中の気持などを）言い出すことができない」。"说不上来"は「（言葉を知らないので）言葉が出てこない」。"上来"は動作が下から上っていく，知識や技能の面でその動作をおこなう能力の有無を示す意味をもっている。"吃不下去"は「（満腹などで）たべられない」。"下去"は動作が上から下へいく，動作の続行・完成などの意味を示す。"用不了"は「（多くて）使いきれない」。"〜不了"は「…しきれない，…するようなことはない」の意味を示す。"买不了"と言えば「（そんなに多くの品や，それだけのかねでは）買いきれない」意。

※ "忘光了"は"都忘了（すっかり忘れきる）"意で，"光"は「すっかり」の意，俗に"忘得死死的"という。なお"死"はそのおかれる位置によって次のように意味が変わる。
　　用死功。（むだに勉強する）　　死用功。（ひたすら勉強する）
　　用功死。（勉強して死ぬ）　　累死了。（たいへん疲れた）

※ 「AはAだが，しかし…」を "A是A, 可是〜" という。
　　有是有，可是没有好的。（あることはあるが，よいのがない）

36

練習

1. 私は初めて（初次）当地へ来た（来到这里）ので方角がわからない（辨不出方向来）。
2. 舌（舌头）は甘い，すっぱい，にがい，辛い，塩辛い（酸甜苦辣咸）の五つの味を区別できる（辨得出来）。
3. 私は彼に尋ね（問）られたが，答えられなかった（没能答得上来）。
4. いまならった所をみな暗誦できます（背得上来）か？
5. 私は満腹した（吃好了／吃饱了）。もうたべられない。
6. 私は人間のやれないもの（人办不了的事）はないと思う（想）。
7. ここにかくし（藏）たら，なくなるはずがない（丢不了）。
8. この仕事をするには，君をかくことができない（少不了你）。
9. 私は一生（一辈子／一生）君を忘れられない（忘不了）。
10. これは私の寸志（小意思）です。たいしたことではありません（不算什么／算不了什么）。

【練習】解答　　　　　　　　　　　　　　　　　　　　072

1. A：我第一次来这里，摸不出〔分不清〕方向来。
   B：我是初次来到这里，还辨认不出方向。　C：我初次来到这里，辨不出方向来。
2. A：舌头辨得出酸甜苦辣咸五种味道来。　B：对于酸甜苦辣咸这五个味道，我能辨别得出来。
   C：舌头辨得出酸甜苦辣咸五种味道。
3. A：我被他问得没能答出来〔答不上来／上答不出来〕。
   B：我被他提问了，但没能答得上来。　C：他问我，可我没能答得上来。
4. A：刚才学过的部分都能背得上来吗？　B：现在学的地方你都能背得出来吗？
   C：刚才学了的地方，你都背得上来吗？
5. A：我吃饱了，再也吃不下去了。　　　B：我已经吃饱了，再也吃不下了。
   C：我吃饱了，再也吃不下了。
6. A：我想没有人办不了的事。　　　　　B：我想：对人类来说，没有办不到的事吧。
   C：我认为没有人办不了的事。
7. A：如果藏在这里，一定丢不了的。　　B：藏在这里的话，不可能会丢失。
   C：藏在这儿绝对丢不了。
8. A：做这个工作可少不了你。　B：要干这个工作的话，那少不了你。　C：办这事当然少不了你。
9. A：我一辈子也忘不了你。　　　　　　B：我一生都忘不了你。　　C：我这辈子也忘不了你。
10. AC：这是我的一点儿小意思，算不了什么。　B：这只是我的一点儿心意，真的算不了什么。

【単語】

想 xiǎng　办法 bànfǎ　碗 wǎn　初次 chūcì　辨 biàn　方向 fāngxiàng　舌头 shétou　甜 tián　苦 kǔ　辣 là
答 dá　吃饱 chībǎo　藏 cáng　辈 bèi　忘光了 wàngguāngle

73

中国語作文 37　……できない。
～不起

1) 家はよいが，ただ家賃が高くてかりられない。
2) 私たちの車はよけられず，人にぶつかった。
3) 君は私に机を運ばせるが，一人では運べない。
4) 学校を去るのが，まったく名残りおしい。
5) この窓はあけられない。あけたらしまらなくなる。
6) この冷蔵庫にこれらの品が入りますか？

◎073

1) 房子倒好，就是房钱太贵，我租不起。
2) 我们的车躲不及，就碰了人了。
3) 你叫我搬桌子，我一个人搬不动。
4) 我真舍不得离开学校。
5) 这窗户开不得，一开就关不上了。
6) 这个冰箱里头，搁得下这些个东西吗？

【要点】

※ 租不起＝（値段が高くて家屋などを）かりられない。"～不起"は金銭や能力の点で不可能を示す。
　躲不及＝さけるまがない。"～不及"は時間的にまにあわない。"来不及"は「まにあわない」。
　搬不动＝運べない。"～不动"は動かせない，移されない意を示す。
　舍不得＝名残りおしい，…するに忍びない。"～不得"は…してはいけない，…するわけにはいかない。"开不得"はさしつかえあってあけられない。
　搁不下＝（収容の余地がなくて）おけない。"下"は前課の"下去"と同義。
　买不着＝買えない。"着"は…をしとげる，目的を達するなどの意味。
※ 以上の言いかたを知っていたら，これらを使用するにこしたことはないが，知らないときは"租不起"を"价钱贵，不能租"のように言えばよい。
※ "房子"は「たてもの」を指し，"家"は「家庭」を指す。例1の"就是"は「ただ，単に」の意。

練習

1. ダイヤの指輪（钻石戒指）は高くて，私は買えない。
2. いまになって（到了现在）後悔しても（后悔也~）まにあわない。
3. 革命には（搞革命）武器がつきものだ（离不开枪杆子）。
4. この（这种）自動車の部品（零件）はここでは買えない（买不着）。
5. これは硬水（硬水）で飲めない。飲料水（饮用水）はないか？
6. この椅子は足が折れて（腿断了），腰かけられない（坐不得）。
7. 人が多くて座れない（坐不下），私たちは立って（站着）いよう。
8. 荷物が多くて一台のトラックにつみこめない（装不下）。
9. これだけの字（这么多的字）は一枚の原稿用紙に（稿纸上）書けない。
10. 私ども一家は六人なのでひと部屋には住めない（住不下）。

【練習】解答　　　　　　　　　　　　　　　　　　　　074

1. A：钻石戒指太贵了，我买不起。　　BC：钻石戒指太贵，我买不起。
2. AC：到了现在后悔也来不及了。　　B：到了现在，即使后悔也来不及。
3. AB：干革命离不开枪杆子。　　　　C：搞革命离不开枪杆子。
4. A：这种汽车的零件在这儿买不着。　B：这种汽车的零件在这里是买不到的。
   C：这种汽车零件在这儿买不着。
5. A：这是硬水喝不得，<u>没有饮用水吗</u>〔有没有饮用水〕？
   B：这是生水不能喝。有饮用水吗？　C：这苦水喝不得，有甜水吗？
6. A：这把椅子腿儿断了，坐不得。　　B：这把椅子的脚断了，坐不得。
   C：这椅子腿断了，坐不得。
7. A：人太多坐不下，咱们站着吧。　　BC：人太多坐不下，我们站着吧。
8. A：行李太多，一辆卡车装不下。　　B：东西太多了，一辆卡车是装不下的。
   C：东西太多，一辆卡车装不下。
9. A：这么多的字在一张稿纸上写不下。B：这么多的字，只用一张稿纸是写不下的。
   C：这么多的字，一张稿纸写不下。
10. A：我们一家有六口人，在一个房间里住不下。
    B：我们一家有六口人，只有一间房是住不下的。　C：我们一家六口人，一个房间住不下。

【単語】
租 zū　　躲不及 duǒbují　　搬 bān　　舍不得 shěbude　　离开 líkāi　　窗户 chuānghu　　钻石 zuànshí　　戒指 jièzhi
后悔 hòuhuǐ　　革命 gémìng　　枪杆子 qiānggǎnzi　　腿 tuǐ　　断 duàn　　装 zhuāng　　稿纸 gǎozhǐ

中国語作文 38

……かもしれない。
也许～

1) そんなに多くのかねは，たぶんすぐには集められない。
2) 彼はたぶん有力な証拠があるのだろう。
3) 彼はまだこの事を知らないかも知れない。
4) 用事が多く，一日では帰ってこれないかも知れない。
5) このようすでは，おそらくまた騒動になる。
6) こんなあぶない事は，おそらくだれもやらない。

○ 075

1) 那么多的钱，大概一时凑不出来。
2) 他大概有很有力的凭据吧。
3) 他也许还不知道这件事吧。
4) 事情多，也许一天回不来。
5) 看这样子，恐怕又要闹事了〔出乱子〕。
6) 这种危险的事，恐怕谁都不敢做吧。

【要点】
※ "大概・也许・恐怕"はいずれも推測の気持を表わし，文尾に"吧"をともなうことが多い。"大概"は「たぶん・だいたい」の意で肯定の気持が多く含まれる。これとよく似ている言葉に"差不多 chàbuduō（だいたい・おおむね）"があるが，これには推測の語気がない。
　　差不多的人都来了。（だいたいの人がみな来た）
"也许"は「…かもしれない」ことで，どうかしらという気持，または"或许 huòxǔ，或者 huòzhě"とも言い，文尾に"也不一定，也未可知"を用いることもある。"恐怕"は「おそらく」の意で，懸念する気持。なお以上のほかに，"他明天可能不来（彼は明日来ないかもしれん）"といった言いかたがある。
※ 例4の"回不来"は"不能回来"のことで，可能を"回得来"と言い，"你回得来回不来"で疑問文になる。例5の"又"，および"再"はともに動作・状態の重複するときに用いるが，"又"は重ねて実現したときに用い，"再"はこれから実現するときに用いられる。
　　又下雨了。（また雨が降った）　　再下点儿雨才好。（もうすこし雨が降ればよい）
ただし"又要～"でこれから重複実現される可能性のある場合に用いる。
※ 例6の"敢"は「思いきって…する」，"肯 kěn"とすれば「すすんでやる」意。

練習

1. この書類を見ると，たぶん彼が立案（计划）したものだ。
2. 彼の成績では，たぶん落第する（留级）だろう。
3. 彼のようすでは自信（把握／信心）がないのかも知れない。
4. こうしてみると（这样看来）彼の言うことはほんとう（真的／事实）かも知れない。
5. 彼はいっこう学校へ出ない（老不来上学）が，退学する気（想退学）かも知れない。
6. 彼はいっこう出勤しないが，やめる（不干了）気かも知れない。
7. このライター（打火机）とタバコは彼が昨日おき忘れたの（落下的）かも知れない。
8. そのロケット（火箭）はおそらく某国（某国）のではない。
9. 病気がこう重くては(病得这么严重)，おそらく一日もたない(一天都保不住了／活不了一天)だろう。
10. たぶん彼はかねがなくて着手（动手办）できないのだろう。

【練習】解答　　　　　　　　　　　　　　　　076

1. A：看来这份文件大概是他计划的吧。　B：一看这个文件，就想像得出：大概是他计划的吧。
   C：看样子这文件大概是他起草的。
2. A：看他的成绩恐怕要留级了吧。　B：按照他的成绩，大概会留级吧。
   C：就他这样的成绩，大概得留级吧。
3. A：看他的样子也许没有自信吧。　B：看他的样子，他好像没有把握。
   C：看他的态度，好像没太有信心。
4. AB：这样看来，他说的也许是真的。　C：这样看来，他说的没准儿是真的。
5. A：他老不来上学，也许是想退学了。　B：他经常没去学校，大概是想退学吧。
   C：他老没来上学，说不定是想退学了吧。
6. A：他老不来上班，也许是想不干了。　B：他总是不去上班，大概是想辞职吧。
   C：他老不去（来）上班，也许是不想干了吧。
7. A：这打火机和烟也许是他昨天忘了拿的吧。
   B：这个打火机和香烟，大概是他昨天撂下的。　C：这打火机和香烟可能是他昨天落下的。
8. A：那枚火箭大概不是某国的。B：那个火箭不一定是某国的。C：这火箭恐怕不是某国的。
9. A：病得这么严重，恐怕一天也挺不住〔熬不过／坚持不了〕了吧。
   B：病得这么重，大概一天都拖不了吧。C：病得这么重，怕是一天都保不住了。
10. A：大概他是因为没钱才没法儿动手吧。B：他大概因为没有钱，而无法动手办吧。
    C：他大概因没钱而不能动手办。

【単語】

凑 còu　凭据 píngjù　恐怕 kǒngpà　闹事 nàoshì　敢 gǎn　划 huà　留级 liújí　把握 bǎwò　落下 làxià
火箭 huǒjiàn　某国 mǒuguó　严重 yánzhòng　乱子 luànzi

中国語作文 39 连〜也〜 ……さえ

1) 君はこの基礎的な知識さえわからないのか？
2) 学校がたいへん忙しく，ひどいときは食事の時間もない。
3) デモ行進には一度も参加したことがない。
4) 貧乏でかねめの物はひとつもない。
5) これさえ知らないのでは，他は推して知るべしだ。
6) そんな大きな製鋼所は日本にもない。まして外国では！

077

1) 你连这个基本知识也不懂吗？
2) 学校太忙，甚至连吃饭的时间都没有。
3) 示威游行，我（连）一回也没参加过。
4) 我穷得值钱的东西（连）一个也没有。
5) 连这个都不知道，别的可想而知了。
6) 那么大的炼钢厂连日本都没有，何况外国呢！

【要点】

※ "连"を用いて主語，述語，客語などを強調する場合は "也"または"都"と呼応して用いるが，あるいはまた"还"，"也还"とも呼応する。ただし例3・4の場合は"连"を省略できる。すなわち"一"または"谁・什么"などを用いて強調するとき，"连"を省略することが多い……ただし"一"は否定文の場合に限られる。たとえば
　　一句话也不说。（ひとことも言わない）
　　什么都〔不〕干。（なんでもやる〔やらない〕）

※ 例2の"甚至（于）〜"は「ひどいときは…になる」，例6の"何况（是）〜"は「まして…はなおさらだ」の意。
　　连考试都不怕，何况背书呢。（試験さえこわくない，まして暗誦なんて）

※ 練2のように"连"を用いて述語を強調した場合，"〜也不愿意看"のように動詞"看"を重複させるのが定石だが，"能""会"などの可能動詞や"愿意"などの願望動詞を用いた場合は省略してもよい。

※ 練7の"到底"は「結局・つまるところ」の意で，"究竟 jiūjìng"とも言う。

練習

1. 君さえも私を信じ（相信）ないのか？
2. こんな物は見るのもいやだ（也不愿意看）。
3. 十円でも彼はむだに使わ（瞎花/浪费）ない。
4. こんな事さえ君はまだうまくやれんのか？
5. ほこり（尘土/灰土）が多くて眼もあけられない（睁不开）。
6. 一日中来客で（来了一天的客）朝めしさえまだたべていない。
7. 彼さえも来ないとは，いったい（到底）どうした事（怎么回事呢）だ。
8. この病人（病人）は水も飲めなく（咽不下去）なった。
9. 私は気分がすこしすぐれず（有点儿不舒服）一ぜんのご飯（一碗饭）もたべたくない。
10. こんなむずかしい（难办）事は私でさえできない。まして子供では！

【練習】解答　　　　　　　　　　　　　　　　078

1. A C：连你也不相信我吗？　　　B：连你都不相信我吗？
2. A C：这样的东西连看也不愿意看。　B：这个东西连看都不想看。
3. A：他连十日元也不浪费。　B：即使只是十日元他也不浪费。　C：他连十日元也不瞎花。
4. A：你连这样的事也做不好吗？　B：连这点小事你都干不好吗？
   C：连这样的事你还做不好吗？
5. A：尘土太多连眼睛也睁不开了。　B：灰尘太多了，连眼睛都睁不开。
   C：尘土飞扬得眼睛都睁不开。
6. A：来了一天的客，连早饭也没吃。　B：客人来了一整天，连早饭都没吃。
   C：来了一天的客，忙得连早饭还没吃。
7. A：连他也没来，到底是怎么回事呢。　B：连他都不来，究竟是怎么回事呀？
   C：连他也不来，到底是怎么回事？
8. A：这个病人（甚至）连水也咽不下去了。B：这个病人连水都喝不下去了。
   C：这病人连水也咽不下去了。
9. A：我有点儿不舒服，一碗饭也不想吃。　B：我有点儿不舒服，连一小碗饭都不想吃。
   C：我有点儿不舒服，一点儿饭也不想吃。
10. A：这么难办的事就连我也办不了，何况小孩儿呢！　B：这么难的事连我都办不了，不要
    说是小孩儿了！　　　　　　　C：这么难办的事，连我都办不了，更不用说小孩子了。

【単語】
连 lián　基本 jīběn　甚至 shènzhì　示威 shìwēi　游行 yóuxíng　参加 cānjiā　值钱 zhíqián
可想而知 kěxiǎng'érzhī　炼钢 liàngāng　何况 hékuàng　愿意 yuànyì　瞎 xiā　浪 làng　尘土 chéntǔ
灰 huī　睁 zhēng　咽 yàn　舒服 shūfu

中国語作文 40 ……から

从～

1) 君の学校はいつから夏休み〔冬休み／春休み〕ですか？
2) この展覧会はいつまでありますか？
3) この雨は昨日の朝から今日まで一昼夜降り続いた。
4) ここからさほど遠くなく，一キロぐらいでしょう。
5) 彼は家から十五里ある工場へ行って働く。
6) 労働に参加してから，しだいにじょうぶになった。

079

1) 你们学校打多会儿起放暑假〔寒假／春假〕？
2) 这个展览会开到几时？
3) 这场雨，从昨天早上到今天直下了一天一夜。
4) 离这里不远，也就是一公里的路程吧。
5) 他到离家十五里远的工厂去劳动。
6) 自从参加了劳动，身体渐渐儿地结实起来了。

【要点】

※ "从・打・由・起・解 jiě" などは「どこから」「いつから」というように場所や時間などの起点を示す。"由" は文語的な言葉であり，"解" は北京の方言。"起" は "起这里走（ここからゆく）" という用法のほかに，例1の "打多咱起" や "从现在起" のように「はじまる」という用法もある。

※ "从～到～" は「…から…まで」ということで，例3がこれに相当するが，例2の "到" は〈動詞＋到＋他の成分〉からなる言葉である。

做到一半儿。（半分までやる）　睡到八点钟。（八時までねむる）

例5の "到" は "上" と同義で，"到～去" で「…へ行く」という意味。

你到哪里去？（君はどちらへ？）　到他那里去。（彼の所へ行く）

※ "自从・自打" などは主として時間的起点を示す。

※ "离" は「…を去ること，…から」のようにある場所・時間からどれだけ離れているかを示すときに用いる。

明治四十五年，离现在有六十年了。（明治四十五年はいまからもう六十年前になる）

練習

1. 三月から五月までのこの三か月は（从三月到五月的这三个月）春（春天）で一年中で（一年里头）最も気持のよい（爽快）ときです。
2. 今日からかぞえて（算起来）まだ一週間（一个星期）ある。
3. 日光（日光）が窓（窗户）からさしこんで（射进来），部屋のなかはあかるい（亮）。
4. ここからあそこまでかれこれ一時間かかる（大约需要一个钟头）。
5. 船で行くと，長崎から上海まで，わずか一日で（仅仅一天）着く。
6. 私の家は駅から近く，五分とかかりません。
7. ここから遠くない所にバリケード（防栅）があって，自動車は通れない（过不去）。
8. 彼が去ってから，私はさびしい（觉得寂寞）。
9. 彼がこちらへ来てから，私たちの仕事に影響してきた（影响了）。
10. 日曜以外は（除了星期日）毎日午前九時から午後五時まで会社で働く。

【練習】解答　　　　　　　　　　　　　　　　　　　　　　　　　080

1. A：从三月到五月的这三个月叫春天，是一年里头最爽快的时候。B：从三月到五月为春季，这三个月也是一年中最舒服的日子。C：三月到五月这三个月，正值春天，是一年中最爽快的季节。
2. A：从今天算起来，还有一星期。B：从今天算起来还有一个星期。C：从今天算起还有一个星期。
3. A：阳光从窗户照射进来，房间里很亮。　　B：光线透过窗户照进来，房间里很亮。
   C：日光从窗外射进来，房间里很明亮。
4. A：从这儿到那儿大约需要一个钟头。　　B：从这里到那里大概需要一个小时。
   C：从这儿到那儿大约需要一个小时。
5. A：从长崎到上海坐船去仅仅一天就能到。B：假如坐船去，从长崎到上海，只要一天时间就可到达。　　C：长崎到上海，坐船去，仅仅一天就能到。
6. A：我家离车站很近，用不了五分钟。　　B：我家离车站很近，五分钟都不到。
   C：我家离车站很近，要不了五分钟。
7. A：离这儿不远的地方有路障，汽车过不去。　B：在不远的地方有栏杆，汽车是过不去的。
   C：离这里不远的路上有防栅，汽车开不过去。
8. A：自从他走了以后，我就很寂寞。B：他走了以后，我感到很寂寞。C：他走了以后，我觉得很寂寞。
9. A：自从他到这里来，我们的工作就受到影响了。B：他来了以后，我们的工作受到了影响。
   C：自从他来到这儿，给我们的工作带来了影响。
10. A：除了星期天，每天从上午九点到下午五点都在公司工作。　B：除了星期天之外，每天在公司里要从上午九点工作到下午五点。　C：除了星期日以外，每天上午九点到下午五点在公司上班。

【単語】
春假 chūnjià　寒 hán　展览 zhǎnlǎn　路程 lùchéng　劳动 láodòng　身体 shēntǐ　渐 jiàn　爽快 shuǎngkuai
星期 xīngqī　射 shè　長崎 Chángqí　上海 Shànghǎi　大约 dàyuē　需要 xūyào　仅 jǐn　防栅 fángzhà
寂寞 jìmò　影响 yǐngxiǎng

中国語作文 41　……すべきである。
应该～

1) この点，我々は彼に学ぶべきである。
2) 学生たるものは学習を徹底的にやるべきだと思う。
3) この事は常識としても知っておくべきだ。
4) 明日の座談会に君が出席しなくてはだめだ。
5) 我々は念を入れて全文を読破しなければならない。
6) みな出て行かず，だれか留守番を残しておかねばならない。

○─081─

1) 这点我们应该向他学习。
2) 我认为做学生的应当把学习坚持到底。
3) 这件事按着常识来说也该知道。
4) 明天的座谈会，你非出席不可。
5) 我们要用心去读完全篇。
6) 别都出去，总得留个人看家（才行）。

【要点】

※「当然…すべきである」は"应该・应当 yīngdāng・该当・必须 bìxū"などを用い，否定は"不"をこれらの前に加える。なお"应该・应当"などの"该・当"などの一部分を省略することがある。たとえば
　　我们应不应该把学生培养成劳动者？（我々は学生を労働者に育てあげるべきや）
"才好・才行"などは"应该・总得"などと呼応して「それでこそよい」という意。

※"非（得）～不可"とは「…せざれば不可なり」の意で語気が強い。なお"不可"を"不成・不行"とも言う。

※「…しなければならない」を"总得・总要・要・得"などであらわす。この場合の"总得"とは「総じて…せねばならない」意で，第47課例6の"得"は時間やかねの「かかる」ということ。

※例2の"认为"は「…と思う，…と認める」。"坚持到底"は「とことんまでやる」意味で，第39課練7の"到底"とは品詞がちがう。なお例2の後半句を"应当彻底地学习"とも言う。例3 "按着～来说"とは「…に照らして言えば」の意で"照着～来说"とも言う。なお"来说"を"来看・来想"などとも言う。

練習

1. 外国語を学ぶには口まめに話さな（嘴勤常说）ければならない。
2. 父母たるものは（做父母的）自分の子供を育て（养活）ねばならない。
3. この手紙は航空便で出さ（用航空寄去）ねばならない。
4. たべつけない物（没吃惯的东西）はひかえめにたべ（少吃点儿）なければならない。
5. 話をしたり仕事をする（说话做事）には注意しなければならない。
6. なすべきことは早くやるべきで，ぐずぐず（磨蹭）しないように。
7. この事では他人（别人）をうらむ（抱怨）べきではない。
8. 彼に会った（见）らもっと（更）強硬に言う（强硬点儿说）べきだ。
9. 君は上座にすわる（坐在上座）べきだ。遠慮（客气）しないで。
10. あの人（那个人）は言うべきことを言わず，言っていけないことをかえって（倒）言い出す。

【練習】解答 082

1. A：学外语总得嘴勤常说。　　　　B：学习外语，必须多说多练。
   C：要学好外语得嘴勤常说。
2. AC：做父母的，应该养活自己的孩子。　　B：作为父母，必须好好地培养孩子长大。
3. A：这封信应该用航空寄去。　B：这封信必须寄航空件。　C：这封信应该寄航空信。
4. A：没有吃惯的东西要少吃点儿。　B：吃不惯的东西也应该少吃点儿。
   C：没吃惯的东西还是少吃点儿的好。
5. A：说话做事都得慎重一些才行。　B：边说话边干事的行为，（我们）应该引起注意。
   C：说话做事都得注意。
6. A：该做的事应该早点儿做，别磨蹭〔慢吞吞的 / 慢腾腾的〕。
   B：该做的早点儿做，不要拖拖拉拉。　C：该做的事赶快做，别拖拖拉拉的。
7. A：关于这件事不应该抱怨别人。　B：这件事不能抱怨别人。　C：这事不该抱怨别人。
8. A：见到他应该更强硬点儿说。　B：见到他后，必须强硬地表达自己的意见。
   C：见到他时应该说得更强硬点儿。
9. A：你应该坐在上座，不要客气。　B：你应该坐在上座，不用客气。
   C：你该坐上座，别客气。
10. A：那个人该说的不说，不该说的倒乱说。　B：那个人该说的不说，不该说的反而说了。
    C：他该说的不说，不该说的倒说。

【単語】
应该 yīnggāi　认为 rènwéi　坚持 jiānchí　按着 ànzhe　非 fēi　出席 chūxí　全篇 quánpiān　勤 qín
养活 yǎnghuo　航空 hángkōng　寄 jì　惯 guàn　磨蹭 móceng　抱怨 bàoyuàn　客气 kèqi

中国語作文 42　……したい。
愿意～

1）私はなにも手伝わないのではない。ただ手伝えないのです。
2）この子供はここにいるのをきらって，家へ帰りたがってばかりいる。
3）明日雨が降りませんように！
4）どうか君が試験に合格しますように！
5）私は転校したいが，残念ながら適当な学校がない。
6）それで君は結局どうするつもりなんだ？

――――083―

1）我并不是不想帮忙，就是帮不上。
2）这孩子老是不愿意在这里，竟想着回家。
3）希望明天别下雨才好！
4）我很盼望你能考上！
5）我很愿意转学，无奈没有合适的学校。
6）那么，你究竟打算怎么办呢？

【要点】

※ "我要这个"の"要"は動詞で「ほしい」ということだが，"我要买这个"と言えば願望動詞になり，「私はこれを買いたい―買う必要がある」などの意味をもつ。"我很想你"の"想"は動詞で「なつかしく思う」ということだが，"我想买这个"と言えば，「…したいと思う」意味である。"我想要买这个"の"想要"も「…しようと思う」意味になる。"愿意・希望"は「…を願う・希望する」であり，"盼望"は「…を切望する」であり，"打算（要）"は「…するつもりだ」となる。

※ 例1の"并"は否定文の前に添えて「べつに…ではない，なんら…ではない」という意味をもつ。"就是"は「ただ…だ」といった意味である。第52課の"就是"と混同するなかれ。

※ 例2の"竟"は「もっぱら，…するばかり」であり，"想着"は「思っている」ということだが，次のように訳すことが多い。
　　想着明天拿来。（忘れずに明日持って来なさい）

※ 例5の"无奈"とは"没办法（方法がない）"意で，文語では"无可奈何"という。

練習

1. 君に買い物を頼み（托）たいが，どうですか（行不行）？
2. 私は諸君ら（你们）が全員（都）賛成（赞成）することを希望する。
3. 君ら二人が（你们俩）また集まって（聚在一起）なにをしようとするのか？
4. 私はすこしかねをもうけ（赚几个钱）たいが，残念ながら元手（本钱）がない。
5. 私は二・三日したら引っ越す（搬家）つもりです。
6. 君がひとつ例をあげて（举一个例子来），この事を説明することを望みます。
7. 銀座へ行こうと思うが，どの道を行ったら（走哪条路）近いですか？
8. 中国へ行かれるそうだが，いつ出発の予定（打算）ですか？
9. 私は為替を千円送り（汇一千日元）たいが，為替料（汇费）はいくらですか？
10. ちょっと（一时）うまい法が浮かばないので，しばらく（暂且）みあわせ（缓一缓）たいと思う。

【練習】解答　　084

1. A：我想托你买点儿东西，好不好〔可以不可以〕？
   B：我想托你帮我买些东西，行不行？　　C：我想托你买点儿东西，行吗？
2. A：我希望你们都赞成。　　B：我希望大家都能赞成。　　C：我希望你们大家都赞成。
3. A：你们俩又聚在一起，要干什么？　　B：你们两个人又聚在一起了，想干什么呀？
   C：你们俩聚在一起，又想要干什么？
4. A：我很想赚几个钱，无奈没有本钱。　　B：我想赚点钱，可惜没有本钱。
   C：我想赚几个钱，遗憾的是没本钱。
5. A：再过两、三天，我打算搬家。　　B：再过两三天，我准备搬家。
   C：我打算三两天内搬家。
6. A：我很希望你举一个例子来把这件事说明一下。
   B：希望你举一个例子，把这件事解释一下。C：希望你举个例子来说明一下儿这件事。
7. A：我想到银座去，走哪条路最近？　　B：想去银座，走哪条路比较近？
   C：我想去银座，走哪条路近呢？
8. A：听说你到中国去，打算什么时候出发？BC：听说你要去中国，打算什么时候动身？
9. A：我想汇一千日元，汇费要多少？　　B：我想汇一千日元，手续费是多少？
   C：我要汇一千日元，手续费要多少钱？
10. A：一时想不出好办法来，我想暂且等等看。B：一时想不出什么好办法，我想先暂且缓一缓。
    C：一时想不出好办法来，我想暂且缓一缓。

【単語】

并 bìng　　竟想着 jìngxiǎngzhe　　希望 xīwàng　　盼望 pànwàng　　转学 zhuǎnxué　　无奈 wúnài　　究竟 jiūjìng
赞成 zànchéng　　赚 zhuàn　　例子 lìzi　　汇费 huìfèi　　暂且 zànqiě　　缓 huǎn　　何 hé

中国語作文 43　……してあげる。
给～

1) 一年に麦がなん斤とれるか，ひとつ調査してください。
2) こんな話は聞きたくない。とっとと出て行け！
3) 彼に贈るクリスマスプレゼントはなにがよいでしょうか？
4) 君は彼に謝罪すべきだ。
5) さいわい彼が手伝いに来てくれたので，一日ですんだ。
6) 君にかわって借りに行ったが，彼は貸してくれなかった。

　　　　　　　　　　　　　　　　　　　　　　　085

1) 一年能打多少斤麦子，请给我调查一下。
2) 这种话我不愿意听，给我滚开！
3) 送给他的圣诞节礼物，你想什么东西好？
4) 你应该给他赔个不是才对。
5) 好在他来给我帮忙，所以一天就办完了。
6) 我替你借去了，但是他不肯借给我。

【要点】
※"给"は「あたえる」という動詞である。
　　我给你这个。（君にこれをやる）　　你给我这个。（私にこれをください）
"给"はまたA「してやる，してくれ」，B「…のためしてやる，…のためしてくれ」ともなり，例6の"替"はこのBに相当する。
　　给你谈谈。　A．君に話してやる。　B．君のため話してやる。
　　给我谈谈。　A．私に話してくれ。　B．私のため話してくれ。
なお例3・6の"送给～，借给～"などは"動詞＋给"で「…してやる，…してくれる」というように複合動詞となる。
※ 例2"滚开"は「出てうせろ」。"给我"を加えると語気がさらに強い。新聞・雑誌などでよく見かける言葉。"走开"と言えば語気が相当弱くなる。
※ 例4の"赔"は「あやまる・元手を損する・弁償する」。"赔不是"を"赔罪・赔礼"とも言う。例5の"好在"は「運よく」，"幸亏 xìngkuī"とも言う。
※ 例1の"斤"は五百グラムを表わす。
※ 練7"告诉"は二重目的語をとるため"给"は不要。一般に二重目的語を使える文は，介詞を用いて動作の対象を示す必要がない。"我给你告诉一件事"とは言えない。

練習

1. 私に百円おまけ（少算一百日元）してください。
2. 君に帽子をひとつ（一顶帽子）買ってあげる。
3. 私に中国の友人をひとり紹介（介绍）してください。
4. この石（石头）はじゃまになる（碍事）。どけて（挪开）ください。
5. 君の買いたいどんな本でも買ってあげる（什么～什么～）。
6. 私たちはかねを集め，五千円の時計を買って彼に贈った。
7. 出発の日（日子）がきまったら（定好了），私にひとこと知らせて（告诉一声儿）ください。
8. これは明日つかう（用）ので，今日中に返してください（还给我）。
9. この時計は毎日五分おくれる。ついでに（顺便／就手儿）ひとつ修理（修理一下）してください。
10. 私に沈阳行の切符を一枚買ってくださいませんか？

【練習】解答　　　　　　　　　　　　　　　　　　　086

1. A：请给我少算一百日元吧。　　B：请再便宜一百日元吧。　　C：少算我一百日元吧。
2. ABC：我给你买一顶帽子。
3. AC：请给我介绍一个中国朋友。　B：给我介绍一位中国朋友吧。
4. A：这块石头太碍事，请挪开吧。　B：这块石头很碍事，把它搬开吧。
   C：这石头碍事，把它挪开。
5. AC：你想买什么书我就给你买什么书。　B：无论你想买什么书，我都给你买。
6. A：我们凑钱买了五千日元的表送给他了。　B：我们集资，买了个五千日元的手表送给了他。
   C：我们大家凑钱买了一块五千日元的表送给他。
7. A：出发的日子定好了，请告诉我一声儿吧。B：决定好了出行的日子，请告诉我一声。
   C：动身的日子决定了的话，请告诉我一声儿。
8. A：这个今天还给我吧，明天我要用。　B：这个明天是要用的，请在今天还给我。
   C：这个我明天用，请今天还给我。
9. A：这块表每天都慢五分钟，请顺便给我修理一下。　B：这台钟每天都要慢五分钟，请顺便给我修一下。
   C：这表每天慢五分钟，请顺便修理一下儿。
10. A：你能不能给我买一张去沈阳的车票？　B：能不能帮我买一张去沈阳的车票？
    C：你能替我买一张去沈阳的票吗？

【単語】

麦子 màizi　滚开 gǔnkāi　圣诞节 Shèngdànjié　礼物 lǐwù　赔 péi　替 tì　但 dàn　不肯 bùkěn　顶 dǐng
介绍 jièshào　碍 ài　挪开 nuókāi　定 dìng　顺便 shùnbiàn　修理 xiūlǐ　沈阳 Shěnyáng

中国語作文 44 とっくに…… 早就～

1) とっくに交渉は決裂し，もうみこみがない。
2) 某政府はとっくにつぶれた。
3) 彼はすでに大学を出たが，まだ仕事がみつからない。
4) 家政婦をさがすのもたいへんで，三年間にもう五人変わった。
5) 中国の陸海空軍はすでに訓練ずみです。
6) 彼ら中国の青年は毛沢東のアピールに応じて，とっくに労働に参加している。

087

1) 交涉早就决裂，再没有希望了。
2) 某某政府早就垮台了。
3) 他已经从大学毕业了，可是还没有找着事做。
4) 找保姆也不容易，三年里头已经换了有五个。
5) 中国的海陆空军，已经训练好了。
6) 他们中国的青年，响应了毛泽东的号召，早已参加劳动了。

【要点】

※ "早就・早已" は「とっくに・早くから」，"已经" は「すでに・もう」という副詞。これらのうち "早已" が文語的な言いかた。日本語では例1のように「とっくに」や「もう」などが文頭にもくるが，中国語では述語の前に位置する。すなわち "现在・今天" のような時間詞は主題語となるが，"早就" などの副詞は主題語になれないので注意されたい。たとえば

　　今天我去。（今日私は行く）
　　我今天去。（私は今日行く）
　　他已经去了。（彼はもう行った）

などと言っても，"已经他去了" とは言えない。

※ 例4 "有五个" の "有" は「…の数量になる。…の数量がある」というように，ある程度の数量になった意を示す。

　　这工程已经做了有八成。（この工事はもう八分どおり出来上がった）

練習

1. もう出来上がりましたか？ 早いですね（真快呀）！
2. 彼はとっくに夕食をすまして，部屋で君を待っている。
3. 君の荷物（行李／東西）はもう整理してある（收拾好了）が，彼のはまだです。
4. 君の言う林さんは昨年すでに帰国（回国）したそうです。
5. 昨日もう電話をかけて，座席をとってあります（定下座儿了）。
6. あわてるな，切符は指定席で（对号入座），昨晩もう買いました。
7. 家はとっくに出来上がり（盖得了），彼は先月（上月）引っ越し（搬）しました。
8. 家はまだ出来上がらないが，電気（电灯）と水道（自来水）はもう入り（安上）ました。
9. 私はとっくに手紙を出して（写信去），彼に催促してある（催他了）。
10. 安心したまえ（放心吧）。旅費はもう都合がついた（筹备好了）。

【練習】解答　　　　　　　　　　　　　　　　　　088

1. A：已经做完了吗? 真快呀！　B：已经完成了，好快呀。C：已经得〔做好〕了? 真快呀！
2. A：他早就吃完了晚饭了，正在屋子里等着你呢。
   B：他早就吃好晚饭了，在房间里等着你呢。　C：他早就吃完晚饭，在屋里等你呢。
3. A：你的行李我已经收拾好了，他的还没有。 B：你的东西已经整理好了，他的还没有好。
   C：你的行李已经归着好了，他的还没呢。
4. A：你说的那位林先生听说去年已经回国了。 B：你提到的那位小林，他去年就已经回国了。
   C：你所说的小林，听说去年已经回国了。
5. AC：昨天已经打电话订下座儿了。　　　　　B：昨天已经打过电话，定好座位了。
6. A：别着急，票是对号入座的，昨天晚上已经买好了。 B：不用紧张，票是对号入座的，
   昨晚已经买好了。　　　　　　C：别急，票是对号入座的，昨晚就买好了。
7. A：房子早就盖得了，他上个月就搬过去了。 B：房子早就造好了，他上个月就搬过去了。
   C：房子早就盖好了，他上个月已经搬过去了。
8. A：房子还没盖好，但是电灯和自来水已经都安上了。 B：房子还没造好，但是水电
   已经通了。　　　　　　　　C：房子还没盖好，不过电和自来水已经通过来了。
9. A：我早就写信去催他了。 B：我早就把信寄出去了，在催他呢。 C：我早已写信去催他了。
10. A：放心吧，路费已经筹备好了。B：请放心吧，路费已经准备好了。
    C：放心吧，旅费已经筹备好了。

【単語】
决裂 juéliè　政府 zhèngfǔ　垮台 kuǎtái　已经 yǐjīng　毕业 bìyè　找着 zhǎozháo　保姆 bǎomǔ
海陆空军 hǎilùkōngjūn　训练 xùnliàn　响应 xiǎngyìng　毛泽东 Máo Zédōng　号召 hàozhào　呀 ya
行李 xíngli　入 rù　电灯 diàndēng　安上 ānshàng　催 cuī　筹备 chóubèi

中国語作文 45　やっと……／もう……
才～／就～

1) 彼は発音を学ぶのに，三日やってやっとおぼえた。
2) 彼は発音を学ぶのに，三日でもうおぼえた。
3) これだけの本を買って，やっと二千円使った。
4) これだけの本を買うのにもう二千円使った。
5) 彼はくどくどと長い間話をしてから，やっと帰った。
6) 出発を一日のばしたので命拾いした。

089

1) 他学发音，学了三天才学会。
2) 他学发音，学了三天就学会了。
3) 买这些书，才花了两千日元。
4) 买这些书，就花了两千日元。
5) 他絮絮叨叨地谈了半天话，才回去。
6) 缓了一天起身，才捡了一条命。

【要点】

※ "才・就"ともに時間を示すが，"才"は時間が多くかかったとか，または遅いと感じたとき（例1）に用い，"就"は時間がすくなく順調にはかどったと感じたとき（例2）に用いる。なお時間を示す場合の"才"には多くの場合，語気助詞の"了"をともなわない。

※ "才・就"ともに数量を示すが，"才"は多いと感じたときに用い（例3），"就"はすくないと感じたときに用いる（例4）。さらに用例を示すと
　　他喝了两杯酒才不喝了。（彼は酒を二杯飲んでやっとやめた）
　　他喝了两杯酒就不喝了。（彼は酒を二杯飲んだらもうやめてしまった）
ただし"才花了两千日元"も文中の位置によっては"才"の意味がちがうことがある。
　　他才花了两千日元，就走了。（彼は二千円使っただけでもう帰った）

※ "才・就"ともに条件を示すが，"才"の条件は厳格であり（例6），"就"の条件は比較的にゆるやかである。たとえば
　　你一看，就明白。（見ればわかる〔見なければわからない〕）
　　你要好好儿地看，才能明白。（よく見ればはじめてわかる）

練習

1. 直接（当面）君の話を聞いて，やっとこのわけ（理由）がわかった。
2. 直接君の話を聞いて，すぐこのわけがわかった。
3. 私は中国語を学んで，初めて中国語のむずかしい（难）のを知った。
4. 私は三時間考え（想）て，やっと詩を一句（一首诗）作った。
5. 私は三時間考えて，もう詩を一句作った。
6. 私が朝（早晨／早上）洗った服がやっとかわいた（晒干了）。
7. 君の言う犯人（犯人）はやっと警察（警察）につかまった（捉住）。
8. この仕事はてまがかかり（费事），やっと半分できた（做了一半儿）。
9. おおぜいの人の力で（仗着大家的力量），今回やっと成功する（成功）ことができた。
10. 彼はいつも（每回都是）時間になってから（到了时候），やっとあわてて（慌慌张张地）かけつけて来る（跑来）。

【練習】解答　　　　　　　　　　　　　　　　　　　　　　　090

1. A：当面听了你的话，才懂了这个道理。B：直接听了你的叙述，终于明白了这个原由。
   C：当面听你说，终于明白了事情的理由。
2. A：当面听了你的话，马上就明白了这个道理了。　B：直接听了你的叙述，马上明白了这个理由。　C：当面听了你的话，马上就明白了事情的理由。
3. A：我学了汉语才知道汉语是很难的。　B：我学了中文，才知道中文有多难。
   C：我学了中文才知道中文很难学。
4. A：我想了三个小时才做出一首诗。　B：我想了三个小时，终于写出了一首诗。
   C：我想了三个小时，才作了一首诗。
5. A：我想了三个小时就做出一首诗了。　B：我只想了三个小时，就写出了一首诗。
   C：我想了三个小时，就作了一首诗。
6. A：我早上洗的衣服才晒干了。B：我早上洗的衣服，终于干了。C：我早上洗的衣服好容易晒干了。
7. A：你说的那个犯人才被警察抓住了。　B：你说的那个犯人，终于被警察抓住了。
   C：你所说的犯人终于被警察捉住了。
8. A：这个工作太费事，才做了一半儿。　B：这个工作很费事，终于完成了一半。
   C：这工作很费事，好不容易做了一半儿了。
9. A：依靠（着）大家的力量，这回才获得了成功。
   B：靠着大家的力量，这次终于能够成功了。C：仗着大家的力量，这次终于成功了。
10. A：他每回都是到了点儿才慌慌张张地跑来。B：他每次都是到了时间，才急急忙忙地跑过来。
    C：他每回都是到了时候儿才慌慌张张地跑来。

【単語】
絮絮叨叨 xùxùdāodao　捡 jiǎn　命 mìng　一首诗 yìshǒushī　早上 zǎoshang　早晨 zǎochén　晒干 shàigān
犯人 fànrén　捉住 zhuōzhù　费事 fèishì　仗 zhàng　大家 dàjiā　力量 lìliang　慌张 huāngzhāng

中国語作文 46　……とは思いもよらない。
想不到～

1) 彼がそんなことを言うとは思いもよらない。
2) 彼がだれよりもうまく踊るとは思わなかった。
3) 彼女がその手紙を読むか読まないかのうちに泣き出すとは思わなかった。
4) 彼も人殺しをやるとは思わなかった。まったく人は見かけによらない。
5) 彼の幸福にと考えたのに，かえって悪い結果になった。
6) 子供に算数を教え，かえって子供に教えられた。

○091

1) 想不到他会说那样话。
2) 我没想到他跳舞跳得比谁都好。
3) 我没想到她还没怎么看那封信就哭起来了。
4) 我没想到他也杀起人来了。真是人不能净看外表。
5) 我替他谋幸福，反倒落了不是了。
6) 我教孩子算术，反倒被孩子教了。

【要点】
※ "想不到・没想到" は「思いもよらない，…とは思わなかった」ということ。「夢にも思わなかった」と言うときは "做梦也没想到" と言う。なお「夢をみる」ことを "看梦" と言わず，"做梦" と言う。前述の "想不到" のほかに，"谁想・谁知・谁料・出乎意料" なども用いられる。
※ 例1の "会" は「…するはずだ」ということで，ここでは意外の意味を強めるために加えたものであるから，省略することができる。
　　　永远不会忘掉。（永遠に忘れはしない──忘れるはずがない）
※ 例3の "～起来" は「…をおっぱじめた」というように，動作が突然起った意味を示すため用いたもの。
※ 例4の "真是" 以下を "知人知面不知心" とも言う。
※ "反倒" はまた "倒是" とも言い，「かえって，反対に」の意。書き言葉では "却是" "反而" などが用いられる。
※ 例5の "落" は「…の結果となった，…の悪い結果におちた」という場合。
　　　落了笑话儿了。（もの笑いになった）

練習

1. 彼がそんなでたらめ（瞎话）を言うとは思いもよらない。
2. 彼が人（人家）の物をぬすむ（偷）とは思わなかった。
3. 彼が世界記録をやぶる（打破世界记录）とは思わなかった。
4. いま彼が放浪生活をしている（过着流浪的生活）とは思わなかった。
5. 今度の試験で彼がびり（倒数第一名）とはだれも思わなかった。
6. こちらの水害（水灾）がこんなにひどい（闹得这么大）とはまったく思わなかった。
7. 君がデマ（谣言）にまどわさ（蛊惑）れるとは思わなかった。
8. 私としては（在我呢）かえってこのほうがよい（这样好）。
9. 彼は自分がしくじって（自己做错了），かえって私が悪いと言う。
10. 彼が早く帰ればよい(回去好)と思っていた(想)のに，彼はかえって腰をおろしてしまった(坐下了)。

【練習】解答

1. AC：想不到他会说那样的瞎话。　　　B：没想到他竟然这么胡说八道。
2. A：没想到他会偷人家的东西。　　　B：我没想到他竟然会偷人家的东西。
   C：想不到他竟偷人家的东西。
3. A：没想到他会打破世界纪录。　　　B：没想到他竟然能打破世界纪录。
   C：没想到他打破了世界记录。
4. A：没想到他现在会过着流浪的生活。　B：没想到他现在竟然过着流浪的生活。
   C：没想到他现在过着流浪的生活。
5. A：谁都没想到这次考试他会是倒数第一名。　B：谁都没想到他竟然会在这次的考试中得了倒数第一。　　C：谁也没想到他这次考了个倒数第一名。
6. A：真没想到这里的水灾会闹得这么大。B：真的没想到这里的水灾竟然爆发得这么厉害。
   C：完全没料到这里的水灾闹得这么大。
7. A：没想到你会被谣言蛊惑。B：想不到你也会被谣言所蛊惑。C：没想到你会被谣言所蛊惑。
8. A：在我来看这样反倒会更好。　B：对我来说这样反而好。　C：在我呢，这样反倒好。
9. A：他自己弄〔搞〕错了，反倒说是我不对。B：他自己做错了，反而说是我的不对〔怪罪我〕。
   C：他自己做错了反倒说我不好。
10. A：我想他早点儿回去的好，可他反而坐下来了。　B：心想他能早点儿回去就好了，没想到他反而一屁股坐下了。　　C：我心想他早点儿回去的好，没想到他反而坐了下来。

【単語】

谋 móu　幸福 xìngfú　反倒 fǎndào　落 lào　教 jiāo　算术 suànshù　瞎话 xiāhuà　记录 jìlù　流浪 liúlàng
数 shǔ　名 míng　水灾 shuǐzāi　谣言 yáoyán　蛊惑 gǔhuò　出乎意料 chūhūyìliào

中国語作文 47 ……に……を加えて
连～带～

1) 彼はみかんを身から皮までみなたべる。
2) 部屋代食費ともそのなかに入っている。
3) 彼は馬もろとも川に落ち，おおけがをした。
4) 途中おお雨にあい，洋服から下着までぬらした。
5) 家を一軒建てるのに，工賃と材料で合計どれほどかかるか？
6) 今度行けば，往復ですくなくとも一か月かかる。

○ 093

1) 他吃桔子，连肉带皮都吃。
2) 连房钱带饭钱都算在其内。
3) 他连人带马都掉在河里，受了重伤了。
4) 走到半道儿上赶上大雨，连西服带汗衫儿全给淋湿了。
5) 盖一所房子，连工钱带材料，一共要多少钱？
6) 这回去，连来带去，至少也得一个月。

【要点】

※ "连～带～"は「…に…を加えて」と，例6のように「…したり…したり」との場合がある。"连房钱带饭钱"とは「部屋代に食費を加えると→部屋代から食費まで」ということで，第40課の"从～到～"とはちがう。「…したり…したり」は動詞の場合で，たとえば
　　连说带笑。(話したり笑ったり)　　连哭带喊。(泣いたりわめいたり)

※ "在内"とは「なかに含まれる」意で，たとえば
　　连他在内，共計五个人（彼も入れて合計五人だ）
　　连今天在内，一共七天（今日も含めて合計七日間）

※「川に落ちる」を"掉在河里"と言う。〈動詞＋在＋場所詞〉の用法上注意を要する点は，その動作の結果がかならずその場所に存在しなければならないことで，"在图书馆说"を"说在图书馆"とは言えない。すなわち"说"の動作が終われば，なんら具体的なものがその場所に存在しないからである。"藏"の場合は，しまった物が図書館に存在するから通用する。要するに通用するかしないかは，動詞の性格によってきまるわけである。
　　藏在图书馆。(図書館にしまう)

※「往復する」ことを"打一个来回"とも言う。"连来带去"は中国語の表現法で，"连去带来"ではない。

練習

1. 部屋から庭までみんなきれいに掃いた（扫干净了）。
2. 元利合計（连本钱带利钱）みんな君にかえします。
3. 大人から子供まで合計どれほどいますか？
4. 部屋代から食費までいれて合計五千円とは安すぎる（那太便宜）。
5. 給料（薪水）から手当（补贴/津贴）まですくなくとも十万円の収入（收入）がある。
6. 販売員（售货员）から支配人までみな同じ寮（一个宿舍）にいる。
7. 彼はかねがなく外套から布団（被褥）まで質に入れた（当了）。
8. 電車賃からこづかいまで合計五千円あればたります（够用）。
9. 私ら二人は飲んでたべて（连吃带喝）ひと晩に（一晚上）三万円あまりつかった（花了）。
10. 工賃と材料を見積ると（算起来）すくなくとも百万円かかる。

【練習】解答　　　　　　　　　　　　　　　　　　094

1. A：连房间带院子都扫干净了。　　B：从房间到院子都打扫得干干净净。
   C：连屋子带院子都打扫干净了。
2. AB：连本带利都还给你。　　C：连本钱带利钱都还给你。
3. AC：连大人带孩子一共有多少人？　　B：从大人到小孩一共有多少人？
4. A：连房钱带饭钱一共五千日元那也太便宜了。　B：房租加伙食费才五千日元，那太便宜了。
   C：连房钱带饭钱一共才五千日元，那太便宜了。
5. A：连薪水带津贴起码有十万日元的收入。　　B：工资加补贴，至少也有十万日元的收入。
   C：连薪水带补贴至少有十万日元的收入。
6. A：连售货员带经理都住在一个宿舍里。　　B：从售货员到经理，大家都住一个宿舍。
   C：从售货员到经理全住在同一个宿舍里。
7. A：他没有钱，连外套带被褥都当了。　B：他没有钱所以把外套和被褥都拿去当了。
   C：他没钱，连外套、被褥都当了。
8. A：连车费带零花钱一共有五千日元的话就够了。B：车费加零用钱，有五千日元就够用了。
   C：交通费加上零用钱共有五千日元的话，就够用了。
9. A：我们俩连吃带喝一个晚上就花了三万多日元。　B：我们两个人连吃带喝，一晚上共花去了三万多。　　　　　　　　C：我们俩一个晚上连吃带喝花了三万多日元。
10. A：连工钱带材料费都算起来至少也要一百万日元。　B：工钱加材料费，估算一下至少也得一百万。　　　　　　　C：估计工钱加材料费至少得一百万日元。

【単語】

其 qí　受伤 shòushāng　淋湿 línshī　材料 cáiliào　利 lì　薪水 xīnshuǐ　补贴 bǔtiē　津贴 jīntiē
售货 shòuhuò　宿舍 sùshè　当 dàng　被褥 bèirù

中国語作文 48 ……なので，それで……
因为〜，所以〜

1) 友人が待っているから，急いで行かなくてはならない。
2) 彼が私をののしったので，私が殴ったのです。
3) 彼らが銀行を始めたので，私も株主になった。
4) そういうことなら，明日にしましょう。
5) 彼にやる気がない以上，彼にやらせないまでだ。
6) 君は知っているのに，なぜわざと聞くのだ？

🔘 095

1) 因为朋友等着我，所以得赶紧地去。
2) 因为他骂我了，我才打他的。
3) 他们创办银行，因此我也入了股了。
4) 既是这么着，明天再说吧。
5) 既是他没心做，我就不叫他做就是了。
6) 你既是知道，又何必明知故问呢？

【要点】
※ "因为〜所以〜"は「…なので，それで…」という因果関係を示すが，"因为"と"所以"が常に呼応するとは限らない。前後の関係があきらかな場合は，どちらか一方，または両方とも省略される。"因此"は「このゆえに，それで」の意。なお次の用例を見よ。
　　他之所以没来，是因为他父亲病了。(彼が来ないのは，彼の父が病気になったからだ)
　　＊"所以"を前に出すときは"之所以〜是因为〜"になる。
　　由于这些原因，物价越来越贵。(これらの原因によって，物価がいよいよ高くなる)
　　这全是由于他们的认识不足。(これはみな彼らの認識不足によるものである)
"由于"とは「…の理由による」ということで，書き言葉に常用される。"由于"に関しては第65課を見よ。

※ "既是"は"既然 jìrán"とも言い，「…である以上」という因果関係を示し，多くの場合は"就"と呼応するが，例4では"再"と，例6では"又"と呼応する。"因为〜所以"との相違点は次を参照。
　　因为天气冷了，所以多穿衣服。(寒くなったから服を多く着る)
　　既是天气冷了，就应该多穿衣服。(寒くなった以上は服を多く着るべきだ)

※ 例4の"明天再说吧"は「明日にしよう」の意で，「明日話を続けて話す」と言いたいときには"明天再谈吧"と言う。

練 習

1. 君の言うことがちがっている（说的不对）から，我々はみな賛成（同意）しない。
2. 彼がまだ帰って来ないので，きめる（决定）わけにはいかない。
3. 彼は規則を守ら（守规矩）ないので，とうとう退学（开除）させられた。
4. ほんとうにやむをえない（万不得已的）用事があったので，一日欠席しました（请了一天假）。
5. 彼は行きたくないので，一日一日と（一天一天地）わざとのばしている（故意拖延着）。
6. 考えをきめた（拿定了主意）以上，君は早くやるべきだ。
7. 用事がないのでしたら，もっとゆっくり（再多坐会儿）しなさい。
8. 罪を犯した（犯了罪）以上は，法にもとづいて処分（依法治罪）しなければならない。
9. こうである以上，我々はもう生きる道（活路）がない。
10. デマとわかったからには，君は彼の言うことを信じてはいけない。

【練習】解答　　　　　　　　　　　　　　　　　　　　　　　　　096

1. A：因为你说得不对，所以我们都不赞成。　B：你说的不对，所以我们没法同意你的意见。
　C：你说的不对，所以我们都不同意。
2. A：他还没回来，所以决定不了。　B：他还没有回来，所以不可能决定这件事。
　C：他还没回来，因此事情〔我一个人〕决定不了。
3. A：因为他不守规矩，所以终于被学校开除了。
　B：他因为不遵守规则，所以终于被学校开除了。　C：他因不守规矩，结果被开除了。
4. A：因为我有万不得已的事，所以只好告〔请〕了一天假。　B：真的是有万不得已的事，所以只好请了一天假。　C：我因有万不得已的事，告了一天的假。
5. A：因为他不想去，所以故意一天一天地拖延着。　B：他因为不想去，所以故意一天一天地拖延着。　C：他不想去，就一天一天地故意拖延着。
6. A：既然你拿定了主意，就应该快点儿办。　B：既然已经决定了，你就应该早一点做。
　C：既然已经拿定了主意，你就该尽快着手做。
7. A：既然你没有事，就再多坐会儿吧。　B：没有事的话，就再多坐一会儿吧。
　C：没事的话，再多坐一会儿吧。
8. A：既然你犯了罪，我们就得依法处罚。　B：既然犯了罪，就应该依法治罪。
　C：既然犯了罪，就得依法治罪。
9. A：既是这样，我们就再（也）没有活路了。　B：如果是那样的话，那我们就没活路了。
　C：既然是这样，那我们就没有活路了。
10. A：你既然知道那是谣言，就不要相信他说的话。　B：既然知道这是谣言，你就不应该再相信他的话。　C：既然知道是谣言，你就不该相信他的话。

【单语】
因为 yīnwèi　赶紧 gǎnjǐn　创办 chuàngbàn　因此 yīncǐ　股 gǔ　守 shǒu　开除 kāichú　不得已 bùdéyǐ
拖延 tuōyán　主意 zhǔyì　依法治罪 yīfǎzhìzuì

中国語作文 49 もし……ならば
要(是)～，就～

1) 早く行かないと，よい場所をとられてしまう。
2) 成功したら，きっとたくさんお礼をします。
3) 彼の住所を知っていたら，手紙を書くのだが。
4) 税金をおさめないと，これらの家具が差し押えになる。
5) この写真はしろうとがとったにしては，よいほうだ。
6) もっと待遇をあげないと，やめようとする人をひきとめることができない。

◎ 097

1) 要不快点儿去，好地方就叫人占去了。
2) 如果成功了，我一定多多地谢你。
3) 要是知道他的住址，我就写信给他。
4) 要不缴税，这些家具就给扣留了。
5) 这张相片儿，要以外行人照的来说，照得还算不错。
6) 要不再把待遇提高一点儿，就不能防止有人要辞职。

【要点】
※ "要(是)～,就～"は「もし…ならば」と仮定的条件を示し，その結果をのべる言いかた。"如果～,就～"は「はたして…ならば，かりに…ならば」のように前者よりもやや強い仮定の場合に用いられる。"要"のかわりに"若 ruò"とも書く。書き言葉では"假使 jiǎshǐ, 倘若 tǎngruò"などが用いられる。
※ "要是～的话"のように"～的话"をともなうことがある。
　　要是去的话，必得带着礼物去才好。(もしも行く場合は，おみやげを持って行かなければならない)
※ 例2の"谢你"は「君にお礼する」意。
※ 例5の"还算～"は「まあ…のほうだ」という意。

練習

1. 彼でないとすれば，彼のつれ（同伙儿）かもしれない。
2. そう言わないと，だれもわからない（不能明白）だろう。
3. 事前（事先）に知っていたら，彼は私をよこしは（派）しない。
4. ストをすれば（罢工了），エレベーターを動か（开电梯）せない。
5. 彼を訪問する（拜访）なら，やはり午前中がよい。
6. 平素(平常)勉強していたら，その場になってあわてるようなことはない(不至于临时着急)。
7. もうひと足おそいと（再晚一步），このにわか雨（骤雨）にあった。
8. 五分早く来たら（早来五分钟），彼に会えた（能够见着他）。
9. もう一分発見がおそいと（再晚发现一分钟），火事になるところだった（就要起火了）。
10. 喜びごと(喜事)があったら，みんな集まって(凑在一起)お祝いし(祝贺祝贺)なければならない。

【練習】解答　098

1. A：要不是他，也许就是他的同伙儿。　B：假如不是他的话，那就是他的同伴了。
   C：如果不是他，也许是他的同伴儿。
2. A：要不那么说，恐怕谁都不（能）明白吧。B：如果不这样说的话，谁都不会明白。
   C：要是不那样说，谁也明白不了吧。
3. A：要事先知道，他就不会派我来了。　B：如果事先知道的话，那他就不会派我去了。
   C：要是事先知道，他就不会派我去了。
4. A：要是罢了工，电梯就开不动了。　B：如果罢工的话，那电梯就开不了了。
   C：要是罢工了，电梯就没人开了。
5. A：要是去找他，还是在上午去的好。　B：如果要去拜访他的话，还是上午比较好吧。
   C：拜访他的话，还是上午的好。
6. A：如果平时努力学习，就不至于临时着急了。B：如果平时学习的话，那就不至于临场着急了。
   C：平常努力的话，就不至于临阵抱佛脚〔磨枪〕了。
7. A：要是再晚一步，就遇上这场骤雨。　B：如果再晚一步的话，就遇到这场雨了。
   C：再晚一步就赶上这场骤雨了。
8. A：要是早来五分钟，能够见着他。　B：要是你再早到了五分钟，那你就见得着他了。
   C：早来五分钟就能见着他了。
9. A：要是发现再晚一分钟，就要起火了。　B：如果再晚发现一分钟的话，那就要着火了。
   C：再晚发现一分钟，就要起火了。
10. A：要有喜事的话，我们就应该凑在一起祝贺祝贺。　B：假如有喜事，那大伙儿就得聚
    在一起庆贺庆贺。　　　　　　　　C：有喜事时，大家该凑在一起祝贺祝贺。

【単語】

占 zhàn　　如果 rúguǒ　　谢 xiè　　住址 zhùzhǐ　　缴税 jiǎoshuì　　家具 jiājù　　待遇 dàiyù　　防止 fángzhǐ　　辞职 cízhí
同伙儿 tónghuǒr　　派 pài　　罢工 bàgōng　　电梯 diàntī　　拜访 bàifǎng　　平常 píngcháng　　发现 fāxiàn　　祝贺 zhùhè

中国語作文 50 ……さえすれば
只要〜

1）みなのためでありさえしたら，彼はやる！
2）私にできる事でさえあれば，きっとしてあげよう。
3）たえず努力しさえすれば，将来きっと成功する。
4）あやまちと知ったからには，二度とくりかえしさえしなければよい。
5）雨のときだけ室内で体操する。
6）この交渉は君が行ってこそ，うまくいく。

099

1）只要是为大伙的，他就干！
2）只要我能办得到的，一定给你办。
3）只要继续不断地努力，将来一定能够办成。
4）既是认识了错误，只要不再犯，就成了。
5）只有下雨，才在屋子里做体操。
6）这交涉只有你去，才好办。

【要点】
※ "只"にはいろいろな用法があるが，本課では"只要"と"只有"のふたつを示した。"只要"は「…さえすれば」の意で，"就"と呼応する。但し例2・3には"一定"があり，「…さえすれば，きっと…だ」となるので，"就"を省略したものである。"只有"は「…だけが，…してこそ」の意で，"才"と呼応して用いられる（第63課参照）。
　　只有停止侵略战争才是他们的唯一出路。（侵略戦争をやめることこそ彼らの唯一の突破口だ）
※ "只要"はまた「…だけいる」と解されるときもある。
　　每月只要六千日元的膳费。（毎月六千円の食費がかかるだけだ）
"只有"はまた「…だけだ」と解されるときもある。
　　昨天去的，只有他一个人。（昨日行ったのは彼一人だけだ）
　　我们没有话可说，只有承认错误。（我々は言うことはありません。あやまちを認めるだけです）
なお"除非 chúfēi〜才"は"只有〜才"と同じ意味になる。
　　除非你去请他，他才会来。（君が彼を呼びに行ってこそ，彼はやって来る）
この例文を「君が彼を呼びに行かなければ，彼は来ない」と訳してもよい。

練習

1. 体が丈夫でありさえしたら，それでじゅうぶんだ（够了）。
2. 元値を切り（够本儿）さえしなければ，売ってあげます。
3. おかねがありさえしたら，この事は成功する。
4. 注意してやり（用心去做）さえしたら，失敗するようなことはない（不至于失败）。
5. 私の言うとおりにやり（照着我的话去办）さえしたら，失敗するはずがない（不会有～）。
6. 宣伝の方法が（宣传的办法）よくありさえしたら一万部（部）売ることができる。
7. 人よりすぐれた技術（超人的技术）をもってさえいたら，たべるのに困らない（不愁没有饭吃）。
8. この世のなかで（世界上）君だけが私を理解している（了解）。
9. 勉強してこそ進歩する（进步）ことができる。
10. 彼女は映画を見るときだけこっそりと（偷偷地）眼鏡をかける（戴上）。

【練習】解答　　　　　　　　　　　　　　　　　　　　　　　　　　100

1. A：只要身体健康，就够了。　　B：只要身体健康的话，那就足够了。
   C：只要身体健康，那就足够了。
2. AC：只要够本儿，就卖给你。　　B：只要是保本的话，那就卖给你吧。
3. A：只要有钱，这件事就能成功。　　B：只要有钱，这件事就办成功了。
   C：只要准备好了钱，这事就能成功。
4. A：只要用心去做，就不会失败的。　　B：只要用心去做，那就不至于失败。
   C：只要用心去做，就不至于失败。
5. A：只要照着我的话去办，就不会有失败的。　　B：如果按照我说的去做，那就不会失败。
   C：照我的话办，就不会失败。
6. A：只要宣传的办法好，就能卖掉〔销完〕一万部。　　B：如果宣传的方法得当的话，那就能销一万部。　　C：只要宣传的办法好，就能卖一万册。
7. AC：只要有超人的技术，就不愁没饭吃。　　B：如果有了超越常人的技术，那就不愁没有饭吃。
8. A：这个世界上只有你才能理解我。　　B：在这个世界上，只有你最了解我。
   C：这世界上只有你了解我。
9. A：只有努力学习才能进步。　　B：只有学习才能进步。　　C：只有努力才能进步。
10. A：她只有在看电影的时候才偷偷地戴上眼镜。
    B：只有在看电影的时候，她才偷偷戴上眼镜。　　C：她只在看电影时偷偷地戴上眼镜。

【単語】

只要 zhǐyào　继续 jìxù　努力 nǔlì　将来 jiānglái　错误 cuòwù　体操 tǐcāo　失败 shībài　部 bù　超 chāo　愁 chóu　停止 tíngzhǐ　侵略 qīnlüè　战争 zhànzhēng

中国語作文 51 ……であろうと
无论～

1) だれであろうと，切符のない人は入れない。
2) 今日用事があるから，だれが来ても会わない。
3) どんなにつらくとも，我々は力を尽くしてやるべきではなかろうか？
4) ありさえしたら，なんでも買って来なさい。
5) どんなに誘惑しても，私はその手にのらない。
6) 彼に対するいかなる干渉も，君であろうと，あるいはだれであろうと，私は決して許さない。

　　　　　　　　　　　　　　　　　　　　　101

1) 无论是谁，没有票的都不能进去。
2) 今天我有事，无论谁来，我都不见。
3) 不管怎么辛苦，我们不应该尽力去做吗？
4) 只要有，不管什么都买来吧。
5) 无论怎么引诱，我也不上那个圈套儿。
6) 对他的任何干涉，不论是你的或是任何人的，都是我绝对不容许的。

【要点】
※ "无论・不管"は「…であるを論ぜず，…であろうとなかろうと」ということで，"不论・不问・不拘"などを用いることもある。その使いかたは

"无论"など ＋ { 1. "谁・什么"などの疑問詞。
　　　　　　　 2. 対照的な言葉「A＋B」。
　　　　　　　 3. 肯定＋否定の言葉。

※ "任何"は "无论什么" ということ。
※ なお "无论"などがなくとも，次の要領でこれらの意味を表わすことができる。
　　我待他怎么好，也是白搭。（どんなに彼をよくしてやってもむだだ）
　　你怎么分辨，也看得出是假话来。（君がどういいわけしようと，うそだとわかる）
　　他有什么毛病，总瞒不过你去。（彼にどんな欠点があろうと，君をごまかせない）
※ 例5 "圈套"は「わな・手くだ」，"上"はわななどに「かかる」意で，"上圈套"を "上当"とも言う。
※ 練9の "由"はだれがやるかを強調する言葉。詳細は第64課を見よ。

練習

1. 人間はだれであろうと第一印象（第一印象）が大切だ。
2. このファッション・ショー（时装展览秀／时装表演）はだれでも入れます。
3. どんなに倹約し（省钱）ようと，一か月五万円かかる。
4. 君が信じようと信じまいと，事実はとにかく（总是）事実です。
5. どんな品物でも，今日はみんな割引（折扣）します。
6. 人生が（人生）どんなにつらかろうと，強く生き（坚强地活下去）なければならない。
7. どんな書類であろうと，勝手に人に見せて（给人看）はならない。
8. 彼女がどんなに働いても，一か月五千円貯金（存下）できない。
9. どの大学を受ける（投考）にしても，君自身（由你自己）選択し（挑选）なくてはならない。
10. 考えをきめた以上は，どんな困難（任何困难）もおそれ（怕）ない。

【練習】解答　　102

1. A：无论是谁，第一印象都是很重要的。B：无论是谁，第一印象都很重要。C：无论是谁，人的第一印象是很重要的。
2. A：这个时装表演，无论是谁都能进去。B：这个时装展览会，无论是谁都能进。C：这个时装展览秀谁都可以进。
3. A：不论怎么省钱，一个月起码〔至少〕都要花五万日元。 B：不管怎么节约，一个月也得花五万日元。 C：不论怎么节省，一个月也得五万日元。
4. A：无论你相信不相信，事实还是事实。 B：不管你信与不信，事实总是事实。
   C：不管你信不信，事实总是事实。
5. A：不论是什么东西，今天都打折扣。 B：不管是什么东西，今天都打折扣。
   C：所有的商品今天都打折。
6. A：人生不管多么辛苦，都应该坚强地活下去。
   B：不管人生有多艰难，都不得不坚强地活下去。 C：无论人生多么艰难都得坚强地活下去。
7. A：不管是什么文件，都不要随便给人看。B：无论什么文件，都不能随意地给人看。
   C：任何文件都不该随便拿给别人看。
8. A：她不管怎么工作，一个月也存不下五千日元。 B：无论她怎么工作，一个月也存不了五千日元。 C：她无论怎么拼命干，一个月也存不下五千日元。
9. A：不管考〔投考〕哪个大学，都应该由你自己来挑选。 B：不管想报考什么大学，都得你自己来做选定。 C：不管报考哪个大学，都得你自己选择。
10. A：既然主意已定，任何困难都不怕。 B：只要你考虑好了，就没有什么可怕的困难了。
    C：既然下了决心，就不怕任何困难。

【单语】

无论 wúlùn　辛苦 xīnkǔ　尽力 jìnlì　引诱 yǐnyòu　圈套 quāntào　绝对 juéduì　省钱 shěngqián
折扣 zhékòu　存下 cúnxià　投考 tóukǎo　挑选 tiāoxuǎn

中国語作文 52 　……でなければ……である。
不是～，就是～

1) あの学生は学校をさぼらなければ遅刻する。たいへん不熱心だ。
2) 彼は魚釣りでなければ読書で，楽しく暮らしている。
3) 彼らはトランプをして甲が負けなければ乙が負け，丙の負けたときがない。
4) ひまがあると，百貨店へ行くか友人をさそって映画に行く。
5) 家畜に餌をやるのでなければ，鶏小屋の掃除で，一日中忙しい。
6) 我々の市場調査部門は今回廃止されなければ合併されるそうだ。

103

1) 那个学生不是逃学就是迟到，很不热心。
2) 他不是钓鱼就是看书，很快乐地过日子。
3) 他们打扑克，不是甲输了就是乙输了，没有丙输了的时候儿。
4) 有工夫，不是上百货公司就是邀朋友看电影儿去。
5) 不是喂牲口就是扫一扫鸡窝，一天忙到晚。
6) 说是我们市场调查部，这回不是被取消就是被合并。

【要点】
※ "不是～，就是～" は「…でなければ…である」というように二者のうち一者を選択する言いかた。この "就" がないと意味が変わるから注意されたい。
　　不是逃学，是迟到的。（学校をさぼったのではない，遅刻したのです）
　　不是钓鱼，是看书。　（魚釣りではない，読書です）
　　不是被裁，是合并。　（廃止されない，合併です）
　なお "不是～，是～" の場合には "不是～，而是～"，"不是～，却是～" とも言う。
※ 例1の "迟到" とは「遅刻する」ことで，「おそく来る」を "晚到" と言う。
※ 例5の "一天忙到晚" を "一天到晚很忙" とか，"整天忙" ともいう。
※ 練9の "除了吹就是哨" は「ほらを除けばほらばかり」，すなわち「ほらばかり」の意である。ほらを除いたら，もうほらはないじゃないか…などと文句を言ってもはじまらない。文句を言う人ほど上達がのろいのも面白い現象であろう。
※ 牛小屋を "牛棚"，豚小屋を "猪圈" と言う。

52

練習

1. 君のほしいのは，それでなければこれでしょう。
2. 彼は朝でなければ晩来る。昼間（白天）来たことがない。
3. 彼は人をののしらなければ，大きなことを言う。まったくうるさい（討厌）。
4. 彼は授業にでて（上课），うたたねし（打盹儿）なければ小説を読む。
5. 彼は仕事をしなければ勉強する。まったく感心（佩服）なものだ。
6. 彼が聞きちがえた（听错了）のでなければ，私が言いちがえたのだ。
7. 本を読まなければ寝ていて（睡觉），すこしも働かない。
8. この政策（政策）は集会を禁じようとする(要禁止集会)のでなければ,民衆を圧迫(圧迫民衆)しようとするものだ。
9. 彼はほらを吹くばかりで（除了吹就是哨），ひとこと（一句）もあてになる話がない。
10. 彼はたべなければ寝ころんで，毎日ぼんやりと（糊里糊涂地）日を過ごしている。

【練習】解答　　104

1. A：你想要的，不是那个就是这个吧。　　B：你想要的，大概不是那个就是这个吧。
   C：你喜欢的大概不是那个就是这个。
2. A：他不是早上来就是晚上来，白天从没来过。B：他不是早上来就是晚上来。白天没有来过。
   C：他不是早上来就是晚上来，白天从来没来过。
3. A：他不是骂人，就是说大话，真讨厌。　　B：他不是骂人，就是说大话，真是个讨厌的家伙。
   C：他不是骂人就是吹牛皮，实在讨人厌。
4. A：他上课不是打盹儿就是看小说。　　B：他上课时，不是打盹就是看小说。
   C：他上课时不是打盹儿就是看小说。
5. A：他不是工作就是学习，真让人佩服。　　B：他不是工作就是学习，真令人佩服。
   C：他整天不是工作就是学习，真让人佩服。
6. AC：不是他听错了，就是我说错了。　　B：如果不是他听错话，那就是我说错了。
7. A：不是看书就是睡觉，一点儿也不干活儿。B：他不是看书就是睡觉，一点儿也不干工作。
   C：他不是看书就是睡觉，一点儿活也不干。
8. A：这个政策不是要禁止集会，就是要压迫民众。　　B：这个政策不是要禁止集会，就是要压制民众。　　C：这不外是要禁止集会、压迫群众的政策。
9. A：<u>他除了吹就是哨，一句真话也没有</u>〔他净说大话，一句话也靠不住〕。
   B：他尽吹牛，没有一句话靠得住。　　C：他除了吹就是唠，一句正经话也没有。
10. A：他不是吃就是躺着，每天都糊里糊涂地过日子。　　B：他不是吃就是睡，每天都糊里糊涂地过日子。　　C：他除了吃就是睡，每天糊里糊涂地过日子。

【単語】

逃学 táoxué　 迟到 chídào　 钓鱼 diàoyú　 快乐 kuàilè　 甲 jiǎ　 乙 yǐ　 丙 bǐng　 邀 yāo　 喂 wèi　 牲口 shēngkou　 鸡窝 jīwō　 消 xiāo　 合并 hébìng　 讨厌 tǎoyàn　 打盹儿 dǎdǔnr　 佩服 pèifu　 政策 zhèngcè　 禁止 jìnzhǐ　 集会 jíhuì　 压迫 yāpò　 民众 mínzhòng　 哨 shào　 糊涂 hútu

中国語作文 53 ……のみならず，しかも……
不但～，而且～

1) 半分の努力で効果が倍になるばかりか，しかも一石二鳥だ。
2) そのボスは彼から搾取するばかりか，しかも彼を責め殺そうとする。
3) 出所不明の品は買い取ってはいけないばかりか，しかもすぐそのすじに届け出なければならない。
4) 時機に便乗する人がへらないばかりか，かえってふえた。
5) 中国は石炭があるばかりか，しかも埋蔵量が豊富だ。
6) 彼はたべるものがないばかりか，ぼろ靴一足すらないほど貧乏している。

◎105

1) 不但事半功倍，而且一举两得。
2) 那个恶霸不但剥削他，而且还要逼死他。
3) 来路不明的东西不但别买下来，而且要赶紧地报警才好。
4) 投机分子不但不减少，反倒增加了。
5) 中国不仅有煤，而且埋藏量非常丰富。
6) 他不但没有吃的，而且穷得连一双破鞋都没有。

【要点】
※ "不但～，而且～"は「…のみならず，しかも…」の意で，"而且"の次に来る言葉が，"不但"の次に来る言葉より意味が強い。すなわち，あとにつけ加えられたものの方に意味の重点があることは日本語と同じ。"不但"は書き言葉では"不仅・不只・不特・不独・非但"などを用いるが，これらのうち"不仅"をよく見かけるので例5で示した。"而且"を"并且"とも言う。
※ "不但～，而且～"が一般的な言いかたであるが，後句を強めるため，さらに"还・也"などを併用するが（例2参照），その結果"不但～，也（または还）～"とも言うことができる。
　　不但你看不懂，连我也看不懂。
　　（君が見てわからないばかりか，私すらもわからない）
　　不但是政治和经济，文化方面，我们也要感谢某国。
　　（政治経済のみならず，文化面でも，我々は某国に感謝しなくてはならない）
※ "而且"を用いて次のように言うこともある。
　　这个任务是重而且大。（この任務は重かつ大だ）

練習

1. 彼は中国語を話せるばかりか，しかも中国人のように話す。
2. 彼は来ないばかりか，しかも便りもくれない（也不给我来信）。
3. かねをたくさん使うばかりか，しかもむだ骨だ（徒劳无益）。
4. 彼は私にくれないばかりか，かえって私のをとろうとする（要我的）。
5. 彼は言うことを聞かない（不听话）ばかりか，かえって抵抗しはじめた（抵抗起来了）。
6. 彼は君を恨む（恨）ばかりか，しかえししようとしている（要报仇）。
7. 彼は経験（経験）が豊富なばかりか，仕事も熱心にやる。
8. 荒地を開いた（开荒）ばかりか，たくさんの桑（桑树）を植え（栽）た。
9. 彼は頭（脑筋）がよいばかりか，品行（品行）もよい。
10. こうすれば，かねを節約できるばかりか，手数もはぶく（省事）ける。

【練習】解答

1. A：他不但会说中文，而且说得像中国人一样好。　B：他不但会说中文，而且跟中国人说得一模一样。　C：他不但会说中文，而且说得跟中国人一样。
2. A：他不但不来，而且也不给我来〔写〕信。B：他哪里只是不来，而且连一封信也不给我。C：他不但人不来，而且连封信也没有。
3. A：不但要花很多钱，而且会白费的。　B：不但花了很多钱，而且是徒劳无益了。　C：不光花了大钱，而且是徒劳无功。
4. A：他不但不给我，反倒要我的。　B：他不但不给我，而且还想拿我的。　C：他不但不给我，反而要我的。
5. A：他不但不听话，反倒反抗起来了。　BC：他不但不听话，反而抵抗起来了。
6. A：他不但恨你，而且要报仇。　B：他不但恨你，而且想要报复你。　C：他不光是恨你，而且要报仇。
7. A：他不但经验很丰富，而且做工作也非常热心。B：他不但经验丰富，而且工作也很热心。　C：他不只经验丰富，而且办事热心专注。
8. A：不但开了荒，而且栽了很多桑树。　B：他不但开拓荒地，而且种植了很多的桑树。　C：不但开了荒，还种了很多桑树。
9. A：他不但脑筋很好，而且品行也非常好。B：他不但脑子好，而且品行也端正。　C：他不但脑筋好，品行也很好。
10. A：这样做不但能省钱，而且也能省事。　B：这样做的话，不但可以省钱，而且可以省事。　C：这样办又省钱又省事。

【単語】

恶霸 èbà　剥削 bōxuē　逼死 bīsǐ　官 guān　投机 tóujī　增加 zēngjiā　不仅 bùjǐn　埋藏 máicáng　徒 tú　抵抗 dǐkàng　恨 hèn　报仇 bàochóu　开荒 kāihuāng　桑树 sāngshù　栽 zāi　品行 pǐnxíng

中国語作文 54 ……であるが，しかし……
虽然～，可是～

1) 彼は腕はあるが，しかしあまりまじめにやらない。
2) 体は弱いが，これくらいの事はやれると思う。
3) 君の言うことはもっともだが，一を知って二を知らない。
4) 家はすこしせまいが，日あたりもよく，きれいだし，それに家賃も高くない。
5) 書物の上で若干の知識を学んだが，仕事を始めたところ，さて，見当がつかない。
6) 理論も重要だが，実際の経験もかくことができない。

107

1) 他虽然有本事，可是干得不很认真。
2) 虽然身体软弱，可是这么点儿事我想能干。
3) 你说的虽然有理，但是你只知其一不知其二。
4) 房子虽然窄一点儿，但是又朝阳又干净，而且房钱也不算贵。
5) 虽然从书本上学了一些知识，可是做起事来，却摸不着门儿。
6) 理论固然很重要，可是实际经验也少不了。

【要点】

※ "虽然～可是～" は「…であるが，しかし…」ということで，"可是" の次に来る言葉が前句の内容と逆接する場合に用いる。とかく「…だが」という文章に乱用されるので注意されたい。たとえば「彼も行くが，私も行く」は "他也去,我也去" と言えばよいものを "他也去,可是我也去" と訳す人が往々見うけられる。こういうのを「馬鹿のひとつおぼえ」という。

※ "固然" は「もとより…だ」の意。

※ "虽然" を省略すると，語気がずっとゆるやかになるので，"虽然" を用いない場合があるが，しかし "可是" は一般に省略できない。なお "可是" のかわりに，"可・但・但是・不过" および言葉がやや固くなるが "然而" なども用いられる。

　　闻得见是闻得见，可闻不出是什么味儿来。
　　（においのすることはするが，なんのにおいかかぎ出せない）
　　你说得很不错，不过，我有我的主意。
　　（君の言うとおりだ，だが私には私の考えがある）

練習

1. 彼に禁酒禁煙をすすめる（劝他戒烟戒酒）が，彼はやめようとしない（不肯忌）。
2. タバコの害（害处）を知っているが，私はどうしても（总是）やめられない。
3. 品物はすくなくないが，ひとつも気に入ったのが（中意的）ない。
4. 彼のとなえている（提倡）ことは正しいが，実現（实现）不可能だ。
5. この色は（颜色）あでやかだ（漂亮）が，すぐよごれる（容易脏了）。
6. 彼は腕はあるが，利己的な（自私的）所（一面）がある。
7. 噂は（风声）そうだが，まだたしかな消息（准消息）がない。
8. 給料はすくないが，しかしないよりはましだ（比没有还强）。
9. 規模（规模）はちいさいが，いろいろの設備（各种的设备）が完備している（完善）。
10. 彼はまじめに学習するが，成績はそれほどよくない（并不怎么好）。

【練習】解答　　　　　　　　　　　　　　　　　　　108

1. A：虽然劝他戒烟戒酒，可是他不肯忌掉。　B：劝他戒烟戒酒了，可是他根本不肯戒。
   C：劝他戒烟戒酒，可他不肯忌。
2. A：虽然知道烟的害处，可我总是忌不了。　B：尽管知道香烟的害处，但我怎么也戒不了。
   C：抽烟的害处我知道，可总是忌不了。
3. A：虽然东西不少，可是中意的一个也没有。　B：尽管有很多商品，但我没有一个中意的。
   C：东西虽不少，可没有一件中意的。
4. A：他提倡的虽然很有理，但是<u>无法</u>〔不能〕实现。
   B：尽管他提倡的是正确的，但不可能实现。　C：他的建议是对的，但实现不了。
5. A：这种颜色虽然很艳丽，可是容易脏了。　B：尽管这个颜色很漂亮，但容易弄脏。
   C：这颜色很漂亮，不过<u>不禁</u>〔经〕脏。
6. A：他虽然很有本事，可是也有自私的地方。B：尽管他本事是有的，但也有自私自利的一面。
   C：他虽有技术，但有自私的一面。
7. A：<u>虽然风声是那样</u>〔有那样的风声〕，可是还没有准确的消息。
   B：尽管谣传是这样的，但准确的消息还没有。C：虽风言风语地传，但还没准消息。
8. A：工资虽然不多，可是（总）<u>比没有要好一些</u>〔有胜于无〕。
   B：工资尽管很少，但总比没有的要好。　C：工资虽少，但比没有还强。
9. A：规模虽然很小，可是各种的设备都很完善。
   B：尽管规模是有点儿小，但各种设备却很完善。　C：规模虽小，但各种设备俱全。
10. A：他虽然认真学习，可是成绩却并不怎么好。
    B：尽管他学习很认真，但学习成绩却并不那么好。C：他学习很认真，不过成绩并不怎么好。

【単語】

虽然 suīrán　软弱 ruǎnruò　窄 zhǎi　却 què　摸不着 mōbuzháo　实际 shíjì　忌 jì　中意 zhòngyì　提倡 tíchàng
颜色 yánsè　漂亮 piàoliang　自私 zìsī　准 zhǔn　消息 xiāoxi　规模 guīmó　设备 shèbèi　完善 wánshàn

中国語作文 55 　たとえ……でも
就是～，也～

1) たとえ彼がいらなくとも，彼に半分やらなくては。
2) たとえ君に牢屋へ入れられても，私は言わない。
3) たとえどんなになげいたって，彼女を生きかえらせることはできない。
4) 君に権力がどれほどあっても，私をどうすることもできはしない。
5) 仕事が忙しくても，時間をやりくりして研究しなくては。
6) 君がどんなにうまいことを言っても，こうすることに賛成しない。

◎ 109

1) 就是他不要，也要给他一半儿。
2) 就是被你关在监牢里，我也不说。
3) 就是怎样叹息，也不能把她救活了。
4) 就是你的权力多么大，也不能把我怎样。
5) 即使工作忙，也要挤出时间来研究一下子。
6) 任凭你说得怎样好听，我也不同意你这样做。

【要点】
※ "就是～，也～" は「たとえ…でも」ということで，仮定上の譲歩を示す。"就是" のほかに "即使・即或・假使 jiǎshǐ・哪怕・任凭" なども用いられるが，話し言葉では "就是" がよく用いられる。なお "就是" を省略することがあっても，"也" は省略できない。
　　我不问，也明白八成。(たずねなくとも八分通りわかる)
　　我死了，也不承认。(死んでも承認しない)
次に参考のため，"虽然・无论・要是" などとの相違を示すと，
　　虽然工作忙，可是也要～ (仕事は忙しいが…)(事実上の譲歩)
　　就是工作忙，也要～ (たとえ仕事が忙しくても…)(仮定上の譲歩)
　　要是工作忙，你要～ (仕事が忙しいなら君は…)(仮定条件)
　　无论工作怎么忙，你要～ (仕事がどんなに忙しかろうと…)(無条件)
※ 練6を "就是胆子怎样大的人" とも，"就是怎样大胆的人" ともいう。

練習

1. たとえ天気が悪くても，行かないわけにはいかない（不能不去）。
2. 失敗してもかまわない（不要紧），もう一度やりなさい。
3. 君が不賛成だとしても，私はやらないわけにはいかない。
4. ピストル（手枪）があるから，強盗が入って（进来）も，こわくない。
5. どんなに攻撃（攻击）しても，彼らは投降しない（不肯投降）だろう。
6. どんなに大胆な（胆子大）人でも，あえて行きはしない（不敢去）だろう。
7. 君がどこへ行こうとも，私はきっとついて行きます（要跟着你去）。
8. この事のためなら，たとえ死んでもほんもう（甘心）だ。
9. 波（浪）がどれほどあっても（多么大），私は船によいません（不晕船）。
10. たとえ火の海，刀の山（火海刀山）であろうとも突進する（扑上前去）。

【練習】解答　　　110

1. A：就是天气不好，也不能不去。B：即使天气再不好，我也不得不去。C：就是天气再坏，也不能不去。
2. A：就是失败也不要紧，再做一次吧。　B：即使失败了也没关系，请再做一次吧。
   C：即使失败了也不要紧，再来一次。
3. A：就是你不同意，我也不能不做。　B：即使你再不赞成，我也不得不做。
   C：即使你不赞成，我也不能不干。
4. A：我有把手枪，就是强盗进来也不怕。B：因为有手枪，所以即使强盗进来了，我也不害怕。
   C：因有手枪，就是强盗进来也不可怕。
5. A：就是再攻击，他们也不肯投降吧。　B：不管怎么攻击他们，他们也不会投降吧。
   C：无论受到怎样的攻击，他们也不肯投降。
6. A：就是胆子再〔怎么／怎样〕大的人，也不敢去吧。B：无论胆子有多大，也未必敢去吧。
   C：无论胆子多么大的人也不敢去吧。
7. A：不管你去哪儿，我也一定要跟着你去。B：无论你去什么地方，我一定跟着你去。
   C：不论你去哪儿，我都要跟着你去。
8. A：为了这件事，就是死也甘心（了）。　B：如果为了这个事，即使是死了，我也心甘情愿。
   C：为了这事就是死了也甘心。
9. A：哪怕风浪再大，我也不晕船。B：不管风浪有多大，我也不会晕船。C：无论浪多么大我也不晕船。
10. A：就是火海刀山，也要扑上前去〔赴汤蹈火〕。
    B：即使是刀山火海，也要奋不顾身地冲上去。C：即使是上刀山下火海也要勇往直前。

【単語】
监牢 jiānláo　叹息 tànxī　救 jiù　权力 quánlì　挤 jǐ　手枪 shǒuqiāng　攻击 gōngjī　投降 tóuxiáng
胆子 dǎnzi　甘心 gānxīn　浪 làng　晕船 yùnchuán

中国語作文 56 ……であるほど,いよいよ……
越～越～

1) 池に近ければ近いほど蚊が多い。
2) 謙虚で誠実であるほど,進歩がさらに早い。
3) 私が笑うほど彼はむきになって話す。
4) 彼が人々を無慈悲にあしらうほど人々は彼をにくむようになる。
5) 彼が私をよく世話してくれるほど感謝の心でいっぱいになる。
6) この事は考えるほどしゃくにさわるが,これも運命のなせるわざだ。

◎―111―

1) 越挨着水池子,蚊子越多。
2) 越是虚心、诚恳,进步就越快。
3) 我越笑他,他越使劲地说。
4) 他待人家越残暴,人家越要怨恨他。
5) 他对我越好好地照应,我越觉着感谢不尽。
6) 这件事越想越叫人可气,但是这也是命里活该的。

【要点】
※ "越～越～" は「…であるほど,いよいよ…になる」ということで,"越" は動詞（または形容詞），あるいは述語の前に位置する。書き言葉では "愈 yù～愈～" が用いられる。
※ "他越老越有精神" は「彼は年をとるほど,いよいよ元気だ」となるが,この "老" を "来" とおきかえると
　　他越来越有精神。（彼はいよいよ元気だ）
となって,"越来越" が "越发（いよいよ・ますます）" の意となる。
　　受到表扬之后,他越发积极起来。（表彰されてから,彼はますます積極的になった）
※ 例1の "挨" は「近よる」意である。本句は「池に近よるほど…」の意から訳したものであるが,「池に近よることが近いほど」の意味から,さらに "近" をそえて,次のように言うこともできる。
　　越挨着水池子近,蚊子越多。
　　挨着水池子越近,蚊子越多。
※ 例6の "命里活该" を "命中注定" とも言う。

練習

1. あの子供は大きくなるほど悪くなる（坏）。
2. 空はいよいよ暗くなり（越来越黑），道はいよいよ歩きにくくなった。
3. この問題は考えるほどわからなくなる。どうしたらよいだろう。
4. 私が彼に話さないほど彼は聞き（打听）たがる。
5. 忙しいほど興にのり（高兴），忙しくないととたんに（就）ぼんやりする（无精打采）。
6. 諺に「たべるほどいやしくなり（越吃越馋），ひまなほどなまける（越闲越懒）」と言うが（俗语说），これはほんとうだ。
7. 彼を慰める（安慰）ほど彼は泣き，どうしてみようもない。
8. 君に頼んだ仕事は早くできるほどよい。
9. 彼と交際するほど彼のよさ（好处）がわかる。
10. 品が不足（少）するほど値の上がる（涨价）のは当然だ。

【練習】解答　　　　　　　　　　　　　　　　　　　　112

1. A：那个孩子越长大越变坏了。　　B：那个孩子越大越坏。　C：那孩子越大变得越坏。
2. AC：天越来越黑，路越来越难走了。B：天空越来越暗，道路也越来越难走。
3. A：这个问题越想越糊涂〔混乱〕，该怎么办才好呢。
   B：这个问题越想越搞不懂，究竟怎么办才好？ C：这问题越想越想不明白，怎么办好呢？
4. A：我越不跟他说他就越要打听。　　B：我越不跟他说他越想打听。
   C：我越不告诉他，他越想爱打听。
5. A：人人〔谁〕都是越忙越高兴，一不忙就无精打采。
   B：越忙越高兴，不忙的话就无精打彩。　C：（我是）越忙越高兴，一不忙了就无精打采。
6. A：俗语说："越吃越馋，越闲越懒。"这话说得对。　B：俗话说"越吃越馋，越闲越懒"可这却是真的。
   C：俗话说：越吃越馋，越闲越懒。还真是这样。
7. A：我越安慰他，他越哭，真没办法。B：越劝他他越哭，真是毫无办法。
   C：越安慰他越哭，真拿他没办法。
8. A：托你的工作越早做完越好。B：托你办的事，越快越好。　C：托你办的事越快办完越好。
9. A：越跟他交往越能发现他的好处。　　B：和他交往越深，就越了解他的优点。
   C：和他交际的时间越长越能知道他的好处。
10. A：东西越少越贵，这是当然的。　　B：商品越少，涨价也就越理所当然了〔越理所当然地
    涨价〕。　　　　　　　　　　　　C：当然是东西越少价钱越涨。

【单語】

越 yuè　挨着 āizhe　水池子 shuǐchízi　虚 xū　诚恳 chéngkěn　使劲 shǐjìn　残暴 cánbào　照应 zhàoying
命里活该 mìnglǐhuógāi　高兴 gāoxìng　无精打采 wújīngdǎcǎi　馋 chán　懒 lǎn　俗语 súyǔ　安慰 ānwèi
涨价 zhǎngjià　表扬 biǎoyáng

中国語作文 57 ……のために (1)
为了～

1) 世界の平和を守るためにこそ奮闘しましょう！
2) 優勝するためには，もっとがんばって練習する必要がある。
3) 学費の問題を解決するため，週三回の家庭教師をする。
4) この計画を実行するためには，まず十万円都合つけなくてはならない。
5) 私が大学へ通うのは，将来役に立つ人間になるためである。
6) 両国の友好関係を促進するには，相互に人情風俗を研究理解しなければならない。

113

1) 为了保卫世界的和平去奋斗吧！
2) 为了获得冠军，还得拼命地练习。
3) 为要解决学费问题，每星期我做三回家庭教师。
4) 为要实行这个计划，先得筹备十万日元。
5) 我上大学，为的是将来成为有用的人。
6) 为了要促进两国的友好关系，彼此要研究了解风俗人情才好。

【要点】

※ "为了・为要・为了要・为的是" などは「…せんがために，…せんがためである」というように目的や理由を表わす。例1を"为了"としたが，"为要・为了要"などを用いてもかまわない。練1～10も"为了・为要・为了要"のどれを使ってもよい。"为的是"は例5のように，主として目的を表わすだけに用いるので，それで後半句の句首に位置することが多い。

　　我来，为的是看戏，他来，也是为的看戏。
　　（私が来たのは芝居を見るためだ。彼の来たのもやはり芝居を見るためだ）

最後の一句は"也是为的是看戏"と言うべきところ，"是"の重複をさけて省略したものである。"也是"は「やっぱり」ということで，"是"をそえて"也"を強調したもの。"也为的是看戏"といっても、もちろん通用するが，「やっぱり」の語気が弱くなる。

※ 書き言葉では"为～起见""为～计"「…のために（考えて）」が用いられる。
　　为建设祖国起见～（祖国を建設するために…）
　　为保护灾民计～（罹災民を保護するために…）

※ "冠军"は「優勝する」。"亚军 yàjūn"は「準優勝する」。"冠军决赛"と言えば「優勝戦」のこと。

練習

1. 中国を理解するためには，まず中国語をやらなくてはならない。
2. 某大学受験（投考某某大学）のため彼は東京へ来た。
3. 彼が東京へ来たのは某大学を受験するためである。
4. 某新聞社（报社）受験のため，彼は勉強に没頭し（埋头）ている。
5. この病気をなおす（治好）ためには，禁酒禁煙しなければだめだ。
6. 七時の汽車にのる（搭乘）には，五時半に出発しなければならない。
7. 住宅問題(住宅问题)解決のためには，さらに多く建築しなければならない。（更多加建筑）
8. 両国の文化交流（文化交流）を促進するためには，さらにもっと努力（努力）しなければならない。
9. 中国語をうまく話すためには，もっと多く読んだり話したり（多念多说）しなければならない。
10. 広東語(广东话)を研究するためには，毎晩ラジオで(听广播)学ぶのもひとつの方法である。

【練習】解答　　　　　　　　　　　　　　　　　　　　　　　114

1. A：为了了解中国，先得学中文。　　B：如果想理解中国的话，那就得首先学习中文了。
   C：要理解中国，首先要学好中文。
2. A：为了投考某某大学，他到东京来了。　　B：为了应考某某大学，他来到了东京。
   C：为了投考某某大学，他来东京了。
3. A：他来东京，为的是投考某某大学。　　B：他之所以来东京，是为了应考某大学。
   C：他之所以来东京，是为了投考某某大学。
4. A：为了考上某某报社，他正在埋头学习呢。　　B：为了应考某报社，他埋头学习。
   C：为了投考某报社，他在埋头学习。
5. A：为了治好这种病，非戒烟戒酒不可。　　B：为了治好这个病，必须戒酒戒烟。
   C：为了治好这病，必须禁烟禁酒。
6. A：为了坐上七点钟的火车，五点半就得出发。B：为了搭乘七点的火车，必须五点半出发。
   C：要搭乘七点的火车，五点半就得动身。
7. A：为要解决住宅问题，要更多（加）建设。B：为了解决住宅问题，必须建筑更多的住宅。
   C：为了解决住宅问题，要进一步建筑更多的住宅。
8. A：为了促进两国的文化交流，要更努力才行。B：为了促进两国的文化交流，必须付出更多的努力。　　　　　　　　　　　　　　C：为促进两国的文化交流，要进一步努力。
9. A：为了能把中文说流利，要更多念多说。　B：为了说好中文，必须多读多说。　C：为了说好中文，得多念多说。
10. A：为了研究广东话，每天晚上听广播学也是一个好办法。B：为了研究广东话，每天晚上收听广播学习也是一个办法。　　　　　　　C：为了研究广东话，每晚听广播也是个好办法。

【单语】

和平 hépíng　奋斗 fèndòu　获得 huòdé　冠军 guànjūn　拼命 pīnmìng　练习 liànxí　家庭 jiātíng
教师 jiàoshī　成为 chéngwéi　促进 cùjìn　友好 yǒuhǎo　关系 guānxì　彼此 bǐcǐ　风俗 fēngsú
人情 rénqíng　埋头 máitóu　搭乘 dāchéng　住宅 zhùzhái　建筑 jiànzhù　文化 wénhuà　广播 guǎngbō

中国語作文 58 　まさか……ではあるまい？
难道～吗？

1）ここに証拠がある。まさか君は知らないとは言えまい？
2）みなの者に君はやって，私にだけくれないことはあるまい？
3）君は人を困らせて，まさか気がすむものではあるまい？
4）人のかねをかりて，まさか君は返さないのではあるまい？
5）君は中国語を一年やって，ひとこともわからんことはあるまい？
6）彼はまだ帰って来ない。自動車にひかれたのではないかしら？

115—

1）这里有证据，难道你能说不知道吗？
2）大家你全都给了，难道偏不给我吗？
3）你叫人家为难，难道你就过意得去吗？
4）你欠了人家的钱，难道不还给我吗？
5）你学了一年的汉语，难道一句也不懂吗？
6）他还没回来，莫不是被汽车给轧了？

【要点】
※ "难道～吗"は「まさか…ではあるまい→そんなことはないはずだ」という反語で，例1の後句を"你不能说不知道吧"にかえることができるのを見ても，単なる疑問句でないことがわかろう。なお"吗"を省略することがある。
　　难道能使学生什么都懂(吗)？（まさか学生になんでもわからせることができようか）
　　难道他没看见你？（まさか彼が君を見かけなかったことはあるまい）
※ "莫不是"のほうは「…ではないかしら？」という疑問の言葉で，"莫非"ともいう。
　　莫非她嫌我的职位不高，薪水不多？
　　（もしかしたら彼女は私の地位が低く，給料がすくなくていやなのじゃないかしら）
※ 例3の"为难"には wéinán＝難儀する・困る，wéinan＝人を困らせる，というふたつの場合があるが，ここでは前者の場合である。なお後者の例を示すと
　　他每回为难我。（彼はいつも私を困らせる）

練習

1. 君はこんどもまた落第して，まさかはずかしく（害臊）ないことはあるまい？
2. ベル（电铃）がなっているのに聞こえないことはあるまい？
3. これが見えないのか，まさか盲人（瞎子）ではあるまい？
4. 君は東京に住んでいて，東京タワー（东京塔）にまさかまだ行かないことはあるまい？
5. 君が失敗しても，まさか私も失敗することはあるまい？
6. 大学を出た以上，まさかこれさえもやれないことはあるまい？
7. これは君の仕事（该做的事）だ，まさかやるのがいやではあるまい？
8. 君の苦労（辛苦）をまさか彼が知らないことはあるまい？
9. 昨日給料をもらった（领）ばかりなのに，まさか百円もないことはあるまい？
10. 給料が二倍になった（涨～）。夢を見ているのではないかしら？

【練習】解答

1. A：你这次又留级〔留了级 / 留级了〕，难道不害臊吗？
   B：你这次又不及格，难道不难为情吗？　　C：这次你又不及格，难道你不知道害臊吗？
2. AC：电铃响着，难道你听不见吗？　　B：电铃响了，不可能没听见吧？
3. A：连这个都看不见，难道你是瞎子吗？　　B：这个都看不见，难道是瞎子吗？
   C：这个你看不见，难道你是个瞎子？
4. A：你住在东京，难道还没去过东京塔吗？　B：你住在东京，难道连东京塔都没去过吗？
   C：你住在东京，难道你还没去过东京塔吗？
5. A：你失败了，难道我也会失败吗？　　B：你失败了，难道说我也会失败吗？
   C：你失败了，难道我也得失败吗？
6. A：既然大学都毕业了，难道连这么点儿事也做不了吗？　　B：都大学毕业了，不可能连这个也不会做吧？　　C：大学毕业的人，难道连这样的事也干不了吗？
7. A：这是你该做的事，难道你不喜欢做吗？　B：这是你该做的工作，不可能不愿意做的吧？
   C：这是你该做的事，难道你不愿意干吗？
8. AC：难道他不知道你的辛苦吗？　　B：你的辛苦，难道他不知道吗？
9. A：昨天刚领的工资，难道连一百日元也没有了吗？　　B：昨天刚领了工资，不可能连一百日元也没有吧？　　C：昨天刚领了工资，难道连一百日元也没剩下吗？
10. A：工资涨了一倍，莫不是在做梦吧？　　B：工资翻了一倍，难道是在做梦吗？
    C：工资涨了一倍，我不是在做梦吧？

【単語】

难道 nándào　　欠 qiàn　　莫不是 mòbushì　　害臊 hàisào　　瞎子 xiāzi　　东京塔 Dōngjīngtǎ　　领 lǐng

中国語作文 59 ……はおろか，……さえも
别说～，连～

1) 彼はおろか，君だってもうすこしで落第するところだった。
2) 彼の行動はもちろん，言うこともなっていない。
3) 日本国民はおろか，全世界の人も平和を望んでいる。
4) その飛行機のゆくえについては，長江下流はもちろん，上流までもくまなくさがした。
5) 麻薬というものは肉体はおろか，精神をもだめにしてしまう。
6) ちょうど我々はかねをもちあわせているから，百円はもちろん千円だって喜んで寄付します。

◎ 117

1) 别说是他，连你也差一点儿没考上。
2) 他的举止是不用说，连他说的话，都不像样儿。
3) 日本国民那不用说，就是全世界的人也都希望着和平。
4) 关于那飞机的下落，不用说是长江下游，就连上游都寻遍了。
5) 麻药这个东西，不用说是对于身体，精神上也有很大的损伤。
6) 恰巧我们都带着钱，别说是一百日元，连一千日元也乐意捐出来。

【要点】
※ "别说・不用说"などは「言うな，言ってはならない」ということだが，本課では"连・就连・就是"などと呼応して，次の用法になる。

不用说是 A 　　(就)连 B 　　也～
A 是不用说 } {   } {   } ＝ AはおろかBさえも……。
别说是 A 　　　就是 B 　　　都

※ 例1の"差一点儿"は「すこしちがう。すこし劣る」意であるが，本課のように修飾語となった場合は（もうすこしの所で…）となり，A, Bの場合により，それぞれ訳法がちがう点注意されたい。
　A 及第する，勝つ，当選するなど，本人が実現を希望しているとき。
　　差一点儿（就）考上了。　もうすこしで及第する所だった（落第した）
　　差一点儿没考上。　　　　もうすこしで落第しなかった（及第した）
　B 落第する，負ける，落選するなど，本人が実現を希望していないとき。
　　差一点儿死了。　　　　　もうすこしで死んだ（死ななかった）
　　差一点儿没死。　　　　　もうすこしで死ななかった（死ななかった）
※ "差一点儿"のほかに"几乎 jīhū"ということもある。
※ 練6～10は"就是""连""就是连""就连"のいずれを用いてもよい。

練習

1. 北京はもちろん，香港へも行ったことがない。
2. ラテン語（拉丁语）はもちろん，エスペラント（世界语）もできる。
3. 彼は通訳（口头翻译）はもちろん，文章も翻訳できる。
4. 彼はおろか，私ももうすこしで焼け死ぬ（烧死）ところだった。
5. 金銀銅鉄錫（金银铜铁锡）はおろかダイヤ（金刚石）も出る（出产）。
6. 飲食については（关于饮食）病人はもちろん，丈夫な人も気をつけなければならない。
7. ぼくは忙しくて（忙得～）映画はおろか，週刊誌（周刊杂志）も見るひまがない。
8. はたで見ている（在旁边看）人はおろか，彼自身もまちがったことに気がつかなかった（没发现）。
9. じょうぶではないので，運動はおろか，仕事もむりができない（不能勉强地做）。
10. 彼は中国の人形（娃娃）を集めるのが趣味で（很爱搜集～）今の物はおろか，昔の物（古时候儿的）も持っている。

【練習】解答　　　　　　　　　　　　　　　　　　　　118

1. A：别说是北京，就是香港也没去过。 B：不用说是北京了，就是香港也没去过。
   C：别说是北京了，我〔他〕连香港也没去过。
2. A：别说是拉丁语，就是世界语都会说。　　　B：不用说是拉丁语了，就是世界语也能说。
   C：拉丁语就不用说了，他连世界语都会。
3. A：他别说是口头翻译，就是（连）翻译文章也都会。
   B：他不用说是口头翻译了，即使笔头翻译也行。　　C：他不光能口译，还能笔译。
4. A：别说是他，连我也差点儿被烧死（了）。　B：别说是他，连我也差一点烧死。
   C：不用说他了，连我都差点儿烧死。
5. A：金银铜铁锡（那）不用说，就是金刚石也能出产。　B：别说是金银铜铁锡，连钻石也能出产。　　　　　　　　　　　　　　C：金银铜铁锡就不用说了，那里还出产金刚石呢。
6. A：关于饮食，不用说病人，就是身体健康的人也该多加小心。　B：关于饮食，不用说是病人了，即使是健康的人也得注意。C：病人当然要注意饮食，可健康人也不能大意。
7. A：我忙得别说是电影，就是周刊杂志也没时间看。　B：我很忙，不用说是看电影了，就是连杂志也没空看。　C：我忙得哪里顾得上看电影，就连周刊杂志都没功夫看。
8. A：别说是在旁边看的人，就是他自己也没察觉这个错误。　B：别说是旁边看的人了，即使是他本人也没发现错误的地方。　C：在旁边看的人就不用说了，连他自己都没注意到他(做)错了。
9. A：身体不算健康，别说是运动，就是工作也不能勉强地做。　B：由于身体不好，别说是运动了，连工作也只能勉勉强强地做。　C：我〔他〕因身体不好，不要说体育运动了，连工作都干得太勉强。
10. A：他很爱搜集中国(的)娃娃,不用说现代的,就是古时候儿的也都有。 B：收集中国的娃娃是他的兴趣爱好，不用说是现代的，即使是古董也有。 C：他很爱收藏中国的玩偶娃娃，不光有现代的，连古时候儿的都有。

【単語】

差 chà　　下落 xiàluò　　长江 Chángjiāng　　寻 xún　　遍 biàn　　麻药 máyào　　损伤 sǔnshāng　　恰巧 qiàqiǎo　　捐 juān　　香港 Xiānggǎng　　丁 dīng　　金银铜铁锡 jīnyíntóngtiěxī　　饮食 yǐnshí　　周刊 zhōukān　　杂志 zázhì　　旁边 pángbiān　　勉强地 miǎnqiǎngde　　娃娃 wáwa　　搜集 sōují

中国語作文 60 ……するよりも，かえって……したほうが
与其～，（倒）不如～

1) 小さいのを買うよりも，かねを出して大きいのを買ったほうがよい。
2) 彼は病気というよりも，むしろ疲れているのだ。
3) かねを使って役に立たない人間を育てるくらいなら，犬を飼ったほうがましだ。
4) 家が古くなって修理しても計算にあわないから，売ったほうがましだ。
5) ぶらぶらしているより，図書館へ行って勉強したほうがよい。試験になってあわてないですむから。
6) むしろ餓死しても，売国奴にはなりたくない。

――119――

1) 与其买小的，不如多花钱买大的（好）。
2) 与其说他病了，不如说他是累的。
3) 与其花钱养着一个没用的人，还不如养条狗呢。
4) 房子老了，修理也不合算，不如把它卖了。
5) 与其这么白闲着，倒不如到图书馆去读书，省得到了考试着急。
6) 宁可饿死，也不想做亡国奴。

【要点】

※ "与其～，倒不如～（好）"は「…するよりも，かえって…したほうがよい」ということで，"倒"のかわりに"还"を用いることもある（練1～9は"倒"を"还"としてもよい）。また例4のように"不如"だけの用法もある。"宁可"は"宁肯・宁愿"とも言い，"宁可～（也）不～"で「むしろ…しても…はしない」意で，"也"は省略されることがある。

※「…のほうがよい」をとかく"倒好"と訳しやすいが，"倒好"はやけくそになって「このほうがよいさ」と言う言葉。たとえば子供がスキーにこって，いくら注意しても聞かず，とうとうスキーで負傷したとき，親が"这倒好，以后总不至于再迷于滑雪吧"と言ったり，仕事が苦労でたまらないとき，病気になって"这倒好，倒可以清闲几天了"のように言う。だから"倒好"の乱用をつつしんだほうがよい。

※ 例5の"省得"を"免得 miǎnde"とも言い，「…しないですむように」の意で，理由・目的を表わす。
　　你就手儿买菜来，省得再出去一次。
　　（ついでにおかずを買って来なさい。もう一度出ないですむから）
　　你快点进来，免得让人看见。
　　（早く入りなさい，人に見られずにすむから）

※ 練習の文頭に"与其"を使った文はすべて，文末に"的好"を入れてもよい。

練習

1. 竜頭蛇尾となる（做得虎头蛇尾）よりも，かえってやらないほうがよい。
2. 将来またやる（从新再做）よりも，いまよくやるほうがよい。
3. 中国語を勉強するには，むずかしい本を読むよりも，やさしい本をよく暗誦した（好好儿地背熟了）ほうがよい。
4. 安いのを買って損する（吃亏）より，かえって高いのを買ったほうがよい。
5. 町へ出てむだに（白）かねを使うより，家で昼寝したほうがましだ。
6. 商売して損する（赔钱）くらいなら，店をとじ（关）たほうがよい。
7. 厳重に禁止する（严格地禁止）よりも，規則をゆるめ（放宽）たほうがよい。
8. 君一人で心配する（担心）より，私たちに相談したらよい。
9. うまくやれないくらいなら，初めから（起头儿就～）やらないほうがよい。
10. むしろ餓死しても，彼の飯はくいたくない。

【練習】解答　　　　　　　　　　　　　　　　　　　　　　　120

1. A：与其做得虎头蛇尾，倒不如不做。　B：与其做得虎头蛇尾，还不如不要做〔不做为好〕。
   C：与其虎头蛇尾，倒不如不做的好。
2. A：与其从新再做，倒不如现在就好好儿地做。
   B：与其重新再做，还不如现在好好地做为好。　C：与其以后再重来，不如现在彻底做好。
3. A：为了学中文，与其看难懂的书，倒不如好好儿地背熟了简单〔浅易〕的书。
   B：要学好中文，与其是看难度高的中文书，还不如好好地背诵基础性的容易读的中文书为好。
   C：学汉语时（的过程中），与其看太难懂的书，还不如好好儿去背诵些浅显易懂的书。
4. A：与其买便宜的吃亏，倒不如买贵的。　　B：与其买便宜货吃亏，还不如买贵的信得过的产品为好。　　C：与其买便宜的东西吃亏，倒不如多花点儿钱买贵的好。
5. A：与其进城白花钱，倒不如在家里睡午觉。　B：与其上街浪费钱，还不如在家睡大觉。
   C：与其上街瞎花钱，倒不如在家睡个午觉好。
6. A：与其做买卖赔钱，倒不如把店关了〔关店〕。B：与其做亏本生意，还不如关店为好。
   C：要是店开着门就赔钱的话，还是关了的好。
7. A：与其严格地禁止，倒不如放宽点儿规则。　B：与其严格禁止，还不如放宽政策为好。
   C：与其严格地禁止，倒不如放宽规则。
8. A：与其（你）一个人担心，倒不如跟我们商量的好。　B：与其是你一个人不安，还不如和大家一起商量商量为好。　　　　C：与其你一个人担心，不如和我们商量商量的好。
9. A：与其做不好，倒不如开始就不做。B：与其做不好，还不如从一开始就不要做。
   C：要是根本做不好的话，还是起头儿就别做为好。
10. A：宁可饿死，也不想吃他的饭。　B：我宁可饿死，也不吃他的。
    C：我宁可饿死，也不愿意吃他的那口饭。

【单语】

与其 yǔqí　它 tā　宁可 nìngkě　亡国奴 wángguónú　虎头蛇尾 hǔtóushéwěi　背熟 bèishóu　吃亏 chīkuī
严格 yángé　宽 kuān　担心 dānxīn

中国語作文 **61** ……を除いて
除了～以外

1) 彼を除いて，ほかの人はみな参加する。
2) 彼女一人を除いて，あとはみな男です。
3) 専門家の彼を除くと，来会者はみなしろうとです。
4) 彼のほかに適当な人がいませんか？
5) 少数の例外を除いて，学生たちは熱心に勉強します。
6) 彼女は中国語を話せるほかに，フランス語も話せます。

　　　　　　　　　　　　　　　　　　　　◎ 121

1) 除了他以外，其余的人都参加。
2) 除了她一个人以外，别的都是男人。
3) 除了他是专家以外，与会的都是门外汉。
4) 除掉他，再没有相当的人吗？
5) 除了少数例外，学生们都很热心地读书。
6) 她除了会说中文以外，还会说法文。

【要点】
A「彼を除いて，ほかの人はみな参加する」の訳しかた

$$\left\{\begin{array}{l}\text{A. 除了他以外}\\ \text{B. 除了他而外}\\ \text{C. 除了他}\\ \text{d. 除去他}\end{array}\right\} \left\{\begin{array}{l}\text{其余的人}\\ \text{别(的)人}\end{array}\right\} 都参加。$$

Aの"除了～以外"が正式ないいかた，Bの"除了～而外"は新聞などでよく見かけるいいかた，Cは省略したいいかた，dはまた"除掉"ということもある。

　　除去〔掉〕这个例外，别的都是一样的。(この例外を除いて，ほかはみな同じです)
"是～的"については第5課を参照のこと。

B 例1，2のように「…を除くと，ほかはみな…だ」という場合には"都"，例5のように「…のほかに…も…だ」という場合には"也""还"などを用いて，言葉を接続させるのが定石。

練習

1. 体育以外，彼はどの学課もよくできる。
2. 留学生の私以外，あとはみな中国人です。
3. 中国は漢民族のほかに，なお数十もの少数民族がいます。
4. この仕事をするには，彼以外は誰もみなだめです。
5. 少数の例外を除いて，私たちはみな就職を希望しています。
6. 私の学校には日本人の先生のほかに，中国人の先生が二人います。
7. 私は日曜日に家にいるほかは，ほかの日はこちらで事務をとっています。

【単語】体育 tǐyù　どの学課 nǎ mén gōngkè　留学生 liúxuéshēng　漢民族 Hànzú
少数民族 shǎoshù mínzú　だめです bù xíng　就職を希望しています xīwàng zhǎodào gōngzuò
日本人の先生 Rìběn lǎoshī　ほかの日 biéde rìzi

【練習】解答

1. A：除了体育以外，他哪门课〔功课〕成绩都很好。
   B：除了体育，他什么学科都很好。
   C：除了体育以外，别的学科他都学得很好。
2. A：除了我是留学生以外，别的〔其他的〕都是中国人。
   B：除了我是留学生以外，其余的都是中国人。
   C：除了我是留学生外，其他人都是中国人。
3. AC：中国除了汉族以外，还有几十个少数民族。
   B：中国除了汉族之外，还有数十个少数民族。
4. A：干这个工作，除了他以外谁都不行。
   B：要做这个工作，除了他其他人都不行。
   C：做这件事，除了他以外，谁也不行。
5. A：除了少数例外，我们都希望能找到工作。
   B：除了少数几个例外，其余的都想就职。
   C：除了少数例外，我们都希望找到工作。
6. A：我们学校除了日本老师以外，还有两个中国老师。
   B：我的学校除了日本老师之外，还有两位中国老师。
   C：我们学校除了日本老师外，还有两位中国老师。
7. A：我除了星期天在家以外，别的日子都在这儿办公。
   B：除了星期天在家之外，其他的日子都在这里办公。
   C：我除了星期日在家外，别的日子都在这里当事务员。

中国語作文 62 ……しなくてはいけない。
非～不～

1）行かなくてはいけない。
2）今日中に私はこの論文を書いてしまわなければいけない。
3）彼がそうしなければならない理由はない。
4）ひとつの言葉をマスターするには，まず発音の基礎をしっかりとやらなくてはだめだ。
5）彼が当選するかどうかは，明日まで待たなくてはわからない。
6）よいか悪いかは，とにかく使ってみなければわからない。

○123

1）非去不可。
2）今天我非把这篇论文写完不可。
3）他没有理由非那样做不可。
4）要学好一种语言，非首先打好发音基础不可。
5）他能不能当选，非等明天不知道。
6）究竟是好是坏，非得用了之后才能知道。

【要点】

A "非"が"不"や"オ"などと呼応して用いる場合は「…でなければ，…を除いては」の意。"非得"は「ぜひ…しなければならない」意で，この場合は，次の用例のように"不可"を省略することがある。

　　我非得亲自去一趟(不可)。(私はぜひとも一度自分で行かなければならない)
　　我看这个事情非得这么做(不可)。(この事はぜひともこうやらなければいけないと思う)

〔参考〕単語と単語が一定の方式によって組みあわさったものを「連語」といい，連語は文の一部にも，またはそれ自身，文になることもある。構造上から見て，連語には次の種類がある。

1.「主語＋述語」の構造：　　　我　洗
2.「修飾語＋被修飾語」の構造：你的衣服
3.「動詞＋客語」の構造：　　　洗　衣服
4.「動詞＋補語」の構造：　　　洗　干净(了)
5.「並列」の構造：　　　　　　衣服和袜子

以上をひとつにまとめると，　我　洗干净了　你的衣服和袜子。
　　　　　　　　　　　　　　(主語)(述語)　　(客語)

練習

1. このバレエは君は見なければいけない。
2. 二年以内に私は中国語をマスターしなければいけない。
3. 明日用事があるので，六時に起きないといけない。
4. 家を一軒建てるには三千万円なければだめだ。
5. なにがなんでも勝たなければいけない。
6. 彼のようにむちゃをしては，おちめになるにきまっている。
7. ひとつの事業をおこすには，莫大な資本がなければだめだ。

【単語】バレエ bāléiwǔ　二年以内に liǎngnián yǐnèi　なにがなんでも wúlùn rúhé　むちゃをする húzuò-fēiwéi　おちめになる dǎoméi　莫大な資本 jùdàde zījīn

【練習】解答

1. A：这出〔场〕芭蕾舞你非看不可。
   B：这个芭蕾舞，你非看不可。
   C：这芭蕾舞你非看不可。
2. A：两年以内我非学好汉语不可。
   B：两年之内，我非得过中文的关不可。
   C：两年以内我非掌握中文不可。
3. A：明天有事，非六点起来不可。
   B：明天因为有事，不得不早晨六点起床。
   C：明天有事，得六点起。
4. A：要盖一所房子非得用三千万不可。
   B：要造一幢房子，没有三千万是不行的。
   C：要盖一所住宅，没有三千万日元是不行的。
5. A：无论如何非获胜不可。
   B：无论怎么样，都非赢不可。
   C：无论如何也得打胜。
6. A：像他那样胡作非为，非倒霉不可。
   B：像他这样胡来的话，走下坡路是必然的。
   C：他那样胡做非为，肯定会倒霉的。
7. A：要想创办一个事业，非得有巨大的资本不可。
   B：要创办一个事业，没有巨资是不行的。
   C：要创业，非得有巨大的资金不可。

中国語作文 63 ……してこそ / 只有〜才〜

1) 勉強してこそ，合格できる。
2) 君が彼に迎えの自動車を出してこそ，彼はやって来る。
3) これでこそ，みなの者が賛成でき，問題が解決できる。
4) たくさん読んだり，聞いたり，話したり，書いたりしてこそ，ひとつの外国語を物にすることができる。
5) みなが一致団結して頑張ってこそ，勝利をかちとることができる。
6) 実際の状況から出発してこそ，はじめてひとつの仕事がうまくやれる。

125

1) 只有用功，才能及格。
2) 只有你派汽车去接他，他才会来。
3) 只有这样，大家才能同意，问题才能够解决。
4) 只有多读、多听、多说、多写，才能学好一种外国语。
5) 只有大家团结一致坚持奋斗，才能赢得胜利。
6) 要办好一件事情，只有从实际情况出发。

【要点】

A "只有"には「ただ…がある，ただ，…してのみ，…してこそ」などの用法があるが，本課では，これらのうち唯一の条件を示す揚合の「…してのみ，…してこそ」の用法を主として示した。なお，この場合には一般に"才"と呼応することが多い。

〔参考〕"知道"と"了解" 使用法の注意

ともに「知っている」という意味の動詞で，"我们不知道他的情况"と言っても，"我们不了解他的情况"と言っても意味は同じ。しかし"了解"のほうが"知道"よりも知る程度が深く，「理解する，了解している」意味を持っている。

それゆえ，たんに「知る」と言う場合には"知道"を用い，"了解"を用いない。

  我急忙问道：你知道他的名字吗？

もしも「知る」ばかりでなく，「理解している」意味を示したい場合には"了解"を用い，"知道"を用いない。

  他不只注意正面的材料，同时也注意侧面和反面的材料，因此，他了解的材料常常是全面的。

"了解"は"了解了解"のように重複させたり，"正确地了解，细致地了解"のように状況語をつけたり，"进行过几次了解"のように客語にもできるが，"知道"にはこのような使用法がない。

練習

1. 彼が行ってこそ，事件が円満に解決できる。
2. 君は毎日復習してこそ，新語を覚えることができる。
3. 君が人を信じてこそ，人が君を信ずる。
4. 一心不乱に働いてこそ，はじめて活路がある。
5. 一度大病にかかってこそ，はじめて体の大切なことを知る。
6. 革命をやってこそ貧乏人の運命を変えることができるというのが彼らの考えだ。
7. ふだん熱心に研究してこそ，すぐれた能力を身につけることができる。

【単語】円満に解決する yuánmǎn jiějué　新語 shēngcí　一心不乱に働く máitóu kǔgàn　活路 huólù　大切 zhòngyào　革命をやる nào gémìng　運命 mìngyùn　変える gǎibiàn　ふだん píngshí　すぐれた能力 chūsède běnlǐng　身につける xuéhuì

【練習】解答

1. A：只有他去，事情才能圆满解决。
   B：只有他去，事件才能圆满解决。
   C：只有他去，事件才可圆满解决。
2. A：你只有每天都复习，才能记住生词。
   B：正因为你每天都复习，所以你能记得住新的单词。
   C：只要每天复习，你就能记住生词。
3. A：只有你相信别人，别人才能相信你。
   B：正因为你相信大家，所以大家才信赖你。
   C：只有你信任别人，别人才能信任你。
4. A：要有活路，只有埋头苦干。
   B：只有专心致志地工作，才能有活路。
   C：只有埋头苦干才有出路。
5. A：只有患（了）一次大病，才能知道身体健康的重要性。
   B：正因为生了一次大病，才知道身体健康的重要性。
   C：只有得了一场大病，才能知道身体健康的重要性。
6. ＡＢＣ：他们认为只有闹革命，才能改变穷人的命运。
7. A：只有平时认真研究，才能学到〔会〕出色的本领。
   B：正因为平时刻苦钻研，才能掌握过人的能力。
   C：只有平时经常努力研究，才能有出色的本领。

中国語作文 64 ……が 由～

1) いっさい私が責任をとります。
2) この事は私がやるから，君は安心していいですよ。
3) このCDは李さんが録音したもので，評判がよく，ほしがっている人がたくさんいる。
4) 王団長引率の中国訪日代表団一行は今夜飛行機で東京に着きます。
5) 西さんはひどい関節炎にかかって動けなくなり，目下静養中なので，彼女の仕事は外国の女性が代わってしています。
6) この劇団は五十人あまりの男女の芸能人からなりたっています。

127

1) 一切由我负责。
2) 这个事情由我作主，你放心好了。
3) 这CD光盘是由李先生录音的，外头的评价很高，希望要的人很多。
4) 由王团长率领的中国访日代表团全体成员，今晚乘飞机到达东京。
5) 西女士得了严重的关节炎，动弹不得，现在静养中，所以她的职务由另一位外籍女士代理。
6) 这个剧团是由五十多名的男女艺人组成的。

【要点】
A "由"は介詞としても，また動詞としても用いられる。
《介詞》の場合：
"一切由我负责"の"由"は「…によって，…の手によって」ということで，だれが行うかを明確に示すときに用いる。本課では主として，この場合の用例を示した。
なお，"由右耳进去从左耳跑掉（右の耳から入って，左の耳からぬける）"という場合の"由"は"从"と同じく「…から」ということであり，この場合，"由"と"从"を交互に使って，言葉にうまみをつけたものである。"由他门前走（彼の家の前を通って行く）"の"由"は「…を経由する」ことである。
《動詞》の場合：
"去不去完全由你，谁也管不着你的事（行く行かないは君のかってだ。だれも君のことに干渉できない）"という場合の"由"は「…のすきにする，…にまかせる」という意味になる。
　　听天由命。（運を天にまかせる）

練習

1. 今日の会議は北局長みずから司会します。
2. すべての会議は委員長が召集し，一か月に一回以上開きます。
3. 南君がこの仕事を担当するそうです。
4. 自分のことは自分でやり，人に頼ってはいけません。
5. ここの子供たちが毎日登下校するときには母親が送り迎えすることが多い。
6. この家屋は一人の外国人の手から買いもどしたものです。
7. 彼は毎日朝から晩まで忙しく，日曜日も例外ではありません。

【単語】みずから司会する qīnzì zhǔchí　召集する zhàokāi　担当する dānrèn　自分でやる yóu zìjǐ lái zuò　人に頼る yīkào biérén　登下校 shàngxué xiàxué　送り迎えする jiēsòng　外国人 wàiguórén　買いもどす mǎihuílai　朝から晩まで忙しい yóu zǎo mángdào wǎn

【練習】解答　128

1. A：今天的会议由北局长亲自来主持。
   BC：今天的会议由北局长亲自主持。
2. A：全部会议都由委员会会长召开，一个月起码举行〔办〕一回。
   B：所有的会议都是由委员长召集，每个月召开一次以上。
   C：全部会议由委员长召集，每个月至少开一次。
3. A：听说由南同学担任这项工作。
   B：据说由小南来负责这次的工作。
   C：听说这件工作由南先生担任。
4. A：自己的事由自己来做，不要依靠别人。
   B：自己的事情自己做，不能依赖他人。
   C：自己的事情要自己做，不能依靠别人。
5. A：这里的孩子每天上下学的时候，都由母亲接送的很多。
   B：这里的上下学，由母亲接送的孩子很多。
   C：这里的孩子们上学下学大多由母亲接送。
6. A：这所房子是由一个外国人的手里买回来的。
   B：这个房子是从一个外国人手里买下的。
   C：这栋房子是从一个外国人手里买回来的。
7. A：他每天都由〔从〕早忙到晚，星期天也不例外。
   B：他每天从早忙到晚，星期天也不例外。
   C：他每天从早忙到晚，星期日也不例外。

中国語作文 65 ……から
由于～

1) これはみな誤解から生じたことです。
2) 出発点がそれぞれちがうので，結論がどうしてもまちまちである。
3) 通信が途絶したので，まだたしかな消息がわかりません。
4) 仕事ですこしぐらい成績をあげたからといって，決してうぬぼれるべきではない。
5) 二十世紀に入ってから，工業が発達したので，石炭と石油の使用量が増加した。
6) 一人の同郷の人の援助で，身を寄せる所のないその青年はどうやら当分の間生活できるようになった。

129

1) 这都是由于误会而发生的。
2) 由于出发点各有不同，结论总是两样。
3) 由于通信杜绝了，还不能知道确实的消息。
4) 决不应该由于工作上有了一些成绩而自高自大。
5) 进入了二十世纪以来，由于工业的发达，增加了煤和石油的用量。
6) 由于一位同乡的帮助，那个走投无路的年青人总算能够暂时立足了。

【要点】
A "由于"は「…によって」ということで，"因为"と同じく原因を示す介詞であるが，"因为"よりも多く用いられる。"由于"に"因而，因此"などや，あるいは"而"を呼応させる必要はないが，原因の部分が長い場合は，呼応させて，原因と結果の言葉の境目をはっきりさせることがある。
　　由于他五、六年来的努力学习，因而他终于考上了某某大学。
　　（五，六年来，一生けんめい勉強したことによって，彼はついに某大学にうかった）

練 習

1. おたがいに譲歩した結果，事件はすぐにおさまった。
2. 家庭の都合で，彼はずっと以前に学校をやめました。
3. 仕事の関係で私たち二人は仲のよい友だちになりました。
4. 往々にしてちょっとしたあやまちから重大な結果を引き起こします。
5. 自動車も使用する目的によって，一概に丈夫なほどよいとは言えない。
6. 少数の人が横やりを入れたので，この提案はいまもって実現できない。
7. 関係当局の正しい指導によって，わが国の教育事業はすばらしい成果をあげた。

【単語】おたがいに譲歩する hùxiāng ràngbù　事件 shìjiàn　おさまる píngxī　家庭の都合 jiātíngde guānxì　学校をやめた líkāi xuéxiào　仕事の関係 gōngzuòshàng de guānxì　ちょっとしたあやまち jí xiǎode cuòwù　一概に言えない bù néng lǒngtǒngde shuō　横やりを入れる héng jiā zǔlán　この提案 zhèxiàng jiànyì　関係当局 yǒuguān dāngjú　正しい指導 zhèngquè zhǐdǎo　すばらしい成果をあげた huòdéle jùdàde chéngjiù

【練習】解答　　　　　　　　　　　　　　　　　　　　　　130

1. A：由于互相让步，风波〔纠纷〕就平息了。
   B：由于互相的让步，事件也马上解决了。
   C：由于互相让步，结果那事件马上平息了。
2. A：由于家庭的关系，他早就退学了。
   B：由于家庭的原因，他很早之前就休学了。
   C：由于家庭的关系，他老早以前就离开学校了。
3. A：由于工作上的事由〔问题〕，我们俩成了好朋友。
   B：由于工作的原因，我们两个人成了好朋友。
   C：因工作上的关系，我们俩成了好朋友。
4. A：往往由于微不足道的错误会引起严重的后果。
   B：往往由于一个小小的错误，却会引起严重的后果。
   C：往往会因极小的错误而引起严重的后果。
5. A：汽车也由于使用目的的不同，不能笼统〔一概〕地说越结实越好。
   B：由于使用目的的不同，汽车的牢固性不能一概而论。
   C：各种汽车使用目的不同，因此不能笼统地说汽车越结实越好。
6. A：由于少数人的从旁干涉，这项建议直到如今还不能实现。
   B：因为有人干扰，这个建议直到如今也没法实现。
   C：因少数人横加阻拦，这项建议到现在也没能实现。
7. A：由于有关当局的正确指导，我国的教育事业获得了巨大〔杰出〕的成就。
   B：随着有关当局的正确指导，我国的教育事业也取得了辉煌的成就。
   C：由于有关当局的正确指导，我国的教育事业取得了巨大的成就。

中国語作文 66

……に対して

对于～

1）彼はどの人に対しても親切だ。
2）若干の人が，彼のことをとやかく言うが，私はやっぱり彼を信じている。
3）彼はこの問題に対して，自分の意見をまだ言っていない。
4）他人の忠告に対しては，私たちは謙虚に受け入れるべきである。
5）彼らは祖国の将来のことには，いっこう関心がない。
6）目下の形勢に関して，林君がすでに我々に報告しました。

131

1）他对于任何人都很热情。
2）虽然有些人对他说长道短，我还是相信他的。
3）他对于这个问题，还没提出自己的意见。
4）对于旁人的忠告，我们应该虚心地去接受。
5）他们对于祖国的将来，丝毫不感兴趣。
6）关于目前形势，林同学已经给我们作了报告。

【説明】

A "对"と"对于"はいずれも対象を示す介詞で「…に対して」ということだが，"对"はこのほかに「…に向かって，応待する」という場合にも用いる。それゆえ，"对于"を用いた箇所を"对"に代えることはできるが，"对"を用いた箇所を"对于"に代えることができるとは限らない。

例4を"我们应该虚心地去接受旁人的忠告"と言うよりも，"对于"を用いて傍線の部分――すなわち客語を主語のまえ，または主語のあとに置いて，話の重点を明確に示す言いかたがよく用いられる。
"关于"は関連，範囲を示す介詞で「…に関しては」ということで，主語のまえに位置するのが定石である。

〔参考〕"对于"と"关于" 使用法の注意

A）"语法对于我很有兴趣"では「なに」が「なに」に対してかをまちがえている。"我对于语法很有兴趣"と言うべきである。
B）"我们关于这个问题注意得还是不够"では"关于"よりも"对于"が適切である。

練 習

1. 彼は君に嘘をつくばかりか，私に対してもほんとうのことをひとことも言わない。
2. 我々は彼のような男に対して，すこしも相手になる必要がない。
3. 私たちはこの問題に対して，引き続いて討論しなければならない。
4. 我々は彼の偉大な功績に対して，みんな敬意をはらっている。
5. この点に関して，君はそのように心配する必要はないと思う。
6. 彼女の近況について，彼女はほんのすこし私に話しただけです。
7. このへんの事情については，私もよくわかりません。

【単語】ほんとうのことを…bù shuō zhēnhuà　相手になる lǐ　ひき続いて jìxù　偉大な功績 fēnggōng-wěijì　敬意をはらう biǎoshì jìngyì　心配する gùlǜ　近況 jìnkuàng　ほんのすこし私に…zhǐ gàosule wǒ yìdiǎn　このへんの事情 zhè fāngmiànde qíngkuàng

【練習】解答　　　　　　　　　　　　　　　　　　　　132

1. A：他不但对你说假话，而且对我也一句真话都不说。
   B：他哪里只是对你吹牛，对我也是从不说真话。
   C：他不光对你撒谎，对我也从来没有一句真话。
2. A：我们对他那样的男人根本不用理。
   B：我们对付他这样的男人，一点儿也不用把他当作对手。
   C：对于他那样的人，我们完全没必要理他。
3. A：关于这个问题我们应该继续讨论。
   B：我们对于这个问题，必须继续讨论下去。
   C：对这个问题，我们应该继续讨论。
4. A：对他的丰功伟绩我们都表示敬意。
   B：我们对于他的伟绩，都表示了崇高的敬意。
   C：对于他的伟大功绩，我们都深表敬意。
5. A：关于这一点，我觉得你没必要抱那种顾虑。
   B：关于这一点，我想你不必这么担心。
   C：对于这一点，我认为你没必要那么挂虑。
6. A：关于她的近况，她只告诉了我一点儿。
   B：关于她的近况，她只是跟我说了一点点。
   C：关于她的近况，她只告诉了我一点点。
7. A：关于这方面的情况，我也不太清楚。
   B：关于这方面的情况，我也不大明白。
   C：这方面的情况，我也不大清楚。

中国語作文 67 ……するとすぐに……(2)

一～就～

1) ステージに上がるとふるえる。
2) 彼は気がむくと，夜通し勉強する。
3) 私はこの芝居を見ると，思わず泣けてくる。
4) 彼はなにか急用があるらしく，来てすぐ行ってしまいました。
5) 昨日君がちょうど帰ったところへ孫君がやって来た。
6) 彼が舞台にあらわれると，若い女の子たちが大声で歓声をあげた。

◎ 133

1) 一上舞台上就打战。
2) 他一高兴起来，就通宵用功。
3) 我一看这出戏，就情不自禁地哭起来。
4) 他好像有什么急事，一来就走了。
5) 昨天你刚一回去，孙同学就来了。
6) 他一出现在舞台上，年轻的女孩子们就大声欢呼起来了。

【要点】
A "一"は"就"と呼応して，1「…するとそこで，…するやいなや」，2「…するごとに」というように接続詞の働きをする。
　なお，「…するとさっそく」というときには"立刻，立时，马上"などを添える。
　　他一喝酒，马上就露出本性来。（彼は酒をのむと，たちどころに本性をあらわす）
　また 2 の場合，"每，每逢"などを用いたほうが適切なことがある。
　　我每到星期四，就到夜校去。（私は木曜日ごとに夜学へ行く）
　　每逢开会，他一定参加。（会があるごとに，彼は必ず出席する）

〔参考〕"高兴"と"愉快"の使用法
いずれも心がうきうきして楽しい意味をもっている。それで，"他很高兴"と言っても，"他很愉快"と言っても同じだが，次の例文の場合は，それぞれの理由によって，"高兴"と"愉快"をおきかえることができない。
　　高兴得拍起掌来。……"高兴"は興奮する，感動するといった意味ももっている
　　我不高兴去。　　……"高兴"は…を願うといった意味ももっている
　　过着愉快的生活。……"愉快"は幸福だといった意味を含んでいる

練習

1. 急に寒くなると風邪をひきやすいから，注意しなさい。
2. 毎日六時になると起き，七時に家を出て，八時に会社に着きます。
3. 彼は家へ帰ると，着がえて風呂に行きました。
4. 私がドアをあけるや，猫が部屋のなかから飛び出したので，びっくりしました。
5. 彼はたいへん神経質な人で，子供たちが騒ぐとねむれません。
6. 君はここでちょっと待っていなさい。私は行ってすぐもどって来ます。
7. 彼は夏になると海へ泳ぎに行き，冬になると山へスキーに行きますが，私はどこにも行きません。

【単語】急に tūrán　風邪をひく shāngfēng　着がえる huànshang　風呂に行く xǐzǎo qù
ドアをあけるや gāng yī kāi mén　飛び出す cuànchūlai　たいへん神経質な人 fēicháng shénjīngzhìde rén
騒ぐ nào　ねむれない shuìbuzháojiào　海へ泳ぎに行く qù hǎibiān yóuyǒng

【練習】解答

1. A：天突然一冷就容易伤风，小心点儿吧。
   B：一下子变冷了容易感冒，请保重。
   C：天气突然变冷，容易感冒，请多加小心。
2. A：我每天一到六点就起床，七点就出（家）门，八点就（能）到公司。
   B：每天六点起床，七点出门，八点到公司上班。
   C：每天六点起床，七点出门，八点到公司。
3. A：他一到家就换上衣服洗澡去了。
   B：他一到家，就换衣服，然后去洗澡。
   C：他一到家，就换了衣服洗澡去了。
4. A：我一开门，屋子里就蹿出一只猫来，把我吓了一跳。
   B：我一开门，猫就从房间里窜出来了，吓了我一大跳。
   C：我刚一开门，猫就从屋子里窜了出来，吓了我一大跳。
5. A：他是一个非常神经质的人，孩子们一闹就睡不着觉。
   B：他是个神经质的人，只要小孩儿一吵他就睡不着。
   C：他是个非常神经质的人，孩子们一闹，他就睡不着觉。
6. A：你在这儿等一下，我去一下〔一会儿〕马上就回来。
   B：你在这里等一下，我去去就回。
   C：你在这儿稍等一下，我去去就来。
7. A：他一到夏天就去海边游泳，一到冬天就去山上滑雪，我却哪儿也不去。
   B：到了夏天他会去游泳，到了冬天他又会去滑雪，可我什么地方也不去。
   C：他夏天到海边游泳，冬天去山上滑雪，而我是哪里也不去。

中国語作文 68　する

弄

1）君はなにをいじっているの？
2）私は無理算段して百万円こしらえた。
3）とても喉がかわいた，私におひやを一杯持って来てくれ。
4）私のだいじなライターがこわれた。なおしてくれ。
5）来年の春卒業したら，高校の教師になってみたい。
6）お昼にたべなかったので，台所へ行ってたべものを作ってくれ。

1）你在弄什么呢？
2）我七拼八凑地弄了一百万日元。
3）渴得要命，你去给我弄杯冷水来。
4）我心爱的打火机坏了，你给我把它弄好。
5）明年春天毕了业，我想弄个高中教员当当。
6）我晌午没吃饭，到厨房里给我弄点吃的来。

〔参考〕標点符号の使用法　その（一）
句号 jùhào（。）　日本文の句点と同じ。ピリオド。
逗号 dòuhào（，）　日本の読点と同じ。コンマ。
顿号 dùnhào（、）　並列した語と語，または句と句のあいだに用いる。
　　农民中有富农、中农、贫农三种。
分号 fēnhào（；）　息を切る時間は逗号より長く，句号よりみじかい。一般に並列した分句や連語などの比較的長い場合に用いる。セミコロン。
　　我曾经说，房子是应该经常打扫的，不打扫就会积满了灰尘；脸是应当经常洗的，不洗也就会灰尘满面。
冒号 màohào（：）　つぎにつづく文を提起する。
　　上面我说了三方面的情形：不注重研究现状，不注重研究历史，不注重马克思列宁主义的应用，这些都是极坏的作风。
　　俗话说："到什么山上唱什么歌。"又说："看菜吃饭，量体裁衣。"我们无论做什么事都要看情形办理，文章和演说也是这样。

練習

1. この錠前をこわしたのは君じゃないの？
2. 引っ越しでごったがえしています。
3. 私は重要な資料をなくしてしまって，困っているところです。
4. 彼はまったくそそっかしい男で，自分の家までまちがえた。
5. 千客万来でてんてこまいしています。
6. 君にこの本をかしてあげるが，くれぐれもなくさないように。
7. 彼は私が新しく買ったパソコンをこわしてしまった。今日中に修理に持って行かなければならない。

【単語】この錠前 zhèbǎ suǒ　こわす nònghuài　ごったがえし luànqī-bāzāo　資料 zīliào
なくしてしまう nòngdiūle　困る wéinán　そそっかしい男 màoshiguǐ
千客万来 kèrén jiēlián bú duàn de láifǎng　てんてこまい shǒumáng-jiāoluàn　パソコン diànnǎo

【練習】解答

1. A：是不是你把这把锁弄坏的？
   B：这个锁难道不是你弄坏的吗？
   C：是你把这把锁弄坏的吧？
2. A：因为搬家弄得乱七八糟。
   B：因为搬家，家里弄得乱七八糟。
   C：因要搬家，这里乱七八糟的。
3. A：我弄丢了重要的资料，现在正为难着呢。
   B：我把重要的资料给弄丢了，正发愁呢。
   C：我把很重要的资料弄丢了，真不知道该怎么办。
4. A：他真够糊涂的，连自己家门都弄错了。
   B：他真是个粗心大意的人，连自己的家都会弄错。
   C：他是个冒失鬼，连自己的家门都搞错了。
5. A：客人接踵而来地来访，把我弄得手忙脚乱。
   B：客人络绎不绝，忙得他不可开交。
   C：客人接连不断地来访，搞得我手忙脚乱。
6. A：我把这本书借给你，你千万别丢了。
   B：我可以把这本书借给你，但千万不要把它弄丢了。
   C：这本书可以借给你，可千万别弄丢了。
7. A：他把我刚买的电脑弄坏了，今天我得拿去修理一下。
   B：他把我新买的电脑给弄坏了，今天必须拿去修理。
   C：他把我新买的电脑弄坏了，今天得拿去修理。

中国語作文 69 　搞 する

1) 彼は量子力学とやらをやっているそうだ。
2) 彼はあれこれと奥の手を使っている。
3) 私たちはだれとでも仲よくするのがたてまえです。
4) ちょっとやってみたくもあるし，うまくやれないのがこわくもあるし，どうしたらよいかわからない。
5) 字典さえひけないならば，とても翻訳する資格はない。
6) 私はなんべんも調べたが，この点だけがどうしてもはっきりしない。

◎137

1) 听说他在搞什么量子力学。
2) 他在搞这样那样的花招。
3) 我们的主张是和任何人都把关系搞好。
4) 又想搞一下子，又怕搞不好，不知道怎样才好。
5) 要是连字典都不会查的话，可就没有资格搞翻译了。
6) 我调查了好几遍，可是只有这一点怎么也搞不清楚。

【要点】

A "搞"は「する，おこなう，作る，やっつける」などの意味の動詞で，多くの動詞のかわりに用いられる。
我们班的同学毕了业以后，有的要搞生意，有的要当教员。
(私たちクラスの者は卒業後商売をする者も教員になる者もいる)
男女老少都安心在家搞农业生产。
(老若男女，だれもが安んじて農業の生産に従事している)
他整天无所事事，净搞对象。
(彼は一日中なにもしないで，恋愛ばかりしている)

練習

1. 簡単な実験なら，自分でやれます。
2. 字典がありさえしたら，私もすこし翻訳できます。
3. 来学年から，私は中国文学をやらなければならない。
4. 私はもう二度と政治をやらない。全力を出して事業をします。
5. 私は二年ばかりベトナム語をやったが，今ではもうすっかり忘れてしまった。
6. 会計学に興味を持てないので，私は哲学をやることにした。
7. ほかの人が一日かかる仕事を彼は半日でやってしまった。

【単語】簡単な実験 jiǎndānde shíyàn　来学年から cóng xiàxuéqī qǐ　もう二度とやらない zài yě bù gǎo　全力を出して jìnxīn jiélì　事業 shìyè　二年ばかり liǎngnián guāngjǐng　ベトナム語 Yuènányǔ　すっかり忘れてしまった wàngguāng le　会計学 kuàijìxué　哲学をやることにした juédìng gǎi gǎo zhéxué　一日かかる仕事 yào fèi yītiānde gōngzuò

【練習】解答　　138

1. A：如果是简单的实验，我自己就做得了。
   B：如果是简单的实验的话，那我自己也能做。
   C：如果是简单的实验，那我自己能搞。
2. A：只要有本字典，我也能做点儿翻译。
   B：只要有字典，我也可以作一些翻译。
   C：只要有好词典，我也能搞点儿翻译。
3. A：从下学期起，我应该搞中国文学了。
   B：下个学年，我准备从事中国文学研究。
   C：从下学年起我得搞中国文学的研究。
4. A：我再也不搞政治了，要使尽全力搞事业。
   B：我再也不从事政治，将全力以赴地投身事业。
   C：我再也不搞政治了，我要尽心竭力搞事业。
5. A：我搞了两年光景的越南语，现在已经都忘光了。
   B：我学了两年的越南语，现在却忘了个精光。
   C：我搞了两年左右的越南语，可现在已经彻底忘光了。
6. A：因为我对会计学不感兴趣，我决定改搞哲学了。
   B：由于我对会计学不感兴趣，所以我去学了哲学。
   C：我对会计学不感兴趣，所以决定改搞哲学了。
7. A：别人要费一天的工作，他半天就做好了。
   B：其他的人要干一天的活，他却只要半天就搞定了。
   C：别的人要费一天工夫的工作，他半天就搞完了。

中国語作文 70 ……だと思う
以为～

1) 私はこうやるべきだと思う。
2) 彼がまだ日本にいると思っていたら，もうインドネシアへ行ってしまった。
3) 彼が日本人だと思っていたのでミャンマーの人とは思いもよらなかった。
4) そのとき出血が多かったので，彼が死んでしまったと思った。
5) すきなのを取ってください。自分がお客さんだなんて思わないでください。
6) 私は日中両国民が二度と戦うことなく，いつの世代までも友好を続けるべきだと考えています。

1) 我以为应该这么做。
2) 我以为他还在日本，谁知道他已经到印尼去了。
3) 我以为他是日本人，想不到他是缅甸人。
4) 当时因为他流血过多，我以为他死去了。
5) 你喜欢什么就拿什么，不要以为自己是客人。
6) 我认为日中两国人民不要再打仗，要世世代代友好下去。

【要点】
A "以为"は元来「AをBと見なす」という意味である。それゆえ，自分の考えが事実と相違した場合に用いられ，「…かと思った」ということである。それで，これより転じて「…かと思います」というように謙遜して言うときにも使用される。
B "认为"は物事を分析し，よく考えたうえ，自分の信念や意見を述べる場合で，「…と認める，…と考える」という意味である。なお，「…と思う」というときにも用いられるが，"以为"の後者の場合とちがって，肯定の語気を含んでいる。
　　她认为我和她如果有机会相处下去，可能会发展为恋爱关系。
　　（彼女は，もしも私と彼女がずっといっしょにいる機会があれば，愛情関係に発展するかもしれないと思っている）

〔参考〕"庆祝"と"祝贺"の使用法
"庆祝"は一般に祭日とか，メーデーとか，比較的大きな事がらに用い，たんに一個人を祝うような場合にはほとんど用いない。
　　十月一日那天，全国各地都举行盛大游行，庆祝国庆节。
これに対し"祝贺"は一方が他方を祝う場合に用い，それが団体であっても，個人であってもかまわない。

練習

1. 私は彼が来そうもないと思う。
2. 彼は私を彼らの同郷の者だと思っている。
3. 彼の中国語はうまいと思っていたら，なんと日常の言葉さえも話せなかった。
4. 彼らはみな自分の考えが正しいと思っていて，お互いに譲らない。
5. こんなやりかたでは，成功はおぼつかないと思う。
6. 男女に優劣の差があると認めるという思想は根拠のないものである。
7. 彼は後継者を教育することは基礎作りの仕事で，たいへん重要だと考えている。

【単語】来そうもない bú huì lái　考えが正しい xiǎngfǎ duì　お互いに譲らない shuí yě búràng shuí　成功はおぼつかない bù néng chénggōng　優劣の差 yōuliè chābié　根拠 gēnjù　後継者 jiēbānrén　基礎作りの仕事 jīchǔ gōngzuò

【練習】解答　140

1. A：我以为他不会来。
   B：我想他不会来。
   C：我估计他不会来。
2. A：他以为我是他们的同乡。
   B：他以为我和他们是同乡。
   C：他以为我是他的老乡呢。
3. A：我以为他说的汉语很好，(怎么)竟然连日常会话也不会说。
   B：我还以为他的中文很好，没想到他连日常会话都不会说。
   C：我以为他的中文一定很好，谁知道他连日常会话也说不好。
4. A：他们都各持己见，谁也不让谁。
   B：他们都以为自己的想法很正确，决不互相让步。
   C：他们都认为自己的想法对，谁也不让谁。
5. A：这样的方法，我认为<u>不能成功的</u>〔成功不了〕。
   B：如果这样做的话，我想几乎没有成功的可能吧。
   C：我认为这样的做法的话，成功的希望不大。
6. A：认为男女有优劣差别的思想是没有<u>任何</u>〔什么〕根据的。
   B：承认男女有别的思想，是完全没有根据的。
   C：认为男女有优劣之差的想法是没有根据的。
7. A：他认为教育接班人是一项很重要的基础工作。
   B：培养接班人得从基础做起，他认为这是很重要的。
   C：他认为培养继承人是打基础的工作，是非常重要的。

中国語作文 71   ……なのに
却～

1) そとは雨なのに，彼は出かけた。
2) 試合に負けたのに，彼らはけろりとしている。
3) 彼は年こそ私よりひとつ下だが，私よりずっと世間のことを知っている。
4) 顔だち，身振り，服装などはよく見おぼえているのに，彼女がどこの家の娘か，しばらくの間思い出せなかった。
5) 東京は私たちがあこがれていた美しい都会だが，私たちに与えた印象はとても混雑していることだった。
6) あてのない希望が私に精神的な慰めを与えてくれるが，現実の生活は私に重大な脅威を与えている。

◉141

1) 外头下着雨，他却出去了。
2) 比赛输了，可是他们却满不在乎的样子。
3) 他年纪比我小一岁，可是世故却比我懂得多了。
4) 面貌、身段、服饰都面熟得很，但是一时却想不起她是哪一家的姑娘。
5) 东京是我们久已向往的美丽都市，可是给我们的印象，却是无比的混乱。
6) 渺茫的希望，虽然给我一点精神上的安慰，但是，现实的生活，却给我严重的威胁。

【説明】

A "却"は「かえって，しかし」ということで，逆接関係を示すが，"可是，但是"などよりも比較的語気が弱く，主語の前に来ることはなく，場合によっては，"可是，但是"と併用されて，逆接の語感や意外性を強める。

〔参考〕"美丽"と"漂亮"の使用法

いずれも"好看（美しい）"の意味で，女性に対して用いる。男性の揚合は"帅""精神"。
　　好一个漂亮的女性　　帅小伙子

"美丽"は主として容貌，ポーズ，景色などに用い，"漂亮"は主として衣服，装身具，道具などに用いる。次の例文の"美丽"と"漂亮"はいずれも適語であり，入れかえないほうがよい。
　　美丽的远景，一幅美丽的风景画，美丽的幻想，一件漂亮的民族服，红旗牌汽车真漂亮，
　　新市区又出现了一排雄伟漂亮的高楼

"漂亮"は"漂漂亮亮（たいへん美しい）"，"漂亮漂亮（美しくしてみる）"のように重複できるが，"美丽"は重複できない。

71

> ✎ 練 習

1. こんなに暖かいのに，彼は綿入れを着ている。
2. 部屋が静かなのに，私は眠れない。
3. かねのある人は働かないのに，豪奢な生活をしている。
4. 彼ら二人はどちらも哲学者なのに，風格がちがっている。
5. この品はたいへん安いのに，品質がとってもよい。
6. 私は彼に南君の様子を聞きたかったのに，彼は北君の近況を話した。
7. 彼の成績はあまりよくないが，性格は誰よりもよい。

【単語】綿入れ miányī　静かな qīngjìng　豪奢な shēhuá　哲学者 zhéxuéjiā　風格 fēnggé　品質 zhìliàng　様子 xiāoxi　性格 xìngqíng

【練習】解答　◎ 142

1. A：这样暖和，可他却穿着棉衣。
   B：这么暖和，他却还穿着棉衣。
   C：这么暖和的天儿，他却穿着棉衣。
2. A：房间里很清静，可我却睡不着。
   B：房间虽然很安静，但是我还是无法入睡。
   C：屋里很安静，我却睡不着。
3. A：有钱人不工作，却过着奢华的生活。
   B：有钱的人不用干活，却过着奢侈的生活。
   C：有钱人不干活却过着奢华的生活。
4. A：他们俩都是哲学家，风度却不一样。
   B：他们两个人尽管都是哲学家，但风格却迥然不同。
   C：他们俩都是哲学家，可风格不一样。
5. A：这个东西非常便宜，可质量却特别好。
   B：这个东西尽管便宜，但质量却很好。
   C：这东西虽很便宜，可质量很好。
6. A：我想问他小南的情况，他却（和我）讲起〔讲了〕小北的近况。
   B：我向他打听小南的情况，他却把小北的近况告诉了我。
   C：我想跟他打听小南的消息，他却说了小北的近况。
7. A：他的成绩不太好，性情却比谁都好。
   B：他尽管成绩不好，但性格比谁都好。
   C：虽然他的学习成绩不太好，可性格比谁都好。

中国語作文 72 もうすこしで…… 几乎～

1）もうすこしで気を失うほど痛かった。
2）彼はもうすこしで手をあげて私をなぐるところだった。
3）行くべき所は，彼はほとんど全部行った。
4）この流行歌は，若い人はほとんどみな知っている。
5）ここの人たちはほとんどみなイスラム教を厚く信仰している。
6）あの店にはいろいろな商品が並べてあり，ほとんど九五パーセント以上が外国製で，なんでもそろっている。

143

1）疼得几乎要晕过去。
2）他几乎要扬起手来打我。
3）凡是应该去的地方，他几乎全去过了。
4）这个流行歌曲，青年人几乎都晓得唱。
5）这儿的老百姓，几乎都虔诚地信奉着回教。
6）那家铺子里摆满各色货物，百分之九十五以上几乎是外国货，应有尽有。

【要点】
A "几乎"は副詞で，「すんでのところで，ほとんど」という意味に用いられ，場合によっては，"差不多，大部分，差一点儿"などに代えることができる。たとえば
  疼得差一点儿晕过去了。
  凡是应该去的地方，他差不多全去过了。
  这儿的老百姓，大部分都虔诚地信奉着回教。
B "几乎"と"不完全"の使用法
  A）几乎一致。（もうすこしで一致する）
  B）不完全一致。（完全には一致しない）
  いずれも「…に近い」という意味だが，話の重点がAでは「一致に近い」ことを強調し，Bでは「一致しない」ことを強調する。
C "几乎"と"简直"の使用法
  A）他摔得几乎爬不起来。（彼はつまずいてほとんどはい上れなかった）
  B）他摔得简直爬不起来。（彼はつまずいてまったくはい上れなかった）
  いずれも誇張した言葉であるが，Bのほうが，語気の点でも，程度の点でも強い言いかたである。

練習

1. 彼らはもうすこしでけんかするところだった。
2. 今日が私の誕生日なのをもうすこしで忘れるところだった。
3. 彼はほとんど死にかかっている。もう時間の問題だ。
4. 彼の中国語の程度はもうすこしで私を追いこすところだ。
5. この話を聞いて，彼はほとんど口がきけないほど驚いた。
6. 時間も遅く，雨も降っていたので，途中ほとんど人にあわなかった。
7. 土曜日の午後だったので，昨日のコンサートには私の友だちはほとんどみな行った。

【単語】けんかする dǎ jià　誕生日 shēngrì　程度 shuǐpíng　追いこす chāoguò
口がきけない shuōbuchū huà lái　…ほど驚いた xiàde　人にあわなかった méi yùjiàn rén
コンサート yīnyuèhuì

【練習】解答　　　　　　　　　　　　　　　　　　　　　　　144

1. A：他们几乎要打起架来了。
   B：他们差一点儿就吵起来了。
   C：他们差点儿打起架来。
2. A：我几乎忘了今天是我的生日。
   B：今天是我的生日，差一点儿就被忘了。
   C：我差点儿忘了今天是我的生日。
3. A：他几乎快不行了，这只是时间的问题。
   B：他真的是快要死了，就只是时间的问题吧。
   C：他几乎要不行了，生命已危在旦夕。
4. A：他说汉语的水平几乎都要超过我了。
   B：他的中文程度，再差一点儿就赶上我了。
   C：他的中文水平快超过我了。
5. A：听了这件事，他吓得差一点都说不出话来了。
   B：听了这个话，他几乎惊讶得无话可说了。
   C：听了这话，他吃惊得几乎说不上话来。
6. A：天又晚又下起雨来，在路上几乎都没见到〔见着〕人。
   B：因为时间太晚，又下着雨，所以途中几乎没有碰到人。
   C：天晚了又下着雨，路上几乎没遇见人。
7. A：因为是星期六的下午，所以我的朋友们几乎都参加〔去听/去看〕了昨天的那场音乐会。
   B：因为是周六的下午，所以我的朋友几乎都去了昨天的音乐会。
   C：因为是星期六下午，昨天的音乐会我的朋友们几乎都去了。

中国語作文 73 いったい……
究竟～

1) 君はいったい行きたいのか，行きたくないのか？
2) これらの人のうち，君はいったいだれが一番すきですか？
3) 結局わかっているかどうか怪しいものだ。
4) 彼がいったいどうして私に冷淡な態度をとるのか，いまもってほんとうのことがわからない。
5) こんど死ぬか生きるかのめにあって，生命は結局大切にする価値のあるものだとつくづくわかった。
6) さすがは餅屋は餅屋で，彼はちゃんと知っていた。

◎ 145

1) 你究竟想去不想去?
2) 这些个人里头，你究竟是最喜欢谁?
3) 究竟懂了没有，很值得怀疑。
4) 他究竟为什么对我抱着冷淡的态度，到现在我还找不出真正的原由来。
5) 经过这一次生死关头后，我深切地了解到生命到底是值得热爱的。
6) 到底还是个行家，他果然知道得很详细。

【要点】
A "究竟"は「いったい」という副詞で，疑問文に用いるが（"吗"を用いた疑問文には用いられない），あるいはまた"到底（結局のところ，つまるところ）"という場合にも用いる。
　"究竟"には，なお次のような名詞としての用法もある。ただし，この場合"个"をともなう。
　　　那件事情，你办妥了没有? 我要知道个究竟。

〔参考〕"果然，居然，竟然"の使用法
いずれも副詞で，予想と結果との関係を示すが，"果然"は結果が予想と一致したときで，「はたして，案のじょう」の意。
"居然"は結果が予想に反したときで，「思いがけなく」ということだが，次のふた通りの場合がある。
　A なかなかこうはいかないのに，こうなったという「よい場合」。
　B こうやるべきではないのに，こうなったという「悪い場合」。
"竟然"も結果が予想に反した場合だが，主として"居然"のBの場合に用い，しかもそれよりも語気が強い。
第81課の要点参照。

練習

1. 今日の会合に君はいったい出るのか出ないのか？
2. いったい君のあやまちなのか，それとも彼のあやまちなのか？
3. 彼がいったいどんなことを言っているのか，私はさっぱりわかりません。
4. あの問題は結局どう解決したのですか？
5. 彼女は結局は女で，仕事がひまになるとすぐ家庭の雑事を思い出す。
6. いったい君のほしいのはおかねか，それともなまえか？
7. 彼はさすがに日本人だ。従容として正義のために死んだ。

【単語】出る cānjiā　あやまち guòshī　わからない tīngbudǒng
仕事がひまなとき gōngzuò yǒu xiánkōng de shíhou　家庭の雑事 jiātíngde záshì　なまえ míngyù
従容として… cóngróng jiùyì le

【練習】解答　　　　　　　　　　　　　　　　　146

1. A：今天的聚会你究竟参加不参加?
   B：你究竟参加不参加今天的聚会。
   C：今天的聚会你到底参加不参加?
2. A：究竟是你的错误，还是他的错误?
   B：究竟是你的错还是他的错。
   C：究竟是你的过失还是他的过失?
3. A：我完全听不懂他究竟（在）说什么。
   B：他究竟说了些什么，我完全不知道。
   C：他到底在说什么，我一点儿也听不懂。
4. A：那个问题究竟是怎么解决的?
   B：那个问题究竟是如何解决的。
   C：那个问题到底是怎么解决了的?
5. A：她到底还是个女人，工作有闲空的时候就会想起家庭的杂事来。
   B：她终究是女的，工作中只要一有空，她就会想起家里的琐碎事。
   C：她毕竟是个女的，工作一闲下来就想家里的杂事。
6. A：你究竟要金钱，还是名誉?
   B：你究竟是想要钱还是想要名气。
   C：你究竟是想要钱还是想要名誉?
7. A：他到底是个日本人，从容就义了。
   B：他不愧是日本人，为了正义而从容就义了。
   C：他到底是日本人，为了正义从容就义了。

中国語作文 74 ……するよりほかはない

只好～

1) このテレビはこわれたので，修理に出すよりほかはない。
2) あの場合，そう答えるよりほかはないでしょう。
3) 家の負担を軽くするため，私はアルバイトして学費をかせぐよりほかはない。
4) 支出をきりつめるため，私は市内から郊外の安いアパートに移るよりほかはない。
5) 私はその場で反駁しようと思ったが，彼の親切な態度を見て，がまんするよりほかなかった。
6) だれも彼の連絡先を知らない以上，私たちは新聞に尋ね人の広告を出すよりほかはない。

1) 这电视机坏了，只好拿去修理。
2) 在那个场合，只好那样回答喽。
3) 为了减轻家庭的负担，我只好用工读的办法来挣学费。
4) 为了缩减开支，我只好从市内迁到郊区的一家廉价的公寓。
5) 我想立刻反驳他，但是看到他那亲切的态度，只好忍耐下去。
6) 既然谁也不知道他的通信地址，我们只好在报纸上登一个寻人广告。

〔参考〕標点符号の使用法　その（二）

问号 wènhào（？）　疑問を表わす符号。クェスチョンマーク。

感叹号 gǎntànhào（！）　感嘆の感情を表わす符号。命令文のあとにも用いる。

引号 yǐnhào（" "，' '）　文中の引用部分に用いるほか，専門用語，方言，または特に強調したい部分にも用いる。

　　全会指出，正如毛泽东同志所说的，国际形势的特点是"敌人一天天烂下去，我们一天天好起来"。

括号 kuòhào（（　），〔　〕）　文中の注釈した箇所に用いる。すなわち，言葉の注釈，文の補充説明・引用語句の出処などに用いる。

破折号 pòzhéhào（——）　話の中断を示したり，説明注釈の言葉を示すほかに，"公元 1880—1958"のように起点と終点を示したりする。

　　有个区干部叫李成，全家一共三口人——一个娘，一个老婆，一个他自己。

練習

1. 彼は右手がきかなくなったので，左手で字を書くよりほかはない。
2. この事は私はこれまでやったことがないので，彼に教えてもらいに行くよりほかはない。
3. 終電車にはもうまにあわないから，君の所に一晩泊まるよりほかはない。
4. ことわる法がなかったので，私は彼といっしょに付近の喫茶店に入るよりほかはなかった。
5. 彼はひとことの日本語も話せないから，彼に中国語で話すよりほかはない。
6. 君のため私は良心にそむいて，彼にうそを言うよりほかはなかった。
7. これ以上彼に強制するわけにはいかないから，彼が思いなおすのを待つよりほかはない。

【単語】きかなくなった bù hǎo shǐ le 　教えてもらいに行く qù qǐngjiào 　終電車 mòbānchē
ことわる法がない wú fǎ tuīcí 　入る zǒujìn 　良心にそむく wéibèi liángxīn 　強制する qiǎngbī
思いなおす huíxīn-zhuǎnyì

【練習】解答　　　　　　　　　　　　　　　　　　　　　　　148

1. AC：他右手不好使了，只好用左手写字。
   B：他的右手因为不管用了，所以只能用左手写字。
2. A：这件事我从来没做过，只好向他请教。
   B：这个事我至今为止还没有干过，所以只能去请教他了。
   C：这工作我没做过，只好去向他请教。
3. A：赶不上末班车了，只好去你那儿住一晚上。
   B：因为末班车已经没有了，所以只能在你那里住一夜了。
   C：已经赶不上末班车了，只好在你这儿住一晚上。
4. A：无法推辞，我只好和他一起走进了附近的咖啡馆。
   B：没办法拒绝他，只能跟他一起去了附近的咖啡馆。
   C：因无法辞谢，我只好和他一起进了附近的茶馆。
5. A：他连一句日语也不会说，我只好用中文跟他说（了）。
   B：他一句日语也不会，只能说中文了。
   C：他一句日语也不会说，只好跟他说中文。
6. A：为了你我只好违背良心，跟他说谎了。
   B：为了你我违背了良心，只能对他说了谎。
   C：为了你，我只好违背良心跟他说谎。
7. A：不能再硬逼他，只好等他改变主意了。
   B：不能再强迫他了，只能等他慢慢转变想法。
   C：再强逼他也没用，只好等他自己回心转意了。

中国語作文 75 ……（する）以上 既然～

1) 彼が承知しない以上，なんともしようがない。
2) 話したからにはやらなくてはならない。ほごにはできない。
3) 事件がもうここまで来ては，とりかえしがつかない。
4) 彼がうかつに相手にできない人だと知っていて，なんでまたつき合うのです？
5) この行きかたがだめな以上，私たちはほかの方法を考えよう。
6) この方面の権威が公認した以上，たいがい問題はないと思う。

149

1) 既然他不答应，可没法子。
2) 既然说了，就得做。不能说了不算。
3) 既然事情已经到了这步田地，就无法挽回了。
4) 既然知道他不是好惹的，为什么偏跟他打交道呢？
5) 既然这个路子行不通，那么我们就想个别的办法吧。
6) 既然是这方面的权威者所公认的，我想大概没有问题。

〔参考〕標点符号の使用法　その（三）

省略号 shěnglüèhào（……）　省略した箇所を六個の点で示すが，このほかに言葉の途中における中断，断続，沈黙などをも示す。
　　　对……对不起！我……大概是走错门了。
着重号 zháozhònghào（・）　とくに重点をおく箇所に用いる。
　　　这个定律是二千多年以前希腊学老阿基米德发现的，所以叫做阿基米德定律。
なお，外国人の姓名を示すときにも用いるが，その要領は次の通り。
　　　马克辛・高尔基（マクシム・ゴーリキー）
专名号 zhuānmínghào（___）　鲁迅，北京，北京大学，中华人民共和国 のように，人名，国名，地名や役所，団体，学校の名称などに用いるが，現在では使用していない。
书名号 shūmínghào（﹏﹏）　水浒传，红楼梦，三国演义 のように書名を示すために用いるが，""や《 》の符号を用いることが多い。

練習

1. 病気になった以上，薬を飲まないわけにはいかない。
2. 君が知った以上，私はかくしだてをしない。
3. 人に承諾した以上，急いでやってあげなさい。
4. その服が君によく似あうと思うなら，それを買って来たらよい。
5. 彼がひまがないと言う以上，私はほかの人に頼むことにします。
6. みんながそろった以上，私たちはこの問題の討論を始めよう。
7. 君がその場にいなかった以上，すべての状況がわかるはずがない。

【単語】かくしだてしない bù mánzhe nǐ　人に承諾 dāyìng rénjia　急いで gǎnkuài　似あう héshì　みんなが…dàjiā dōu láiqí le　討論を始める kāishǐ tǎolùn　その場にいなかった méi zàichǎng　すべての状況 yíqiè qíngkuàng

【練習】解答

1. A：既然病了，就不能不吃药。
   B：既然生了病，不吃药是不行的。
   C：既然得了病，药是非吃不可的了。
2. A：既然你知道了，我就不瞒着你了。
   B：既然你已经知道了，我就不再隐瞒了。
   C：既然你知道了，我就不瞒你了。
3. A：既然已经答应了人家了，就赶快给人家做吧。
   B：既然已经答应别人了，就赶快地做吧。
   C：既然答应了人家，你就赶快替人家办吧。
4. A：既然你觉得那件衣服合适，就把它买来吧。
   B：如果你认为那件衣服很适合你的话，那就把它买回来吧。
   C：既然你认为那件衣服很适合你穿，那就买回来好了。
5. A：既然他说没空儿，我就拜托别人吧。
   B：既然他说没空，我就委托他人来做。
   C：既然他说没时间，那我只好去求别人了。
6. A：既然大家都来齐了，我们就开始讨论这个问题吧。
   B：既然大家都到齐了，我们就开始讨论这个问题吧。
   C：既然大家到齐了，我们就开始讨论这个问题吧。
7. A：既然你没在场，就不会了解一切情况吧。
   B：既然你当时不在现场，那就不可能知道详细情况吧。
   C：既然你没在场，当然不了解全部情况。

中国語作文 76 总〜

どうしても……

1) どうしても言うことを聞かない。
2) 私はいつか彼をひどいめにあわさなければ気がすまない。
3) この事をやる以上，どっちみち相当な犠牲が出よう。
4) 彼はいつもこの商売ではだれも彼におよばないと思っているが，実はそうではない。
5) おかねのあるのはどうしたってないよりはよい。たとえ金額がすくなくとも，ためなければならない。
6) 愛はいつも幸福なもので，それは人に暖かみをもたらし，人生をこよなく愛させるようにする。

151

1) 总不听话。
2) 我总有一天非给他个苦头儿吃不可。
3) 这件事，既要做，总免不了很多的牺牲。
4) 他总认为干这一行的谁也不如他，其实不然。
5) 有钱总比没钱好，哪怕数目不多，也要攒一点钱。
6) 爱总是幸福的，它会给人带来温暖，它会使人热爱人生。

【要点】
A "总"は「いつも，常に，どうしても，どっちみち」などの意味を示す。

〔参考〕名詞の特徴
1. 数量詞を限定語とすることができる。
    一片云，两个人，三尺布，四张桌子。
2. "了"をともなわない。すなわち"名詞＋了"だけでは言葉にならない。
3. 副詞"不，很，也，刚"などを限定語とすることができない。
4. 人を表わす名詞に"们"を加えて複数を示す。ただし，"孩子都睡了""人到齐了"のように，"们"がなくとも複数を示し得る点に注意。
    なお，名詞のうち注目すべきことは集合名詞と方位名詞である。
    A. **集合名詞** "书籍，灯火，人民，群众，人口，马匹，枪支，纸张，夫妻"などがあり，"马匹，纸张，车辆"などは数量詞の限定語をともなうことがない。また"两个儿女，五十个师生，两个夫妻"などとは言わず，"一儿一女，师生五十人，一对夫妻"のようにいう。
    B. **方位名詞** "上，下，里，外，中，前，后，左，右，东，南，西，北"などの単音節と，"上边，下面，里头"のように〈単音節方位名詞＋边，面，头など〉の二音節の二種類がある。

練習

1. 私はなんども行ったが，彼はいつも留守だった。
2. 彼は持病の神経痛がまた起きたそうだ。私はぜひとも見舞いに行かばならない。
3. 彼のああした眼中人なしのやりかたでは，どうしたって失敗する。
4. 彼女はいつも買いたいものを買い，従来おかねのことを考えない。
5. 私はあそこで三十分も待ったが，彼はとうとう来なかった。
6. 私たちはどうしても国のために尽くすべきで，自分のことばかり考えてはいけない。
7. 彼はいつも私のあらをさがすが，なにが彼の機嫌をそこねたのかわからない。

【単語】持病が起きる fàn lǎobìng　眼中人なし mùzhōng-wúrén
おかねのことを… méi kǎolǜguo qiánde wèntí　三十分も待った děngle zǒng yǒu sānshífēn zhōng
とうとう dàodǐ　国のために尽くす wèi guójiā xiàoláo　自分のことばかり考える guāng wèi zìjǐ dǎsuàn
私のあらをさがす zhǎo wǒ de cuòr　なにが…shénme dìfang dézuì le tā

【練習】解答

1. A：我去了好几趟，可他总是没在家。
   B：我去了好几次，可他都不在。
   C：我去了好几次，他总是不在家。
2. A：听说他的神经疼的老病又犯了，我总得去探望他一次。
   B：他神经痛的老毛病又犯了，我无论如何也要去看看他。
   C：听说他又犯了神经疼的陈病，我总得去看看他。
3. A：他那种目中无人的做法，一定〔必定〕会失败的。
   B：他那种目中无人的做法，怎么做都将失败。
   C：他那种目中无人的做法，总归会失败的。
4. A：她总是想买什么就买什么，从来不考虑金钱的问题。
   B：她一直是想买就买，从来都不顾及钱的多少。
   C：她总是想买什么就买什么，从来也没考虑过钱的问题。
5. A：我在那儿等了竟有三十分钟，他到底还是没来。
   B：我在那里都等了三十分钟，可是他结果没来。
   C：我们在那儿等了总有三十分钟，他终于是没来。
6. A：我们总应该为国家效劳，不要光〔净〕为自己打算。
   B：我们都应该为了祖国而尽力而为，而不能只是考虑自己的事情。
   C：我们一定要为国家效劳，不能总为自己打算。
7. A：他总是找我的错儿，不明白我为什么〔哪儿〕得罪了他。
   B：他总挑我的毛病，不知道什么得罪了他。
   C：他老是找我的毛病，真不知道什么地方得罪了他。

中国語作文 77　喜んで……

肯～

1）彼はこの任務を引受けようとしない。
2）彼が承知するかどうか，私も断言できません。
3）あの人はなにをするにも慎重で，簡単には私の頼みを承知してくれない。
4）私は再三彼らに頼んだが，いまになっても誰も顔を見せようとしない。これはいったいどうしたことだ。
5）今回は見のがしてください。もういたしませんから。
6）このまえ，ちょっとした事でぼろくそに言われたので，もう二度と彼の所へ行く勇気がない。

◎ 153

1）他不肯接受这个任务。
2）他肯不肯，我也不敢说。
3）他那个人做什么事都很慎重，总不肯轻易答应我的要求。
4）我三番五次地嘱咐过他们，可是到如今谁都不肯出头露面。这究竟是怎么回事！
5）饶了我这一回吧！下次我可不敢了。
6）上次，仅仅为了一点小事，就挨了他一顿臭骂，我再也不敢到他那儿去了。

【要点】
A "肯"は「喜んで……する，進んで……する，承知する」ことであり，"敢"は「……する勇気がある，思いきって……する，こわがらずに……する」ことである。

〔参考〕動詞の特徴
1. 副詞の修飾をうける。　　剛知道，马上走，不相信，也懂，就走
   ただし，程度副詞の修飾をうけるものは，少数の心理活動を示す動詞以外はほとんどない。
   　　很同意，挺愿意，最爱
2. 動詞の多くは重複させることができる。
   A. 単音節の動詞は"看看，想想"のように「AA式」になり，「ちょっと，ためしに」という意味になる。
   B. 二音節の動詞は"休息休息，研究研究"のように「ABAB式」になり，意味は前者と同じ。
3. 他動詞は"看报，切苹果"のように目的語をともなうが，常に目的語を必要とするとは限らない。
   　　我看（　）了。　　你快切（　）。
   なお，若干の自動詞は目的語をともなう。　　我姓王。
4. 動詞は"着，了，过"などのアスペクト助詞と結合して,動作または状態の持続,完了などを表わすが,"是，像，爱，害怕，包括，含有，具有，属于，需要"のように動作や変化を示さない動詞はアスペクト助詞と結合しない。

練習

1. 天気がこう寒くなったのに，彼はどうしてもオーバーを着ようとしない。
2. 君自身に関することをすこし私に話してくれませんか。
3. かねを持っている人ほどかねを出ししぶる。
4. 私は銀座のあたりに店を出そうと思うが，資本を出してくれませんか？
5. 彼は頼めばなんでもかなえてくれる人だから，彼に相談に行けば，きっと助けてくれるでしょう。
6. 君は彼に言うのをこわがっているのか，それとも彼に言う気がないのか？
7. 私が女の子なので，両親はどうしても私が働きながら勉強するのを許してくれません。

【単語】話してくれませんか kěnbukěn gàosu wǒ　出ししぶる bù kěn chū qián　あたり nàr, fùjìn
資本を出す chū yībǐ zījīn　頼めばなんでも…yǒu qiú bì yìng de rén　助けてくれる kěn bāng nǐ de máng
働きながら学ぶ bàngōng bàndú　許してくれない bù kěn yǔnxǔ wǒ

【練習】解答　　　　　　　　　　　　　　　　　　　　　　　154

1. A：天气这么冷了，但是他怎么也不肯穿上大衣。
   B：天气变得这么冷，可是他就是不肯穿大衣。
   C：天气这么冷了，可他怎么也不肯穿大衣。
2. A：(有关)你自己的事你能不能告诉我一点儿？
   B：你关于自己的情况，能不能跟我说说。
   C：你肯不肯告诉我一些你自己的事。
3. A：人越有钱越舍不得〔不痛痛快快地付钱〕。
   B：越是有钱的人，越是付款不爽快。
   C：越是有钱的人越不肯出钱。
4. A：我打算在银座那儿开一家店，你肯不肯给我出一笔资金？
   B：我想在银座开店，你能来投资吗？
   C：我想在银座那儿开个店，你能不能出一笔资金？
5. A：他是个有求必应的人，跟他商量，他一定会帮你。
   B：只要向他开口，他都会答应你，所以跟他商量的话，他一定肯帮你。
   C：他是个有求必应的人，跟他商量商量，一定肯帮你的忙。
6. A：你是不敢跟他说，还是不肯告诉他？
   B：你是害怕跟他说，还是不想跟他说。
   C：你是不敢跟他说还是不想跟他说？
7. A：我是个女孩儿，父母怎么也不肯允许我边工作，边读书。
   B：我因为是女孩儿，所以父母怎么也不让我勤工俭学。
   C：因我是女孩子，父母怎么也不肯允许我半工半读。

中国語作文 78

むだに
白

1）ただでくれても，私はいらない。
2）それでは時間をむだにするだけである。
3）彼は一生をむだに過ごしたと言える。
4）彼の過失はこのまますますわけにはいかない。
5）君はまったく年がいもない。よしあしの見わけさえもつかないとは。
6）たべるのと住むのがただで，しかも給料もかなりとっているから，待遇はまあ悪くはない。

155

1）就是白给，我也不要。
2）那样，只是白费时间而已。
3）他算是白白地活了一辈子。
4）他的过失不能这样白白（地）放过去。
5）你简直白活了那么大了，连好歹都辨不出来。
6）白吃白住，而且薪水拿的也不少，待遇总算不错了。

【説明】

A "白"は「白い」という形容詞であるが，本課のように「むだに，むなしく，ただで」という意味の副詞としても用いる。

〔参考〕形容詞の特徴
1. 副詞の修飾をうける。　　不高，也好，还容易，很干净，最好
2. 形容詞を重複させて用いる場合。
   A. 単音節の形容詞は"小小，远远"のように「AA式」である。
   B. 二音節の形容詞は"干干净净，老老实实"のように「AABB式」である。
   以上，AとBの場合は，その文中における位置によって，次のような意味を示す。
   ※動詞を修飾するときは強調の意味をもつ。　　快快地走，仔仔细细地看了一遍
   ※名詞を修飾するときは強調の意味をもたないばかりか，かえって弱い軽い程度を示し，往々にして親しみや愛らしさを示す。　　圆圆的脸，大大的眼睛
   C. 二音節の形容詞を"古里古怪，糊里糊涂"のように「A里AB式」にかさねた場合には，けいべつや嫌悪の意味を示す。
   （注）"真，假，错，横，坚，正确，伟大，严肃，温柔"などの形容詞は重複しない。

練習

1. あいにく彼が不在だったので，またむだ足をふんだ。
2. 決してむだ骨を折らせないから，安心してください。
3. あの男はあたら命を捨てた。ほんとうに気の毒だ。
4. 彼は中国語を習ったかいがない。こんな字さえも読めないのだから。
5. 君は男に生まれたかいがない。これぐらいの勇気ももちあわせないのだから。
6. いまさら，そんなことを言ってもむだだ。
7. いまになって，私の苦心のむだだったことを知った。

【単語】むだ足をふんだ bái pǎole yītàng　むだ骨をおる bái fèi lìqi
あたら命を捨てる bái sòngle yī tiáo mìng　男に生まれたかいがない bái shì gè nánrén　勇気 yǒngqì
いまさら shì dào rújīn　むだ báifèi　苦心 xīnxuè

【練習】解答　　　　　　　　　　　　　　　　　　　　　156

1. A：偏巧他没在，又白跑了一趟。
   B：不巧他正好不在，又白跑了一趟。
   C：真不巧他不在，又白跑了一趟。
2. A：我决不会让你白受累的，请放心吧。
   B：决不会让你白辛苦的，请放心吧。
   C：决不让你白费力气，你就放心吧。
3. A：那个男人白送了一条命，真可惜。
   B：可惜，那个男的把命都丢了，真的好可怜。
   C：他白送了一条命，真可怜。
4. A：他白学了一阵中文，连这样的字也不会念。
   B：他学中文毫无意义，因为连这样的字都不会读。
   C：他白学了一场中文，连这么简单的字都不会念。
5. A：你白当男人〔白白生而为男〕了，连这点勇气也没有。
   B：你生为男子却不像个男子汉，连这点勇气也没有。
   C：你白是个男人，连这么点儿勇气都没有。
6. A：到这时候了，说这种话也徒劳。
   B：事到如今，即使再说那样的话，也是白费。
   C：事到如今，说这种话也是白费。
7. A：到了现在我才认识到白费心血了。
   B：到了现在我才知道自己的苦心白费了。
   C：到了现在我才知道我的心血都白费了。

中国語作文 79 たとえ……でも
尽管～也～

1) なにを言ってもだめだ。
2) たとえ人が笑っても，彼はすこしもへこたれない。
3) 中国語をどれほどうまく話せたって，君は慢心すべきではない。
4) 彼の気を悪くしても，私はきちんとすじを通してやる。
5) それでいて，彼はてんでタバコをやめようとしない。
6) 君がなんと言っても，私はやはり私の計画に従ってやります。

157

1) 尽管说什么，也没有用。
2) 尽管旁人怎么嘲笑，他丝毫也不气馁。
3) 尽管你中文说得怎么好，你也不应该骄傲。
4) 尽管得罪他，我也是该怎么做就怎么做。
5) 尽管那样，他还是根本不想忌烟。
6) 尽管你怎么说，我还是要按照我的计划干下去。

【要点】
A "尽管"はjǐnguǎnと発音し，次のようにいくつかの用法がある。
 1. 副詞の場合は「かまわずに，心おきなく」という意味で，"只管"と同じ。
   这儿没有外人，有话，尽管说吧。
   (ここには他人がいないから，話があったら，かまわずに言いなさい)
   尽管吃，饭有的是。(いくらでもたべなさい。ごはんはたくさんあるから)
 2. 接続詞として用いる場合には，次のようにふた通りある。
  a. "也"または"还"と呼応して譲歩を示し，「たとえ…でも」となる。本課はこのaの用法である。
  b. "可是，然而，但是"などと呼応して，「…であるが，しかし…」となる。すなわち"虽然～可是"と同じく，既定の逆接条件を示す。
   尽管革新政党受尽了各色各样的镇压，然而总是不断地更加发展。
   (革新政党はいろいろな弾圧を受けたが，いつも絶えまなくさらに発展した)
B "不管"は「～であろうが」という条件関係を表わす。"不管"の代わりに"不论，无论"が使われることもある。
C "即使，就是"などは，仮定の逆接条件を示す。日本語にすると「たとえ…でも」と"尽管"と同じになるので注意。练5・6は「たとえ話」なので事実を示す"尽管"は使えない。

練習

1. たとえ君は（おかねがあって）買えても，買う必要はない。
2. 君にどれほどの腕があっても，君一人ではやれない。
3. どれほどむずかしくても，私は最後までやります。
4. たとえ多少の障害があっても，私はこの方針をかえない。
5. 君のためなら，たとえ火のなか，水のなかでも，たじろがない。
6. たとえあごがひあがっても，私は彼に頼みに行かない。
7. 時間がさし迫っても，彼はやはり悠然とかまえている。

【単語】買える mǎideqǐ　どれほどの腕 duōme dà běnshì　最後までやる gàndào dǐ　多少の障害 yìxiē zǔ'ài
方針をかえる gǎibiàn fāngzhēn　火のなか水のなか fùtāng-dǎohuǒ　たじろぐ tuìsuō
あごがひあがる chībúshàng fàn　頼む qiú　時間がさし迫っている shíjiān jǐnpò
悠然とかまえている bù huāng bù máng

【練習】解答

1. A：尽管你买得起，也<u>不用</u>〔用不着〕买。
   B：即使你能买，你也没必要买。
   C：即使你买得起，也不必买。
2. A：不管你有多么大的本事，你一个人也做不了。
   B：即使你再有能耐，你一个人也干不了。
   C：无论你有多么大本事，你一个人也干不了。
3. A：不管怎么难，我一定要干到底。
   B：不管有多难，我也要干到最后。
   C：不管多么难，我也要干到底。
4. A：尽管有一些阻碍，我也不改变这个方针。
   B：即使阻碍再多，我也不会改变这个方针。
   C：即使有些阻碍，我也不改变这一方针。
5. A：为了你，就是赴汤蹈火也不退缩。
   B：只要是为了你，即使是赴汤蹈火我也毫不犹豫。
   C：只要是为了你，即使赴汤蹈火我也不退缩。
6. A：就是吃不上饭，我也不肯去求他。
   B：即使是穷得连饭都吃不上，我也决不去恳求他。
   C：即使吃不上饭，我也不去求他。
7. A：尽管时间紧迫，他还是从容不迫的。
   B：即使是迫在眉睫，他仍然是不慌不忙。
   C：尽管时间很紧迫，可他仍然不慌不忙的。

中国語作文 80 ……どころか

甚至于～

1) それこそ相手にもしない。
2) 彼はとても貧乏で，医者に見てもらうおかねさえもない。
3) 彼は最近ますますおかしくなって，自分の立場さえも忘れてしまった。
4) 彼の中国語はとても程度が高く，あんなむずかしい文章だってすらすらと読む。
5) 彼は子供の教育のため，身代を投げ出しても惜しまない。
6) たとえもう五年，十年，二十年，それよりもっと長い間戦争しても，完全に勝つまでは断固として戦う。

1) 甚至于连理都不理。
2) 他穷得要命，甚至连让大夫看的钱都没有。
3) 他近来越来越发疯，甚至连自己的立场都忘了。
4) 他的中文水平很高，甚至连那么难的文章，他都能流利地读下去。
5) 他为了子女教育，甚至于破家荡产都在所不惜。
6) 即使要再战斗五年、十年、二十年、甚至更长时间，也要坚决战斗到完全胜利。

【要点】
A "甚至"または"甚至于"は「…どころか，はなはだしいときは…」ということで，"连～也～"と合せて用いるとさらに強調される。

〔参考〕"揭露，暴露，揭发，揭穿"の使用法
いずれも隠している悪事や悪い思想などを公開することであるが，だいたい次のように区別する。
"揭露"はある目的をもって，他人の隠している秘密や思想などを「あばく」。
　　因而鲁迅用很大的力量，来揭露这种封建文化吃人的本质，号召青年进行韧性的战斗。
"暴露"は意識的にまたは無意識的に隠している事や思想などを「さらけ出す」。
　　他能够彻底暴露自己的思想，这是一个很大的进步。
"揭发"は"揭露"と同じく「あばく」ことであり，"揭穿"は「徹底的にあばきたてる」ことである。ただし，"揭发"と"揭穿"は，その対象とする人，または事柄が，一般に悪人や悪事を指すのに対し，"暴露"の場合は，必ずしも悪人とか悪事に限らない。たとえば
　　暴露目标，揭露事物的本质。

練習

1. 彼はとても倹約して，一銭のおかねさえむだには使わない。
2. 彼はひどいことに公衆の面前で私の旧悪をあばいた。
3. この問題はたいへん簡単で，小学生だって答えられる。
4. この教科書を彼はとてもよく読んだので，それこそ始めから終わりまで暗誦できる。
5. それこそ生死さえも保証できないのに，まだ財産を気にしている。
6. それこそ犬さえたべない物を，人がなんでたべられよう。
7. 彼らはトランプをすると，夜は往々十一時まで，甚だしいときは夜なかの一時までやる。

【単語】倹約 jiéshěng　一銭のおかね yīfēn qián　公衆の面前 gōngzhòng miànqián
旧悪をあばく jiēlù cóngqiánde zuì'è　この問題 zhèdào tí　とてもよく読んだ niànde hěn shú　生死 sǐhuó
保証できない wú fǎ bǎozhèng　気にしている diànjìzhe　なんでたべられよう qǐ néng chī ne
トランプをする wán pūkè　往々 wǎngwǎng　夜なか bànyè

【練習】解答　　　　　　　　　　　　　　　　　　　　　　　　　　160

1. A：他太节省了，甚至连一分钱也不白花。
   B：他非常节约，连一分钱也从不浪费。
   C：他特别节省，连一分钱也不乱花。
2. A：他甚至在公众面前（无情）揭发〔暴露〕了我从前的罪恶。
   B：他毫不留情地在大家的面前揭露了我的旧恶。
   C：他甚至在公众面前揭露我从前的丑事。
3. A：这道题非常简单，甚至于小学生都能回答得出来。
   B：这个问题非常简单，连小学生也能答得上来。
   C：这道题很简单，甚至连小学生都答得上来。
4. A：这本教科书他念得很熟，甚至从头到尾都背得下来。
   B：他把这本书读得滚瓜烂熟，这才能使他能从头背到尾。
   C：这课本他念得很熟，甚至可以从头背到尾。
5. A：甚至连死活都无法保证，还惦记着财产。
   B：甚至连生死都无法保障了，还惦记着财产。
   C：连死活都保不住了，可他还惦记着他的财产。
6. A：甚至于连狗也不吃的东西，人岂能吃呢。
   B：甚至于连狗都不吃的东西，为什么人却能吃。
   C：连狗都不吃的东西，人岂能吃呢。
7. A：他们一玩儿扑克就往往玩儿到夜里十一点钟，有时甚至玩儿到半夜一点钟。
   B：他们一打起牌来，往往要打到夜里十一点，兴致高的时候甚至要打到半夜一点。
   C：他们一打起扑克，常常玩儿到十一点，甚至到半夜一点。

中国語作文 81 よくもまあ……
竟～

1) 彼はよくもまあ人をいじめる。
2) 彼がかってに公金に手をつけたとは大胆なものだ。
3) 彼はよくもあのような，人に言えないことをしでかしたものだ。
4) 彼はあつかましくも，一銭ももたないで喫茶店に入った。
5) それは明らかに彼がやったのに，彼はなんと知らないとうそぶいている。
6) あの人は毎日ぶらぶらと，なにもしないで，たべることと，着ることばかり考えている。

○ 161

1) 他竟敢欺负人。
2) 他竟敢擅自动用公款，胆子真不小。
3) 他竟敢能干出那种不可告人的事来。
4) 他竟厚着脸皮，一文没有就进了咖啡馆。
5) 那件事明明是他搞的，他竟若无其事地说不知道。
6) 那个人天天游手好闲，什么也不做，竟想吃穿。

【要点】
A "竟"は意外にも「とうとう」，そうであるべきではないのに「なんとまあ，よくもまあ，ついに」という場合と，「ただ…するばかり，もっぱら…だけ」という場合があり，前者の場合は"竟然"ともいう。後者は"净"に同じ。

〔参考〕副詞の特徴
1. 単独では用いられない。ただし"不，也许，未必"などは例外として用いられる。
2. 動詞，形容詞を修飾する。ただし"很，挺，太，更，最，极，越，十分，非常"など程度を表わす副詞は動詞を修飾することができない。——"想，爱，欢喜，盼望"などの心理活動を表わす動詞を除く。
3. 副詞を用いて接続詞の役目をさせることがある。　又高又大，越唱越高兴，一看就明白
(注) 副詞は意味の上から，程度，範囲（都，也，只，单，仅仅，光，一共），時間（正，刚，才，就，还，先，又，再，常，渐渐，已经，曾经，然后，仍然，终于），否定（不，没〔有〕，莫，未，未曾，别〔走〕），語気（偏，简直，倒，索性，未免，究竟）などあるが，この区別は絶対的なものでない。
　　你先走一步，我就来。　　　　（時間副詞）
　　别的他没告诉我，我就知道这一些。（範囲副詞）
　　他想叫我答应，我就不答应。　　（語気副詞）

練習

1. 私はなんべんも彼に頼んだが，彼はなんととりあわなかった。
2. この風景画はまったくすばらしいのに，しかし，なんとほめる人がいない。
3. この広い世のなかに，なんとまあ私を理解できる人が一人もいない。
4. 彼が国の重要な機密を敵にもらすとは，まったくくたばりぞこないだ。
5. 社会的地位にある人が，あんなことが言えたものだ。まったく思いもよらなかった。
6. 彼は一日中どこへも行かず，もっぱら家で卒論を書いている。
7. 彼は人に迷惑ばかりかける。まったく困ったものだ。

【単語】とりあわなかった méi dāli　風景画 fēngjǐnghuà　理解できる néng lǐjiě　機密 jīmì　敵にもらす xièlòugěi dírén　くたばりぞこない gāi sǐ de dōngxi　社会的地位にある人 yīge zài shèhuìshàng yǒu dìwèi de rén　卒論を書く zhuànxiě bìyè-lùnwén　人に迷惑をかける gěi rénjia tiān máfan　困る méi bànfǎ

【練習】解答

1. A：我托了他好几次，他竟没理睬我。
   B：我拜托他好几次了，他竟然理都不理我。
   C：我求了他好几次，他竟没搭理我。
2. A：这张风景画真绝了，竟没有人赞美。
   B：这张风景画画得很好，可是谁也不给予表扬。
   C：这幅风景画很不错，可竟没有人赞赏。
3. A：这么大的世界上，竟没有一个人可以理解我。
   B：在这个大千世界上，竟然没有一个能理解我的人。
   C：这么大的世界里，竟没有一个人能了解我。
4. A：他竟把国家重要机密泄露给了敌人，真是个该死的东西。
   B：他竟敢把国家的机密向敌国泄露，真是个该死的家伙。
   C：他把国家重要机密泄露给敌人，真是个该死的东西。
5. A：一个在社会上有地位的人竟能说那样的话，实在没想到。
   B：一个有社会地位的人，竟能说出那样的话，真是连想都没想到。
   C：我完全没想到一个在社会上有地位的人竟能说出那样的话来。
6. A：他一整天哪都不去，净在家里撰写着毕业论文。
   B：他一整天什么地方也不去，只是在家专心致志地写论文。
   C：他整天哪儿也不去，净在家撰写毕业论文。
7. A：他净给人家添麻烦，真是没办法〔叫 / 让人为难〕。
   B：他总是给人添麻烦，真是个讨厌的家伙。
   C：他净给人家添麻烦，真拿他没办法。

中国語作文 82　……のうえ……も

既～又～

1) 彼はおかねがあるうえ学問もある。
2) 彼は悪人でもないし，馬鹿な人でもない。
3) ひとつの外国語を学ぶ場合，必ず聞いたり読んだりでき，また話したり書けるようになるまでやらねばならない。
4) 面白くもないうえ，たいして役に立つとも思わなかった。
5) この子は物をたべたがらないうえに，遊びたがりもしない。どこか悪いのかしら？
6) 私が入隊して負傷するまで一週間とたっていないので，階級もなければ，戦功なんてなおさらお話にならない。

163

1) 他既有钱，又有学问。
2) 他既不是一个坏人，又不是一个傻子。
3) 学习一种外国语，一定要学到既能听、能念，又能说、能写。
4) 既没有什么意思，也不认为有多大用处。
5) 这个孩子既不想吃东西，也不爱玩儿，是不是哪儿不舒服？
6) 我从入伍到受伤，还不到一个星期，既没有官阶，更谈不上战功。

【説明】
A "既"が"就"と呼応した場合は「…したからには，…である以上は」ということだが,本課のように"又,也,且"などと呼応したときは「…であり，そのうえ」となり，例6のように"更"と呼応して，「…である以上さらに…」となる。"既～又"は"又～又"としてもよい。

〔参考〕介詞（前置詞）の特徴
1. "从今天(起)""把衣服(洗干净)"のように，必ず客語をともない，"从今天""把衣服"などの構造を「介詞構造」という。
2. 介詞構造は一般に独立できず，動詞のまえに位置して，その動詞を修飾する。1のカッコのなかが動詞である。
3. 介詞をかさねたり，"了，着，过"などを添えることができない。"被，把，于，对于，关于"などは純粋の介詞であるから，動詞との区別も明瞭である。しかし，次のように文中の位置によっては動詞として使用されるものがある。各組の下が動詞の場合。

　　叫他打破了。　　在哪儿住？　　给他打电话。　　四川人管白薯叫红苕。
　　叫了一声。　　　不在家。　　　给我一本。　　　你别管。

練習

1. 君は英語もできるうえに，フランス語もできるというもっぱらの評判だ。
2. 英雄ブランドの自動車は安いうえに使いよい。
3. 彼は体が丈夫なうえ，頭もよいが，ただ顔がみっともない。
4. 彼は才能がないうえ，経験も乏しいから，この仕事はまかせられない。
5. あの店は品物が悪いうえ，それに値段がべらぼうに高い。
6. 彼は医者もやれば，それに小説も書くし，たいしたものだ。
7. 現在私は家庭の束縛がないうえ，社会の邪魔もない。

【単語】もっぱらの評判 dàjiā dōu kuā　英雄ブランド yīngxióngpái　使いよい hǎo shǐyòng　顔がみっともない zhǎngde tài chǒu　彼にまかせる jiāogěi tā bàn　べらぼうに高い guìde yàomìng　医者もやれば jì dāng dàifu　たいしたものだ zhēn xíng　家庭の束縛 jiātíngde shùfù　邪魔 zǔnáo

【練習】解答　164

1. A：大家都夸你既会说英语，又会说法语。
   B：你不仅能说英语，还能说法语，得到了很高的评价。
   C：大家都说你不光会英文还会法文。
2. A：英雄牌汽车又便宜，又好开〔用〕。
   B：英雄牌的汽车不仅便宜，而且很好使用。
   C：英雄牌汽车既便宜又好使。
3. A：他既身体健康，又聪明，只是长得太丑。
   B：他不仅身体强壮，脑子也好，只是长相有点丑。
   C：他身体结实脑筋又好，只是长得很丑。
4. A：他既没才能，又缺少经验，这个工作不能交给他做。
   B：他不仅没有才能，经验也少，这个工作不能委托他做。
   C：他不光没本事还缺乏经验，这件事不能交给他办。
5. A：那家商店东西既差，价钱又贵得要命。
   B：那家店的商品不仅质量不好，而且价格贵得不合理。
   C：那家店不但东西质量不好，而且贵得要命。
6. A：他既能当大夫，也能写小说，真行。
   B：他不仅是个医生，而且还写小说，真是一个了不起的人。
   C：他既当大夫又写小说，真行。
7. A：现在我既没有家庭的束缚，又没有社会的阻挠。
   B：现在我既没有家庭的束缚，又没有外界的打扰。
   C：我现在既没有家庭的束缚又没有社会的阻挠。

中国語作文 83 ……らしい
似乎～

1) 彼の言うことはもっともらしい。
2) 彼はここには未練があるらしく，出発するけはいがすこしもない。
3) 彼はじっとうなだれて，昔のできごとを思い出しているようだ。
4) わからずやの彼も若い人たちの熱心さには負けたらしい。
5) この問題に対する意見がもう出つくしたらしいから，午後から採決する予定です。
6) 物価の安定をたもつということで，政府は最後の断を下す勇気があるようだ。

165

1) 他说的似乎很有道理。
2) 他似乎对这里很留恋，丝毫没有动身的样子。
3) 他默默地低下头来，似乎在回忆着他过去的往事。
4) 他虽然是个老顽固，但是对年青人们的热情似乎也折服了。
5) 对这个问题的意见似乎已经提尽了，预定在下午进行表决。
6) 在保持物价稳定这个问题上，政府似乎很有勇气来做最后的决定。

【要点】
A "似乎"は「…のようだ，…らしい」ということで，"像是""好像"と同じ。

〔参考〕"顽强，顽固，固执"の使用法
いずれも「強くて屈しない」という意味の形容詞であるが，次のように区別して使用する。
"顽强"は「困難をおそれず屈しない」というよい意味にも「あくまでも強硬だ」という悪い意味にも用いられる。
　　我们都要顽强地活下去。(我々はたくましく生きていかねばならない)
　　我们才打垮了最顽强的敌人。(我々はやっといちばん頑強な敵をやっつけた)
"顽固"は「がんめいで，ものの道理にくらい」という悪口で，保守的なものに用いる。
　　他是个非常顽固守旧的人。(彼はとてもがんこで保守的な男だ)
"固执"は「自分の意見に固執する」ことで，これも悪口に用いる。なお"固执"は"他很固执"「彼は強情だ」という形容詞のほかに，"他不固执偏见"「彼は偏見に固執しない」というように動詞としても用いられる。

練習

1. 夢のようだが，しかしまた夢でもない。
2. 彼は目をとじて，このストーリーのすじを臆測しているらしい。
3. 君はこの問題に対して，べつに興味をもっていないように見うける。
4. この仕事はうわべはひまのようだが，実際はとても忙しい。
5. その晩，彼はとても喜んでいたらしく，私と夜の十二時すぎまで話をした。
6. 彼はそのことをもはや忘れたらしく，会ったとき，私に学業の問題しか話さなかった。
7. 十分もたたないうちに，彼は疲れはてたようで，手足もだんだん乱れてきた。

【単語】目をとじる héshàng yǎnjing　ストーリーのすじ gùshilǐde qíngjié　臆測する chuǎimó
興味をもつ gǎn xìngqu　見うける kànqǐlai　うわべ biǎomiànshang　とても忙しい fánmángde hěn
もはや忘れた zǎojiù yíwàng le　私に…しか話さなかった xiàng wǒ zhǐ tánjí ~
疲れはてた jīngpí-lìjié　乱れる luàntào

【練習】解答

1. A：似乎是个梦，但又不是梦。
   B：好像是梦，可又不是梦。
   C：像是做梦，但其实不是梦。
2. A：他合上眼睛，似乎在揣摩着这个故事里的情节。
   B：他闭上眼，好像在推测这个故事的情节。
   C：他闭上眼睛，好像在揣摩这故事的情节。
3. A：我看你似乎〔好像〕对这个问题并不感什么兴趣。
   B：你对于这个问题，看来并不太感兴趣。
   C：我看你对这个问题似乎不太感兴趣。
4. A：看起来这个工作表面上似乎很闲，实际上繁忙得很。
   B：这个工作表面上看来好像很清闲，实际上很忙。
   C：这工作表面上看起来似乎很清闲，其实繁忙得很。
5. A：那天晚上他似乎非常高兴，跟我谈话谈到了晚上十二点多。
   B：那晚，他好像很高兴，和我一直说话说到十二点多。
   C：看样子那天晚上他很高兴，和我一直聊到半夜十二点。
6. A：他似乎早就遗忘了那件事，见面时向我只谈及〔到〕了学业的事。
   B：他好像把那个事给忘了，相见时，他只跟我说了些学业上的话题。
   C：他似乎很快就忘了那件事，见面时只向我谈起学业的问题。
7. A：还不到十分钟，他似乎就精疲力竭了，手脚也渐渐乱套了。
   B：还不到十分钟，他好像已经累了，手脚也渐渐不听使唤了。
   C：还没过十分钟，他似乎精疲力尽了，手脚变得不利索了。

中国語作文 84

……ではなく……

不是〜而是〜

1) 恐れているのではなく，憎んでいるのだ。
2) 人間に問題があるのではなく，やったことに問題があるのだ。
3) この歌が悪いのでなく，この歌手の声がまるきりなっていないのだ。
4) いま我々が討論しようとするのは原則的なことではなく，技術上の問題である。
5) 愛情は世俗的な官能的な享楽ではなくて，精神的な魂の結合である。
6) すべての愛，憎しみ，欲，恨みはみな理智の核心ではなく，感情の現象である。

167

1) 不是怕而是恨。
2) 问题不在于人，而是在于所做的事。
3) 不是这首歌儿不好，而是这个歌唱家的嗓子糟极了。
4) 现在我们要讨论的不是原则上的问题，而是技术上的问题。
5) 爱情不是一种世俗的、官感的享受，而是精神的、灵魂的结合。
6) 一切的爱、憎、欲、恨，都不是理智的核心，而是情感的现象。

【説明】
A "而"の用途はきわめて広い。次にその代表的なものを示す。
①並列の形容詞をむすぶ。
　高而大。干净而整齐。勇敢而机智。
②意味の反対になる連語や分句などをむすぶ。
　心有余而力不足。视而不见。
本課の"不是〜而是"の場合もこれに相当する。なお，"不〜而"とも言う。
　不依靠主观的夸张，而依靠客观的实践。
③ある事がらの原因，目的などを示す。この場合は"因为，由于，为，为了"などと呼応することが多い。
　决不应当由于革命的胜利和在建设上有了一些成绩而自高自大。
④状況語と中心語とをむすぶ。
　不劳而获。顺流而下。源源而来。
⑤前文をうけつぎ，"而"の前後の文が比較，対照などの意味をもつ。
　所有那里的八路军新四军无不遭受国民党军队的袭击，而八路军新四军则只是自卫。

練習

1. これは規則ではなく，しきたりです。
2. わざとあらさがしをするのではなく，言わないではおられないのです。
3. 彼は数学を勉強しているのではなく，化学を研究しているのです。
4. 彼がいま読んでいるのは英語の本ではなく，ドイツ語の本です。
5. 彼はやれないのではなく，やることを承知しないのです。
6. なにも私が好んでそうしたのではなく，やむにやまれなかったのです。
7. これはあなたたち男の人のことではなく，私たち女の人のことですから，私はあなたよりもよく知っています。

【単語】規則 guīzé　しきたり guànlì　わざとあらさがす chuīmáo-qiúcī　化学 huàxué
英語の本 Yīngwénshū　好んでそうする yuànyì nàyàng zuò　やむにやまれぬ chūyú wúnài
男の人のこと nánren de shì

【練習】解答

1. AC：这不是规则，而是惯例。
   B：这不是规则，而是成规。
2. A：不是鸡蛋里面挑骨头〔找错儿〕，而是不能不说。
   B：不是存心挑毛病，而是不说不行。
   C：这不是吹毛求疵，而是不说不行。
3. A：他不是学习数学的，而是研究化学的。
   BC：他不是在学数学，而是在研究化学。
4. A：他现在看的书不是英文书，而是德文书。
   B：他现在在看的不是英语书，而是在看德语书。
   C：他现在看的不是英文书而是德文书。
5. A：他不是不能做，而是不肯做。
   B：他不是不能干，而是不知道该做什么事。
   C：不是他干不了而是他不肯干。
6. A：我并不是情愿〔喜欢〕那样做，而是出于无奈才那样做。
   B：并不是我愿意这么做，而是万不得已才这么做的。
   C：并不是我愿意那样做，那是出于无奈。
7. A：这不是你们男人的事，而是我们女人的事，我比你知道得更多。
   B：这些不是你们男人的事，而是我们女人自己的事，我比你了解得多。
   C：这不是你们男人的事，而是我们女人的，我比你清楚得多。

中国語作文 85 よく…… 爱～

1) 見ようと見まいと君のかってだ。
2) 彼は出しゃばりだ。言わしておけ。
3) 行こうと行くまいと彼のことだ。君はなにも心配することはないよ。
4) 彼はなんでも世話をやきたがるから、みんなに嫌われるのもむりはない。
5) 彼はむっつりとしているが、気だてはやさしい人だ。
6) あの子はラジオをいじるのがすきだから、将来工科を受けさせよう。

◎169

1) 爱看不看，随你的便。
2) 他是个爱出风头的人，让他白乎去吧！
3) 爱去不去，那是他的事。你何必担心呢。
4) 他什么闲事都爱管，怪不得人家都讨厌他。
5) 他虽然绷着脸不爱说话，性情却是个很温柔的人。
6) 那个孩子好鼓捣收音机，将来让他考工科吧。

【要点】

A 「…するのがすきだ」という場合、"爱，好，喜欢"などを用いるが、"爱"は「すきだ」といっても、"好"ほどの強い意味をもたない。"好"は癖がついていて、そうしなくてはいられない、それにこっているという場合に用いる。

　　好逸恶劳 hào yì wù láo（安楽をむさぼって労働をいやがる）
　　好吃好喝 hào chī hào hē（食い道楽で飲んべえ）

以上の場合には"爱"を用いない。それゆえ、相手に向かって"你爱喝酒"と言っても、"你好喝酒"と言わないほうがよい。後者だと「アル中」に対して言うような嫌な感じを与えるからである。ただし、"爱好和平""爱好哲学"のように"爱"と"好"を併用することがある。この場合、どのような名詞と結びつくかに注意して使用すべきである。

"喜欢"は「…をよろこぶ」といった意味から、一般に広く用いられる。

B "爱"と"好"を「よく…する」という意味に用いることがある。たとえば

　　这种料子爱坏，就是再便宜我也不要。（この手の織物は破れやすいから、もっと安くてもいりません）
　　他常好躺在床上看小说。（彼はしょっちゅうベッドに横になって小説を読んでいる）

練習

1. 君の好物はなんですか？　私の好物はステーキです。
2. 彼はこの数日どうも気が落ちつかず，あまり読書をこのまない。
3. どうしようと私のかってだ。だれも私のことに干渉できない。
4. 彼はタバコも嫌いだし，それに酒もすきではない。
5. 酒のすきな人は脳溢血にかかりやすいそうだから，十分用心しなさい。
6. この子は水泳がすきなので，今年は海へ避暑に行くつもりです。
7. 最近私は景気があまりよくないので，すきなゴルフもできなくなった。

【単語】好物 àichī de dōngxi　ステーキ niúpái　どうも yǒuxiē　気が落ちつかない xīnshén bú dìng　私のことに…guǎnbuzháo wǒde shì　かかりやすい róngyì de　水泳がすき xǐhuan yóuyǒng　景気があまりよくない jīngjì qíngkuàng bú tài hǎo　ゴルフをする dǎ gāo'ěrfūqiú　できなくなった dǎbuqǐ le

【練習】解答

1. A：你爱吃的东西是什么？我爱吃的是牛排。
   B：你爱吃的东西是什么？我喜爱吃牛排。
   C：什么是你爱吃的东西？我爱吃牛排。
2. A：他这几天有些心神不定，不怎么爱看书。
   B：总觉得他这几天心神不定，不太愿意读书。
   C：他这几天有些心神不定，不太爱看书。
3. A：爱做什么随我的便，谁都管不着我的事。
   B：想干什么由我自己来决定，谁也干涉不了我的事。
   C：怎么办随我的便，谁也管不着我的事。
4. A：他不爱抽烟，也不爱喝酒。
   B：他不仅不喜欢抽烟，连酒也不喜欢喝。
   C：他既讨厌抽烟，又不爱喝酒。
5. A：听说爱喝酒的人容易得脑溢血，多留点神〔多留神点〕吧。
   B：据说爱喝酒的人容易得脑溢血，请千万小心。
   C：听说爱喝酒的人容易得脑溢血，你可要多注意啊。
6. A：这孩子爱游泳，今年我们打算到海边去避暑。
   B：这个孩子很喜欢游泳，准备今年去海边避暑。
   C：这孩子喜欢游泳，今年我们打算去海边避暑。
7. A：最近我经济情况不太好，我连爱打的高尔夫球也打不起了。
   B：最近我手头有些紧张，连喜欢的高尔夫也没钱去打。
   C：最近我的经济状况不大好，连我喜欢的高尔夫球也打不成了。

中国語作文 86

かえって……
反而～

1) 雪がやまないばかりか，かえってひどくなった。
2) 薬を飲んだところ，かえって病気が悪くなった。
3) 私は彼に腹を立てないばかりか，かえって感心した。
4) 私はほめられないばかりか，かえって叱られた。
5) 彼は自分の非を認めないばかりか，責任をほかの人におしつけた。
6) 彼はここでやめないばかりか，ますます無法にやり出した。

171

1) 雪不但不停，反而越下越大了。
2) 药吃了，病势反而恶化了。
3) 我不但不生他的气，反而佩服他了。
4) 我不但没有被夸奖，反而挨了一顿骂。
5) 他不但不认他的错儿，反而把责任推到别人的身上。
6) 他不但不就此罢手，反而越发无法无天地干起来了。

【要点】
A "反而"は「反対に，かえって，ところで」ということで，単独で，または"不但"と呼応して用いられる。

〔参考〕"夸奖"と"夸耀"の使用法
いずれも長所を人に知らせる言葉だが，"夸奖"は他人をほめる場合で――他人が自分をほめる場合も含む――これによって相手を激励する気持をもっている。
これに対して"夸耀"は他人に向かって自分の長所とか優越性を「ひけらかす」ことで，一般にけなして言うときに用いる。

　　这回因为我有功，主人夸奖我了。（今回私にてがらがあったので，主人が私をほめた）
　　讲到待遇、享受和其他个人生活问题，他总企图要超过别人，和待遇最高的人比较，孜孜以求之，并且以此夸耀于人。
　　（待遇，楽しみ，その他の個人生活のことになると，彼はいつも他人を追いこそうとたくらみ，待遇の最高の人と比べて，あくせくとしてこれを求め，しかもそれによって人に誇るのである）

練習

1. 秋になって，かえって暑くなった。
2. 物価がさがらないばかりか，かえって上がった。
3. 彼はわびないばかりか，食ってかかった。
4. 彼はかねを返さないばかりか，かえって私にかねをくれという。
5. 彼は君に感謝しないばかりか，かえって君に文句をつけている。
6. 国際間の紛糾がへらないばかりか，かえってますます増加した。
7. 彼はまじめに勉強しないばかりか，かえって人の勉強の邪魔をする。

【単語】さがる xiàjiàng　上がった shàngzhǎng le　わびる péizuì　食ってかかる dà fā láodao　私にかねをくれという gēn wǒ yào qián　感謝する gǎnjī　文句をつける mányuàn　国際間 guójijiān　紛糾 jiūfēn　まじめに rènzhēnde　邪魔する fáng'ài

【練習】解答

1. A：到了秋天，反而越来越热了。
   B：秋季都到了，反而热起来了。
   C：秋天了，反而天热了。
2. A：物价不但没下降，反而上涨了。
   B：物价不但不降，反而上涨了。
   C：物价不但不下落，反而上涨了。
3. A：他不但不赔罪，反而大发唠叨〔顶撞〕。
   B：他不但不道歉，反而顶起嘴来了。
   C：他不单不赔罪，反而大发雷霆。
4. A：他不但不还钱，反而跟我要钱。
   B：他不但不还钱，反而开口问我要钱。
   C：他不但不还钱，反倒跟我要钱。
5. A：他不但不感激你，反而埋怨你。
   B：他不但不感谢你，反而责难你。
   C：他不光不感谢你，反而埋怨你。
6. A：国际间的纠纷不但没减少，反而越来越增加了。
   B：国际之间的纠纷不但没减少，反而越来越多了。
   C：国际间的纠纷不但不减，反而越来越增加。
7. A：他不但不认真地学习，反而打扰别人的学习。
   B：他不但自己不认真学习，反而去给他人的学习添麻烦。
   C：他不但自己不认真学习，反而妨碍别人学习。

中国語作文 87 ……のなかでは
在～中

1）私の頭のなかでは依然として彼のことを思っている。
2）時代は変わった。道徳の観点でも大きなちがいがある。
3）国連総会に出席したわが国の代表は，昨日全体会議において演説をおこなった。
4）この動乱の時局中にあっては，多くの人は自己保身の態度をとっている。
5）時代はたしかに進歩した。農村も機械化のもとにずいぶん変わった。
6）このような一刻の猶予もできない情勢下では，私は平素の作法にかまっていられなかった。

1）在我的脑海中依然想念着他。
2）时代是变迁了，在道德观点上也有很大的差异。
3）出席联合国大会的我国代表，昨天在全体会议上发表了演说。
4）在这个动乱的时局中，很多人都抱明哲保身的态度。
5）时代的确是进步了，乡村在机械化下也改变了很多。
6）在这种迫不及待的情势下，我再也不能顾及平时的礼节了。

【要点】
A "在～上" "在～下"の間に入れる言葉は，いずれも名詞的なものでなければならない。多くの二音節の動詞は，また名詞的にも用いられるので"在工作上" "在学习上"のように用いられる。
　しかし"在共产党领导下"はまずい。なぜならば"共产党领导"では"领导"が動詞の働きをするから，"共产党的领导"のように"的"を加え，これを名詞的なものにしなければならない。
　"在～中"の間に入れる言葉は，名詞的でも動詞でもよい。ただし，前者の場合が"在～里头"の意味，後者の場合が動作の進行，持続などを示す。

〔参考〕"明白"と"清楚"　使用法の注意
次の場合はどちらを用いてもかまわない。
　　事情是非常明白的。
　　这个区别我搞不清楚。
ただし，"明白"はまた「はっきりした，明快な」の意味に，"清楚"は「明晰な，条理のある」意味に用いられ，次の場合には入れかえることができない。
　　他并没明白说出来。
　　语音必须发得正确、清楚。

練習

1. 彼は自分の一生の心血をすべて子供に托した。
2. この点では君のこのような手段を選ばないやりかたに賛成できない。
3. 男性中心の社会のなかでは，一人の女の子はこのような打撃にたえられないものだ。
4. 学習中我々は多くの困難にぶつかったが，我々はこれらの困難をみんな克服した。
5. 彼女のていねいな看護のもとで，私の病気は日ましによくなった。
6. 国家の全力をあげての支援があってこそ，はじめてこの工事を順調に完成することができる。
7. 敵の猛烈な砲火のもとでは，彼ら三人はたぶん生存の見込みがない。

【単語】心血 xīnxuè　子供に托す jìtuōzài zǐnǚde shēnshàng　手段を選ばない bù zé shǒuduàn　男性中心 nánxìng wéi zhōngxīn　打撃にたえられない jīnbuzhù dǎjī　困難にぶつかる yùdào kùnnan　克服する kèfú　ていねいな看護 yīnqín kānhù　よくなった hǎozhuǎn le　全力をあげての支援 dàlì zhīyuán　順調 shùnlì　猛烈な砲火 měngliède pàohuǒ　生存 shēngcún

【練習】解答

1. A：他把自己一生的心血都寄托在子女〔儿女〕的身上了。
   B：他把自己的毕生精力都献给了孩子们。
   C：他把自己一生的心血全寄托在孩子身上了。
2. A：在这点上我不能同意你这样不择手段的做法。
   B：在这一点上，我不赞成你类似这样的不择手段的做法。
   C：在这一点上，我不能赞成你这种不择手段的做法。
3. A：在以男性为中心的社会上，一个女孩子经不住这种打击。
   B：在以男性为中心的社会里，一个女子是无法忍受这样的打击的。
   C：在以男性为中心的社会里，一个女子是禁不住这样的打击的。
4. A：在学习中我们遇到了很多困难，但我们都克服了这些困难。
   B：在学习中我们碰到了各种各样的困难，但我们把这些困难都给克服了。
   C：学习中我们遇到很多困难，但我们克服了这些困难。
5. A：在她的周到护理下，我的病一天比一天好转了。
   B：在她的精心照料下，我的病一天天好起来了。
   C：在她的殷勤看护下，我的病渐渐好转了。
6. A：只有在国家的大力支援下，才得以顺利地完成这个工程。
   B：正因为有了国家的大力支持，这个工程才能得以顺利完成。
   C：只有国家大力支援，这项工程才能顺利完工。
7. A：在敌人猛烈的炮火中，他们三人恐怕没有生存的可能。
   B：在敌人猛烈的炮火下，他们三个人没有生存的可能性了吧。
   C：在敌人猛烈的炮火下，他们三人生存的可能性恐怕很小。

中国語作文 88 ……のために (2)

为了～

1) 君の幸福のために私はすべてを犠牲にする。
2) 債務を弁償するためあの家屋までも売り払った。
3) 彼らと調子をあわせるため，私はやむなく賛成した。
4) 死んだ友人を弔うため，我々は明後日の午後追悼会を開きます。
5) 彼の困難を解決し，かつ彼の自尊心を傷つけないために，私はほんとうに苦心した。
6) ちょっとした用事でも休暇をとろうとし，許可されないと，とてもぐちをこぼす人がいる。

○ 175

1) 为了你的幸福，我愿意牺牲一切。
2) 为了抵偿债务，连那所房屋都卖掉了。
3) 为了迁就他们的意见，我只好赞成了。
4) 为了悼念死去的朋友，我们要在后天下午举行一次追悼会。
5) 为了解决他的困难而又不伤害他的自尊心，我确是煞费苦心。
6) 有的人为了一点小事也要请假，如果不被批准，就大发牢骚。

【要点】

A ある行動を起こす目的を示す場合には"为了，为～起见，免得，以便，以免，省得"などが用いられる。
　　我打算搬进城去，免得天天两头跑。

〔参考〕"困苦"と"困难"の使用法
いずれも形容詞で，"困苦"は主として生活の「つらく，くるしい」場合に用いる。"困难"も生活面のくるしさに用いることがあるが，"困苦"に比べ，程度が軽い。なお"困难"は仕事の面で「むずかしい」という場合にも用いられる。

"互相"と"相互"の使用法
「おたがいに」という意味で，状況語となって動詞を修飾する場合はどちらも用いられる。
　　互相排斥，互相斗争，互相对立。
　　他们相互询问着一天的生产成绩。
しかし，限定語となって名詞を修飾する場合は"相互"を用いるのを定石とする。
　　这是改变人们的相互关系的前提。
なお"相互"は方位詞"间"と結合して"相互间，相互之间"としても用いられる。

練習

1. 健康を取りもどすため，彼はいろいろな方法を試みている。
2. 定年後の生活を維持するために，いまから準備しなければならない。
3. 通学の便利のために，私は学校の近くのアパートに移った。
4. 世界の平和を勝ちとるため，全世界の人民が団結しなければならない。
5. おかねを多くかせぐために，彼はよく夜の十時まで働く。
6. この目的を達するためには，全国各地に発電所と水利事業を興す必要がある。
7. みなの者のためでありさえしたら，彼は自分が損をしようとしまいとまったく考えに入れない。

【単語】健康を取りもどす huīfù jiànkāng　試みる shì　定年 tuìxiū　いまから cóng xiànzài qǐ jiǔ~
通学 zǒudú　移る bāndào~　勝ちとる zhēngqǔ　団結する tuánjié　かせぐ zhèng qián
目的を達する dádào mùdì　発電所 fādiànzhàn　水利事業 shuǐlì shìyè　興す xīngjiàn
必要がある xūyào　自分が損をする zìjǐ chīkuī　まったく gēnběn　考えに入れない bù kǎolǜ

【練習】解答　　　　　　　　　　　　　　　　　　　　　　　　　　　　　　176

1. A：为了恢复健康，他正在试着各种各样的办法。
   B：为了恢复健康，他尝试了各种各样的方法。
   C：为了恢复健康，他在尝试各种各样的方法。
2. A：为了维持退休后的生活，从现在起就要做好准备。
   B：为了维持退休后的生活，必须从现在开始作好准备。
   C：要维持退休后的生活，从现在起就得做准备。
3. A：为了走读方便，我搬到学校附近的公寓来了。
   B：为了便于上学，我搬到了靠学校附近的公寓。
   C：为方便走读，我搬到学校附近的公寓住了。
4. A：为了争取世界和平，全世界的人民都要团结起来。
   B：为了取得世界的和平，全世界的人民必须团结起来。
   C：为争取世界和平，全世界人民要团结起来。
5. A：为了多挣钱，他常常劳动到晚上十点。
   B：为了挣更多的钱，他经常工作到晚上十点。
   C：为了多挣钱，他常常工作到晚上十点。
6. A：为了达到这个目的，全国各地都需要兴建发电站和水利事业。
   B：为了实现这个目标，有必要在全国发展水电工程。
   C：为了达到这个目的，全国各地需要兴建发电站和水利工程。
7. A：只要为了大家，他根本（就）不顾自己吃亏不吃亏。
   B：只要是为了大家，他根本不考虑自己的得失。
   C：只要是为了大家，他根本不考虑自己是否吃亏。

重要語句索引

数字は課数，Aは例題，Bは要点，Cは練習問題を示す。

〔あ〕

愛している	19BC
愛情	84A
愛情関係が生じる	70B
相手になる	66C
相手にもしない	80A
あいにく	26C
上がった（物価）	86C
赤の革靴	30A
あかるい	40C
明らかに	81A
あくせくとして	86B
悪人でもないし	82A
あけられない（窓を）	37A
あけられない（目を）	39C
あける	23C
あごがひあがる	79C
あこがれていた	71A
朝	45C
朝から晩まで忙しい	64C
足	4C
味	16AB
足が折れて	37C
あしらう	56A
明日	9A
明日にしましょう	48AB
明日まで待たなくては	62A
アスピリン三錠	24A
汗が出る	24A
遊びたがりもしない	82A
遊ぶ	10A
与えた印象	71A
暖かみをもたらし	76A
頭	4C
頭がよい	53C
頭が悪くて	35C
頭のなかで	87A
新しい	14C
あたら命を捨てる	78C
あつい	15A
あつかましくも	81A
厚く信仰している	72A
暑すぎる	29A
あっていない	31C
集まって	42C
集められない	38A
集めるのが趣味	59C
あてにならん話	35A
あてのない希望	71A
あでやか	54C
あとはみな	61A
兄	10C
兄嫁	22A
姉	10A
姉の夫	22A
あの場合	74A
あばく	80B
アピールに応じ	44A
あぶないこと	38A
甘い	14C, 36C
甘栗	14C
…あまり	64A
あまりまじめにやらない	54A
雨が降り出した	21A
雨にあい	47A
雨のときだけ	50A
アメリカ製	19A
怪しいものだ	73A
あやまち	73C
あやまちと知った	50A
あやまちを認める	50B
あやまる	43B
改める（過失を）	24C
あらをさがす	76C
ありえない	34BC
ありさえしたら	51A
歩いて行く	13A
歩きながら話す	22B
歩きにくい	24C
あることはあるが	36B
アルバイトして	74A
あれこれと奥の手を使う	69A
荒地を開く	53C
あわてて	45C
あわてないですむ	60A
会わない	51A
暗誦している	19A
暗誦できる	36C
安心したまえ	44C
安心していいですよ	64A
安心する	28C
案のじょう	73B
安楽をむさぼって労働を嫌がる	85B

〔い〕

言い出す	28C
言いにくい	26A
いいわけする	51B
言うことがちがう	48C
言うことを聞かない	53C
言うとおりだ	54B
言うとおりにやる	50C
家	10A
家はよいが	37A
行かないわけにはいかない	55C
いかなる干渉も	51A
胃癌	18C
生きかえらせる	55C
行きたいのか	73A
生きる道	48C
行く	2A
いくども	20AB
いくにんかの人	66C
池	56C
意見がもう出つくした	83A
意見する	17AB
意見を言う	66A
行こうと行くまいと	85A
石	43C
いじっている	68A
いじめる	81A
医者	6C
医者に見てもらう	80A
医者もやれば	82C
いじるのがすき	85C
椅子	4A
イスラム教	72A
以前	18A
依然として	87A
急いで	75C
急いで行く	48A
忙しい	9A
痛い	29A
偉大な功績	66C
一億	1A
一概に言えない	65C
一キロメートル	40A
一時間	28A
一ぜんのご飯	39C
一日一日と	48C
一日かかる仕事	69C
一日かしきり	13C
一日欠席した	48C
一日中忙しい	52AB
一日中汽車に乗って	33C
一日中なにもたべなかった	29C
一日中来客で	39C
一日ですんだ	43A
一日では	38A
一日もたない	38C
一度見たことがある	20AB
一度も	39A
一年中で	40C
一番上の兄	10C
一番すき	73A
一部始終	26C
一を知って二を知らない	54A
いつ	12C
いつか	76A

179

重要語句索引

いつから夏休み	40A	いろいろと夢を見た	20C	売り払った	88A	おおぜいの人の力で	45C
一挙両得	31C	いろいろな商品	72A	うるさい	52C	オートバイ	13C
一軒建てる	47A	祝う	49C, 70B	うれしくて	29A	おおむね	38B
いっこう	66A	言わしておけ	85A	売れ行きがよい	31C	おかしい	26C
一刻の猶予もできない	87A	印鑑	23C	上着	5C	おかずを買う	60B
いっさいの	64B	インキ	23C	噂	54C	おかねがあるうえ	82A
一週間	40C	印象	51C, 71A	うわべ	83C	おかゆ	7C
一週間とたっていない	82A	飲食については	59C	運賃	12C	置時計	15C
一生	36C	引率	64A	運転手	32A	お客さんだなんて思わないで	70A
一生けんめい	65B	インテリ	6C	運動する	22C	起きるのが早い	28A
一生をむだに	78A	インド	19C	運命	63C	おき忘れた	38C
いっしょに	26AB	インドネシア	70A	運命にまかせる	64B	臆測する	83C
一心不乱に	63C	印肉入れ	23C	運命のなせるわざ	56AB	送り迎えする	64C
一石二鳥	53A	飲料水	37C	〔え〕		贈る	43A
一銭のおかね	80C	〔う〕		映画館	9A	おくれている(時計が)	15C
一銭ももたないで	81A	植える	53C	英語	10BC	おくれる(乗物に)	28A
一足	8C	うかつに相手にできない	75A	英語の本	84C	興す(事業を)	88C
いったい	39C, 73AB	うかばない(考えが)	36A	衛生	22C	おさまる	65C
一致団結	63A	受けさせよう	85A	駅	11A	伯父	22A
一昼夜	40A	受取る	20C	駅長	11C	叔父	22A
一通	8C	受ける	51C	エスペラント語	59C	教えてもらいに	74C
一等車	11AB	動けなくなり	64A	エレベーターを動かす	49C	推して知るべし	39A
いつの世代までも	70A	うそを言う	20C	絵をかく	19C	惜しまない	80A
一片の雲	35C	うたたねする	52C	援助	65A	おそいですよ	16C
いつまで	40A	歌をうたう	22C	演説をおこなった	87A	おそく起きる	28A
いつも	32A, 45C	美しい	27C, 71B	鉛筆を三本	8C	おそらく	38AB
井戸を掘る	33C	美しい都会	71A	円満に解決する	63C	恐れているのではなく	84A
以内に	33A, 62C	うつす(写真を)	28C	遠慮する	41C	おたがいに譲歩する	65C
田舎	9C	移る	88C	〔お〕		おたがいに譲らない	70C
犬	2A	腕	28C	追いこす	72C	おたのみする	23C
犬を飼う	60A	腕時計	15C	追いこそうと	86B	おだやか	26BC
稲	32C	腕はあるが	54A	おいしい	14A	おちめになる	62C
命拾いした	45A	うどん	7C	往々	80C	お茶	16C
いまから	88C	うぬぼれる	65A	往診	18A	おちる	18C
いまさら	78C	馬	2C	応接室	19C	弟	10C
いましがた	20C	うまいことを言っても	55A	応接室へ通す	33A	男	61A
いまになって	37C, 67A	うまくやれない	29C, 69A	往復	13A	男に生まれたかいがない	78C
いまもって	73A	馬もろともに	47A	往復する	47B	男の人のこと	84C
妹が二人	8C	海へ泳ぎに行く	67C	往復ですくなくとも	47A	踊る	22C, 46A
いやがらない	31A	うめる	16C	多い	3C	同じ寮	47C
いやがる	42A	恨み	84C	大金持ち	6C, 29A	斧	25A
いよいよ	56B	うらむ	41C	おおきい	2A		
いよいよ暗くなり	56C	売上高	27A	多くのかね	38A		
いらない	31A, 78A			大声で歓声を	67A		
色	54C			大声でどなる	22A		

重要語句索引

お話にならない	82A	かえって		かせぐ	88C	体がかゆい	32C
おひや	68A		46A, 71A, 86AB	風邪をひく	67C	体に	29A
おぼえた	45A	帰って来る	12A	かぞえて	40C	体は弱いが	54A
おぼえられない	35C	帰ってこれない	38A	かたづける	23AB	…からなっている	64A
お待たせしました	33C	買えない	37BC	片方	8C	…から…まで	40AB
おみやげ	49B	変える	63C	片道	13A	…から…までみんな	
思いがけなく	73B	買える	79C	かたる（金銭を）	32C		47AB
思いきって	77AB	買えるだけ買う	34A	家畜に餌をやる	52A	かりに行った	43A
思い出しているようだ		顔	4C	勝ちとる	88C	下流	59A
	83A	顔がみっともない	82C	課長	6C	かりられない	37AB
思い出せない	36A	家屋	88A	学校	10A	軽く見る	23A
思い出せなかった	71A	顔だち	71A	学校がある	9C	かれこれ一時間	40C
思いなおす	74C	顔を見せようとしない		学校がやすみ	9BC	彼に手渡し	23C
思いもよらない			77A	学校へあげる	33C	彼に腹を立てない	86A
	46A, 70A	化学	84C	学校をさぼる	52A	彼にまかせる	82C
思う	41AB, 70A	かからない	36A	学校を去る	37C	彼に学ぶ	41A
面白い	29C	かかりやすい	85C	学校をやめた	65C	彼の行動はもちろん	
面白くもないうえ	82A	書く	7A	各国を旅行	22C		59A
思っていたら	70A	かぐ（鼻で）	16AB	かってに公金に手をつ		彼のところ	26A
思っている	87A	家具	49A	ける	81C	彼一人だけだ	50B
思わず	67A	かくことができない		かってに持って行く		川	8C
おや	21A		36C, 54A		23A	かわいい	19C
お湯	16C	かくしだてしない	75C	合併する	52AB	かわいそう	29A
およばない	17AB, 76A	各種の生産	28C	活路	63C	かわいた	45C
織物	85B	かくす	36C	家庭の雑事	73C	革靴	5A
お礼をする	49A	学生	6A	家庭の束縛	82C	為替料	42C
おん鶏	34A	学生たるもの	41A	家庭の都合	65C	為替を千円	42C
〔か〕		学費の問題	57A	蚊にさされ	32C	変わった	44A, 87A
ガーゼ	27C	学費をかせぐ	74A	かねめの物	39A	かわって	43A
害	54C	革命には	37C	かねをかりる	26B	代わってする	64A
会があるごとに	67B	革命をやる	63C	かねをもうける	42C	川に落ち	24B, 47A
階級	82A	掛時計	15C	株主になった	48A	考えが正しい	70C
会計学	69C	かける（ボタンを）	18C	かべにはりつけた	23C	考えている	70A
解決するために	57A	かける（眼鏡を）	50C	かまっていられなかっ		考えに入れない	88C
会合	31C	加減乗除	34A	た	87A	考えるほど	56A
外国語	10C	傘が三本	8A	かまわずに	79B	考えをきめた	48C
外国人	64C	傘をさせない	35A	かまわない	55C	頑強な敵	83B
外国製品	72A	餓死しても	60A	がまんするよりほかな		玩具	31C
開墾したはじから	22B	過失	78A	かった	74A	関係当局	65C
会社	10A	貸してくれなかった		髪	4C	がんこ	83B
階上	10B		43A	上座にすわる	41C	関しては	26A
懐中時計	15C	火事になるところ	49C	かみそり	16C	感謝する	86C
外套	5C	歌手の声	84A	雷がなる	21C	感謝の心	56A
解放された	32B	カステラ	15A	髪をとかす	22A	干渉できない	64B
買いもどす	64C	家政婦	44A	紙を四枚	8A	感情の現象	84A
買物がうまい	34B	風がある	15C	ガム	22C	関心	26B
買物に行く	15A	風が強く	35A	かもしれない	38AB	感心	52C
		風がびゅうびゅう	29A	辛い	36C	関心がない	66A

181

重要語句索引

感心した	86A	きたない	16C	強制する	74C	曇ってきた	21C
関節炎にかかる	64A	きちんとすじを通す		興にのる	56C	…ぐらい	33AB, 40A
完全に	26A		79A	興味をもつ	83C	クラスで	29C
完全に勝つまで	80A	喫茶店	9A	許可されないと	88A	くらべると	31C
簡単な実験	69C	きっと	24AB	拒絶された	32A	クリスマスプレゼント	
簡単に承知しない	77A	切符のない人	51A	挙動	30C		43A
眼中人なし	76C	来てすぐ行った	67A	きらわれる	85A	来る	2A
広東語	57C	気にいったの	54C	きれい(家が)	54A	くるしい	88B
官能的な	84A	気にしている	80C	きれいに使う	32A	車にのる	12B
がんばって	57A	機に乗じて	69B	きれいに掃いた	47C	くれる(日が)	21C
がんばる	63A	寄付する	59A	切れない(刃物が)	16C	苦労	58C
完備している	54C	気分がすぐれず	39C	切れる	18C	桑	53C
感冒にかかる	24A	気分が悪くなる	24AC	キロ(重さ)	27A	くわしく	23AB
漢民族	61C	規模	54C	キロ平方	34A	…君	19A
元利合計	47C	希望	71A	きわめて	29B	訓練ずみ	44A
〔き〕		きまったら	43C	近眼	35C	〔け〕	
聞いてわからない	28A	きまっていない	31A	緊急な任務	30C	敬意をはらう	66C
気が落ちつかない	85C	君が行ってこそ	50A	近況	66C	計画に従ってやる	79A
気がすまない	76A	君自身で	51C	金銀銅鉄錫	59C	計画を実行	57A
気がすむ	58A	機密	81C	銀行を始めた	48A	警官	24C
気がつかなかった	59C	君に話しましょう	23A	禁酒禁煙をすすめる		景気があまりよくない	
気がむくと	67A	君にもよいし	31C		54C		85C
気を失う	72C	君のかってだ	85A	近所の人	26C	経験	20, 53C
気を悪くして	79A	君の仕事	58C	〔く〕		警察	45C
機械化	87A	君のほかには	35C	食い道楽で飲んべえ		計算にあわない	60A
着がえる	67C	きめる	48C		85B	芸能人	64A
きかなくなった(手足		気持のよい	40C	苦心	78C	経理	6C
が)	74C	客	10A	ぐずぐずする	41C	けがをした	47A
聞きちがえた	52C	旧悪をあばく	80C	薬を飲みました	18A	劇場	9A
聞く	2C	休暇をとろうと	88A	薬を飲んだところ	86A	劇団	64A
危険	22A	急行	13A	くたばりそこない	81C	下車する	12C
機嫌をそこねる	76C	九五パーセント以上		果物	14A	けずる	25C
聞こえない	35A		72A	口	4C	結局	42, 73A
帰国	44C	きゅうす	16C	口がきけない	72C	決して	65A
技師	6A	急に	67C	口まめに話す	41C	欠席	48C
汽車で行く	13C	牛乳	7C	口調	31C	欠点	51B
汽車はもうすぐ出る		急病	18C	口をあける	24C	結論	65A
	21A	急用がある	67A	ぐちをこぼす	88A	けろりとしている	71A
技術上の問題	84A	きゅうり	14C	くつがえされた	32B	けんかする	20, 72C
犠牲にする	88A	給料から手当まで	47C	靴下	5A	原価になる	50C
来そうもない	70C	給料もかなり	78A	食ってかかる	86C	元気がない	30C
規則	84C	今日	9A	靴ひも	18C	研究	26C
規則を守る	48C	脅威を与えている	71A	靴べら	18C	謙虚で誠実であるほど	
基礎作りの仕事	70C	教員になる者	69B	くどくどと	45A		56A
基礎的な知識	39A	教科書	7A	国のために尽くす	76C	謙虚に受け入れる	66A
北風が吹く	21C	強硬に言う	41C	区別できる	36C	献血する	24A
帰宅させない	33A	ギョーザ	7C	くまなくさがす	59A	健康のありがたさ	24A
気だて	85A	今日中に	62A	雲があって	35A	原稿用紙に	37C

重要語句索引

健康を取りもどす	88C	こうやるべきだと思う		この付近	9A	債務を弁償する	88A
現実の生活	71A		70A	このへんの事情	66C	材木を切る	25A
原子爆弾一こ	34A	口論	26C	このほうがよい	46C	さいわい	43AB
厳重に禁止	60C	声	35A	このまえ	77A	…さえ	39AB
原則的なこと	84A	こがたな	25C	このままます	78A	さえずる	2C
建築する	57C	国際間	86C	この問題	23A, 80C	…さえすれば	50AB
見当がつかない	54A	黒板の字	30C	このようすでは	38A	魚釣り	52A
倹約	51C, 80C	克服する	87C	好んでそうする	84C	さがる（物価）	86C
権力	55A	午後	9C	ごはん	7C	盛んな歓迎	24C
〔こ〕		ここから	40A	ごはんにする	16C	作業中	17C
恋人を作る	35B	ここでやめない	86A	コーヒー	7C	搾取する	53A
工科	85A	ここの人たち	72A	ごまかせない	51B	桜の花	27C
後悔しても	37C	ここまで来ては	75A	困らせる	58A	酒	7C
郊外の安いアパート		心おきなく	79B	困る	68C	さけるひまがない	37B
	74A	試みる	88C	ごみを取る	25C	さされる（虫に）	32C
郊外へ遊びに	31A	腰かけられない	37C	ゴム長靴	8C	差し押えになる	49A
合格する	42A	固執する	83B	ゴルフをする	85C	さしこんで（光が）	40C
講義する	7A	こしらえた（金策して）		これぐらい	35C	指しながら	22C
工業が発達	65A		68A	これくらいの事	54A	さすがは	73A
公金に手をつける	81C	腰をおろした	46C	これさえ	39A	座席をとってある	44A
航空便で出す	41C	国連総会	87A	これだけの字	37C	させない（傘を）	35A
後継者	70C	個人生活	86B	これだけの本	45A	…させる	33AB
合計どれほど	47A	こすぎる（茶が）	16C	これでこそ	63A	さそう	52A
攻撃	55C	午前	9C	これまでにない	20A	座談会	41A
高校	10C	午前の汽車	13AB	これらの原因によって		さっそく	23C
高校の教師に	68A	こそ泥	32C		48B	さつま芋	14AB
交際する	17A	答えられなかった	36C	殺された	32A	さて	54A
工事	44B	こづかいをねだる	32C	こわくもある	69A	さびしい	40C
工事現場	10C	こっそりと	50C	こわす	68C	作法	87A
こうしてみると	38C	ごったがえし	68C	根拠	70C	寒くてたまらない	29A
豪奢な	71C	コップ	25C	混雑している	71A	さらけ出す	80B
公衆の面前	80C	…ことがある	20AB	こんな事	20C	さらに発展した	79B
交渉	44A	今年	15A	こんな話	26A	…された	32AB
交渉を進める	17C	…ごとに	67B	こんなにひどい	46C	三十分も待った	76C
強情だ	83B	子供	2C	困難にぶつかる	87C	賛成する	42C, 48C
硬水	37C	子供たち	10A	困難を解決	88A	賛成できる	63A
紅茶	7C	子供に托す	87C	根本問題	65B	残念ながら	42A
工賃と材料で	47A	子供の教育のため	80A	今夜	64A	散歩に行く	15A
こうである以上	48AB	小鳥	2C	〔さ〕		〔し〕	
コート	5C	諺	56C	最近	30C	試合に負けたのに	71A
行動	59A	ことわりにくい	31A	採決する	83A	シェパードが六匹	8A
幸福にと考えたのに		ことわる法がない	74C	最後の断を下す	83A	塩	15C, 33C
	46A	この雨	28C	最後までやる	79C	塩辛い	36C
幸福のために	88A	この行きかた	75A	再三	77A	司会する	64C
好物	85C	この数日	21C	財産	32A	しかえししよう	53C
公平	28C	この手	85B	催促	44C	しかし	54B
傲慢だ	31C	この点	23A	サイダー	19A	しかも	53AB
傲慢な所	26C	この点だけ	69C	財布	32C	叱られた	86A

183

重要語句索引

叱る	27B, 32C	実際はそうではない	76A	社会事情	22C	少数の例外	61A
時間	31C			社会的地位にある人		少数民族	61C
時間がさし迫っている		知っていて	75A		81C	上手だ	34B
	79C	知っている	11BC, 63B	しゃくにさわる	56A	上手に歌う	28C
時間になってから	45C	知っている者	7A	謝罪する	43AB	情勢下では	87A
時間になるよ	21A	知っておくべきだ	41A	写真	28C	承知しない以上	75A
時間をむだにする	78A	じっとうなだれて	83A	シャツ	5C	承知するかどうか	77A
時間をやりくり	55A	室内で体操する	50A	若干の知識	54A	商人	6C
しきたり	84C	失敗するようなことは		邪魔	82C	商人らしくない	30A
時機に便乗する人	53A	ない	50C	邪魔する	86C	商売	27A, 69B
事業	69C	指定席	44C	邪魔になる	43C	商売が繁昌	27A
刺激	30C	…していた	29B	自由	20A	商売をする者	69B
事件	65C	…している	19AB	集会を禁じようと	52C	じょうぶだ	27C
試験準備	19A	…してから	40AB	週刊誌	59C	じょうぶになった	40A
試験に合格しますよう		…してこそ	63A	従事する	69B	錠前	68C
	42A	字典さえひけない	69A	住所	49A	証明書	11C
試験になって	60A	自転車	13A	就職を希望	61C	従容として	73C
試験問題	29C	自転車で行く	13C	重大だ	29C	上流	59A
仕事がひまなとき	73C	辞典をひく	7A	重大な脅威	71A	使用量	65C
仕事がみつからない		自動車にひかれた	58A	住宅問題	57C	勝利をかちとる	63A
	44A	自動車の運転手	32A	終電車	74C	女子学生	10C
仕事の関係	65C	自動車を運転	22A	周到	28C	食事	29C
自己保身の態度	87A	市内から	74A	収入	47C	食事の時間	39A
支出をきりつめる	74A	…しないですむように		じゅうぶん考える	23A	食卓	16C
自信	38C		60B	じゅうぶんだ	50C	食堂	19A
詩人とする	33B	…しないように	17AB	重要書類	17A	食堂車	13C
静かな	71C	…しなくてはだめだ		修理しても	60A	食費	50B
自尊心を傷つける	88A		41AB, 62AB	修理に出す	74C	しょっちゅう	85B
事前に	49C	死ななかった	59B	授業	9C	書物の上で	54A
舌	36C	品物	3A	授業が始まる	21A	書類	17A
…したい	42AB	死ぬか生きるかの	73A	授業に出る	52C	知らない字	34C
しだいに	40A	地主	69B	手段を選ばない	87C	知らないとうそぶく	
時代は変わった	87A	支配人	6C	出勤する	28A		81A
…しだした	21B	芝居を見る	26A, 67A	出血が多かった	70A	知らないとは言えまい	
下に	17C	…しはじめる	21AB	出所不明の品	53A		58A
…したり…したり		しばらく	42C	出席した	87A	資料	68C
	31B, 47B	しばらく考えた	36A	出発するけはい	83A	しろうと	31A, 61A
質受けする	53A	しばらくの間	71A	出発点	65A	詩を一句	45C
質に入れた	47C	持病が起きる	76C	出発を一日のばす	45A	字を書く	7A
しっかりとやる	62A	自分がしくじって	46C	順調	87C	心血	87C
しっかり取りくんで		自分でやる	64C	準備する	7C	新語	63C
	65B	自分のことばかり考え		準優勝	57B	信仰する	72A
実際と結びつけて学び		る	76C	紹介する	43C	信じる	39C, 66A
…	65B	自分の非を認めない		情況を報告	22C	真珠	33A
実際に見たもの	26A		86A	証拠がある	38A, 58A	人生	51C
実際の経験	54A	資本を出す	77C	常識としても	41A	人生をこよなく愛させ	
実際の状況から	63C	しまらなくなる	37A	乗車券	11A	る	76A
		事務員	6A	召集する	64C	親戚	6A

重要語句索引

親切だ	66A	ステーキ	85C	成績をあげた	65A	そう答えるよりほかは	
親切な態度	74A	ステージに上ると	67A	生存	87C	ない	74A
寝台	4A	すでに	44A, 66A	政府	83A	相互に	57A, 88B
寝台券	11C	捨てよう	31A	静養	64A	相談しなさい	26A
寝台車	13C	ストーブをたく	15A	整理してある	44C	相談する	17A
身代を投げ出す	80A	ストマイ	27C	セーター	5A	相当歩いた	29C
死んだ友人	88A	ストーリーのすじ	83C	セーターを着て	21C	相当な犠牲	76A
身長	30B	ストをすれば	49C	世界観を改造	65B	騒動になる	38A
慎重	77A	すばらしい成果	65C	世界記録をやぶる	46C	祖国の将来	66A
死んでしまった	70A	スプーン	25A	世界の平和を守る	57A	祖国を建設	57B
死んでも	55B	…すべきである	41AB	石炭	65A	そそっかしい男	68C
心配する	60C, 66C	すべて	88A	石炭があるばかりか		育てあげる	41B
新聞社	57C	すべての状況	75C		53A	育てる	41C, 60A
進歩する	50C	ズボン	5C	責任をおう	33C	速記	22A
侵略戦争をやめる	50B	すみません	26A	責任をおしつける	86A	卒業後	69B
診療所	20A	炭をつぎたす	25A	責任をとる	64B	卒業したら	68A
〔す〕		住めない	37C	石油	65A	卒論を書く	81C
水泳がすき	85C	すらすらと読む	80A	世俗的な	84A	そと	10AB
水害	46C	…すらも	39AB	積極的	56B	そとは雨なのに	71A
水道	44C	すり	30C	石鹸	16C	そのすじに届け出る	
水利事業	88C	…するくらいなら		設備	54C		53A
水路を行く	13C		60AB	説明したことがある		その手にのらない	
スーツケース	12C	…するごとに	24B		20A		51AB
スキー	34C	…するとすぐ	24B	説明する	26C	そのとき	70A
すきなのを	70A	…するのもいやだ	39C	ぜひとも	62B	そのなかに入っている	
…すぎる	29AB	…するはずだ	34B, 46B	せまい	54A		47AB
すくう(スープを)	25A	坐りながら	22B	責め殺す	53A	その場にいなかった	
すくない	3C	座れない	37C	世話する	56A		75C
すくなくとも	47A	寸志	36C	…せんがため	57B	その場になって	49C
すぐには	38A	すんでのところで	72B	千客万来	68C	祖父	27A
すぐれた能力	63C	寸法をはかる	25C	先月	44C	空が晴れてきた	21C
すぐよごれる	54C	〔せ〕		戦功	82A	空には	35A
スケート	34C	生活できるようになっ		全身汗をかく	24B	それこそ	80A
すこし	15AB	た	65A	扇子	19C	それぞれちがう	65A
すこしぐらい	65A	生活を維持	34C	先生	6C	それだけである	34B
すこしも	79A	税金をおさめないと		先生になる	35B	それでいて	79A
涼しい	15A		49A	全世界の人も	59A	それでは	78A
進んでいる(時計が)		成功したら	49A	洗濯機	25C	それとも	13AB
	15C	成功する	45C	選択する	51C	それほどよくない	54C
進んで…する	77AB	成功はおぼつかない		宣伝の方法	50C	そろった(人が)	75C
すっかりよくなった			70C	銭湯	9C	そろばん	31C, 34C
	18C	製鋼所	39A	洗面器	16C	損する	60C, 88C
すっかり忘れた		政策	52C	専門家	61A	〔た〕	
	36B, 69C	生産高	27C	全力をあげて支援	87C	体育	61C
ずっといっしょ	70B	生死	80C	全力を出して	69C	第一印象	51C
ずっと世間のことを		精神的な慰め	71A	〔そ〕		退学	31C
知っている	71A	精神をも	59A	そういうことなら	48A	退学させられる	48C
すっぱい	14C	成績	29C	雑巾	25C	退学する気	38C

185

重要語句索引

大学教授 6A	尋ね人の広告 74A	ためなければならない 76A	ちょうど帰ったところ 67A
大学受験 57C	たずねる 26C, 36C	ためになる 31C	ちょうど…のようだ 30AB
大学へ通う 57A	…だそうだ 32AB	便りもくれない 53C	ちょうどよく 59A
大学を出た 44C	ただ 37A, 78A	だれが信じようか 35A	直接 45C
待遇 86B	正しい指導 65C	だれか留守番を残す 41A	直接彼に会っている 30C
待遇はまあ悪くない 78A	ただでくれても 78A	だれであろうと 51A	ちょっと 42C
待遇をあげないと 49A	たちどころに 67B	だれとでも仲よくする 69A	ちょっとしたあやまち 65C
たいくつ 29C	立ちどまる 17C	だれもやらない 38A	ちょっとした事で 77A
大根 14A	立場 80A	だれよりも 46A	ちょっとした用事 88A
たいした事でない 36C	…だって 80A	弾圧を受ける 79B	ちょっと見たら 24C
たいしたものだ 29B, 82C	たてまえ 69A	団結する 88C	ちょっとやってみたくも 69A
たいして役に立つとも 82C	たとえ金額が 76A	断言できない 77A	ちりとり 25C
だいじな 68A	たとえ…でも 55AB	断固として戦う 80A	〔つ〕
大切 63C	たとえ人が笑っても 79A	誕生日 72C	ついて行く 55C
体操する 50A	たとえもう五年 80A	男性中心 87C	ついでに 43C, 60B
だいたい 38B	他人 41C	担当する 64C	追悼会 88A
大胆な 55C	他人がいない 79B	〔ち〕	ついに 32C, 65B
大胆なものだ 81A	楽しく暮らす 52A	ちいさい 2A	通学 88C
態度 30A	頼み 77A	近い 3C	通過する 20B
台所 14A	頼む 42C, 79C	近いほど 56A	通信が途絶 65A
代表団一行 64C	頼めばなんでも 77C	ちがいがある 87A	通訳 59C
たいへん神経質 67C	頼んだ 32A, 77A	ちがう 30B	使いよい 82C
たいへんだ 29B	タバコ 22C	ちがっている 26AB	使う 43C
ダイヤ 59C	タバコを吸う 17C	近よる 56B	使ってみなくては 62A
ダイヤの指輪 37C	タバコを吸ったり 31B	力を尽してやる 51A	つかまえる 45C
たえず努力 50A	タバコをやめようとしない 79C	遅刻する 52A	つかまる 32C
絶えまなく 79B	たぶん 34C, 38AB	地図を指しながら 22C	疲れはてた 83C
タオル 16C	たべたがらない 82A	父 10A	疲れる 29C
たかい（値段） 15C	たべつけない物 41C	チップをやる 11C	つき合う 75A
たがいに 88B	たべものがない 53A	チベットの人 30C	つぎたす 25A
高める 34C	たべものを作ってくれ 68A	着手する 38C	次の電車 12C
…だから 48AB	たべる 7C	注意して 29C	次も 16C
タクシー 32A	たべるのがのろい 28A	注意してやる 50C	着く 64A
たくましく生きて 83B	たべるのに困らない 50C	注意する 26B	つくづくわかった 73A
たくらむ 86B	たべるほどいやしくなる 56C	中学 10BC	作る 7C
打撃にたえられない 87C	卵を生む 34A	忠告 24C, 66A	つくろう 31C
だけである 34A, 78A	魂の結合 84A	中国語 10BC	つけて下さい（ボタン） 18C
竹ぼうき 25C	だましてもだめです 19C	中国の映画 20AB	都合がついた（かねの） 44C
たしかな消息 54C, 65A	玉葱 14C	中国料理 20C	都合つける（かねの） 57A
たしかに 87A	だめだ 19C, 61C, 79A	注射する 24A	
出ししぶる 77C	だめにしてしまう 59A	昼食 7C, 20A	
多少の障害 79B		調査係 52A	
たじろぐ 79C		朝食 7C	
助けてくれる 77C		調子をあわせる 88A	勤めている 22A
		ちょうど 19AB	

重要語句索引

つぶれた	44A	哲学をやることにした		登下校	64C	突然泣き出した	21A
つまずいて	72B		69C	投降しない	55C	どっちみち	76A
つみこめない	37C	鉄橋	12A	どうしたこと	39C, 77A	とっても	29B
罪を犯す	48C	手伝い	29C	どうしたって	76A	とっとと出て行け	43A
強く生きる	51C	手伝う	42A	どうしたらよいか	69A	突破口	50B
つらかった	32A	手伝えない	42A	どうしても		とても	69A
つれ（なかま）	49C	徹底的にやる	41AB		54C, 36A, 65A, 76A	とても忙しい	83C
〔て〕		徹夜	29A	どうしてもはっきりし		とても貧乏で	80A
手	4C	出てうせろ	43B	ない	69A	とてもよく読んだ	80C
出会ったことがある		…でなくて…なのだ		どうするつもり	42A	届け出る	53A
	20A		84A	当選するかどうかは		となえている	54C
手当	47C	…でなければ…だ			62A	どなる	22A
…でありさえしたら			52AB	当然…すべきだ	41AB	とにかく	51C, 62A
	50AB	手に	19C	当地へ来た	36C	どの学課	61C
…である以上は	48AB	手袋	5C	とうとう	76C	どのくらいの長さ	12A
…であるが，しかし…		デマ	46C	道徳の観点	87A	どの人に対しても	66A
	54AB	てまがかかり	45C	当分の間	65A	どの道を行ったら	42C
…であるからには	50A	手まね	22C	どうも	85C	飛び出す	67C
…であるほど	56B	手まねき	22A	どうやら	65A	飛ぶ	2A
提案	65C	手まわり品	12A	動乱の時局	87A	飛ぶように早い	30C
抵抗しはじめた	53C	デモ行進	39A	同僚	6C	トマト	14C
程度	72C	寺が一軒	8C	討論を始める	75C	弔う	88A
程度が高く	80A	…照らして言う	41AB	遠い	3C	とやかく言う	66A
ていねいな看護	87C	出る（乗物が）	11A	通れない	40C	トラック	13C
定年	88C	出る（産物が）	59C	都会	71A	トランク	12C
停留所	12C	テレビ	22C	ときを作る	34A	トランプをする	
テーブル	4A	テレビはこわれた	74A	戸口	19C		22C, 52A
出かけた	71A	手渡し	23C	どける	43C	鳥	2A
出かける	26C	手をあげてなぐる	72A	どこ	12AB	とりあわなかった	81C
手紙	8A	手をあげる	7A	どこかで	30A	とりかえしがつかない	
手紙を出す	44C	手をふれるな	17A	どこか悪いのかしら			75A
てがらがあった	86B	電気	44C		82A	鶏小屋	52A
出来上がる	33C	転校したい	42A	どこにありましょう		どれほど	79A
出来上がる（家が）	44C	伝染病の予防注射	18C		24C	どれほど歩けます	34C
適当な学校	42A	てんで	79A	どこの家の娘	71A	どれほどかかる	47A
適当な人	61A	てんてこまい	68C	どこよりも	27AB	どれほどの腕	79C
敵にもらす	81C	電報が来た	21B	年がいもない	78A	どれほどの遠さ	12C
できません	35C	展覧会	40A	年こそ私より…だが		どんなうまいことを	
できものがひとつ	29A	電話で	26C		71A	言っても	55A
できる（できもの）	29A	電話を聞く	22A	年の多い	31A	どんな困難	51C
できる（やれる）	34AB	〔と〕		図書館	10C	どんなに嘆息しても	
手くだにかかる	51B	…と	26AB	図書館で話す	47B		55A
デジタル時計	15C	ドアのそと	10BC	年をとるほど	56B	どんなにつらくとも	
出しゃばりだ	85A	ドアをあけるや	67C	途中	47C		51A
手数がはぶける	53C	ドイツ語	27C	途中まで	13C	〔な〕	
でたらめ	46C	…といって	65A	どちらへ	40B	…ないかしら	58AB
哲学者	71C	同郷人	6A	特急券	11A	泣いたりわめいたり	
		東京タワー	58C	とっくに	44AB		47B

187

重要語句索引

内容が豊富 29C	なんで作ったもの 25AB	二年ばかり 69C	能率も悪い 31A
ないよりはましだ 54C	なんでも買って来る 51A	日本国民はおろか 59A	ノート 22C
ないよりはよい 76A	なんでも世話をやく 85A	日本酒 7C	のこぎり 25AB
なおしてくれ 68A	なんでもそろっている 72A	日本人の先生 61C	除いて 61AB
なおす(病気を) 57C	なんでもやる 39B	日本晴れ 35C	…ので 65A
なおりにくい 24A	なんと言っても 79A	荷物 44C	…の手によって 64B
なか 10B, 23C	なんと…ではないか 31C	入場券 12BC	喉がかわいた 68A
長い 2C	なんともしようがない 75A	ニュース 34C	ののしる 32C
泣く 2C	なんども頼んだ 32C	入隊して 82A	のばした 45A
鳴く 2C	なんべんも 20C, 69B	…によって 65AB	…のほうがよい 60AB
慰める 56C	〔に〕	庭 25C	蚤にさされ 32C
なくしてしまう 68C	似あう 75C	にわか雨 21C, 49C	のむ 18A, 7C
なくした 18C	におい 16AB	人形 59C	のめなくなった 39B
殴った 48A	においがわからない 35A	人間のやれないもの 36C	…のもとに 87A
なくなるはずがない 36C	にがい 36C	人情風俗 57A	…のようだ 30A
なげく 55A	肉 7BC	人相 30C	のり 23C
泣けてくる 67A	憎しみ 84A	にんにく 14C	乗りかえ 11C
名残りおしい 37AB	肉体はおろか 59A	任務 29C	…の理由による 48B
なす 14C	にくむようになる 56C	任務をひきうける 77A	乗る(電車) 21A
なぜ 12AB	にくらしい 32C	〔ぬ〕	のろい 28A
なぜわざと聞く 48A	逃げる 24C	ぬぐ(帽子を) 23C	飲んでたべて 47C
夏 20C	…に原因する 65B	ぬすまれた 32B	〔は〕
なつかしく思う 42B	…に…される 32AB	ぬすむ 32C	歯 4C
名づけられた 32A	西向き 29A	縫って下さい 18C	場合 49B
なっていない 59A	二十世紀に入ってから 65A	ぬらした 47A	はい上れなかった 72B
納得 33C	にせもの 24C	〔ね〕	倍かかる 28A
夏休みになる 40A	…に対して 66A	値が上がる 56C	売国奴 60A
なにがなんでも 62C	…にだけ 58A	ネクタイ 5C	廃止 52A
なにか…らしく 67A	日曜日以外は 40C	猫 2C	はいだしたばかり 34C
なにもしない 69B, 81A	…については 59A	猫が四匹 8C	はいている(靴を) 19B
なにも心配することはない 85A	日光 40C	値段 27C	倍になった 28B
なにもたべなかった 29C	日中 15A	熱がさがる 24A	入りますか 37A
なにを言っても 79A	似ている 30AB	熱が出る 24A	入る(店などに) 74C
なにをするにも 77A	二等車 11BC	熱心に 61A	入る 55C
なまえ(名誉) 73C	二度とくりかえさない 50A	寝ていて 52C	入れない 51A
波 55C	二度と戦うことなく 70A	寝ながら 22B	…はおろか…さえも 59AB
習ったところ 19C	二年以内に 62C	値の上がる 56C	破壊活動 69B
並べてあり 72A		値ぶみ 33A	馬鹿な人でもない 82A
難儀する 58B		ねむくてたまらない 29C	ばかにする 17C
南京虫 32A		ねりはみがき 16C	はかり 25C
なん斤麦が 43A		寝るとき 18A	ばかり 42AB
なんじ(時間) 12A		年年多くなる 27A	…ばかりか,しかも 52AB
なんじごろ 12A		〔の〕	はかる 25C
なんでたべられよう 80C		…のあたり 77C	白菜 14A
		農村 87A	薄情 31C
		農民 6C	莫大な資本 62C

重要語句索引

爆破する	34A	バナナ	14C	ひく（辞典を）	7A	秘密	32C
暴露する	32C	はなはだしいときは		飛行機で	64A	百円おまけ	43C
箱	23C		80AB	飛行機で行く	13C	百点とれる	34C
運ばせる	37A	羽根のはたき	25C	秘書	6C	百貨店	9A
運べない	37AB	母	10A	避暑に行く	15A	びゅうびゅう	29A
はさみ	23C	歯ブラシ	16C	ピストル	55C	病院	9A
箸	25A	早い	28A	ひたすら勉強	36B	病気	18AB
初めから	60C	早いですね	44C	左の耳からぬける	64B	病気がこう重くては	
初めて	36C	早く行かないと	49A	引っ越す	42C, 44C		38C
はしる	2C	早く起きなさい	16C	筆跡	30C	病気が悪くなった	86A
バス	13A	早く帰ればよい	46C	必要がある	88C	病気というよりも	60A
はずかしい	32A, 58C	林がひとつ	8C	必要がない	17AB	病気になった	18AB
はずがない	50C	…はもちろん	59AB	人	46C	病気になると	24A
はずれる（ボタンが）		腹	16C	ひと足おそいと	49A	表彰されてから	56B
	18C	腹がへった	16C	ひどい関節炎	64A	病人	39C
パソコン	68C	バリケード	40C	ひどいときは	39A, 80A	評判がよい	64A
…は…だが，	36AB	はりつけた	23C	ひどいめにあわす	76A	ひょっと…すると	24B
はたきをかける	25C	春	40C	ひどくなった	86A	ひらく	7AB
畑	10C	春休みになる	40A	ひとこと	32C	びり	46C
はたして	73B	バレエ	62C	ひとこと知らせる	43C	昼	52C
はたで見ている	59C	晴れてきた	21C	ひとことも言わない		昼寝	20A
働きながら学ぶ	77C	晩	15A, 24A		39B	品行	53C
働く	10AB, 20C, 40A	パン	7C	人殺し	46A	品質	71C
八時までねむる	40B	ハンカチ	5C	ひとつ修理	43C	貧乏で	39A
八分どおり	44B	晩ご飯	7C	ひとつ調査	43A	貧乏人	6C
八分どおりわかる	55B	繁昌する	27A	ひとつには	31AB	〔ふ〕	
発音	31C	バンド（時計の）	15C	ひとつもない	39A	ファッションショー	
発音の基礎	62A	晩になると	24A	人にあわなかった	72C		51C
発音を学ぶ	45A	半日	13C	人に言えないこと	81A	風格	71C
発電所	88C	犯人	45C	人に承諾	75C	風景画	81C
波止場	11C	販売員	47C	人に頼る	64C	ふえた	53A
鼻	4C	反駁する	74A	人に誇る	86B	深さ	33C
鼻がつまって	35A	半分できた	45C	人に見せる	51C	武器がつきもの	37C
話しかたがうまい	28B	半分の努力で効果が倍		人に迷惑をかける	81C	吹き倒す	32C
話したからには	75A		53A	一晩中さされ	32C	吹き続く	29A
話したらすぐ承知する		半分までやる	40B	ひと晩に	47C	ぶきよう	33C
	24C	半分やらなくては	55A	人よりすぐれた技術		ふく	16C
話したら長い	21A	〔ひ〕			50C	服	5A
話したり笑ったり	47B	日	21C, 43C	人を詩人とする	33B	復習	19A
話してくれませんか		日あたりもよく	54A	人を馬鹿にする	17C	服装	71A
	77C	ピーナツ	14C	人をやって	33C	不思議な	34C
話をしたり仕事をした		ビール	7C	火のなか水のなか	79C	負傷する	82A
り	41C	ひかえめにたべる	41C	火箸	25A	不足する	56C
話をする	19C, 22C	日がくれる	21C	批判する	24C	ふだん	63C
話す	2C, 17AB	ひかれて死ぬ	32C	ひまがない	9A	負担を軽くする	74A
話すにおよばない		ひきだし	23C	日ましに	27A	ぶちこわす	69B
	17AB	ひき続いて	66C	ひまなほどなまける		普通	13C
話すのが早い	28AB	ひきとめる	49A		56C	物価	36A

189

重要語句索引

ぶつかった	37A	部屋を掃除	22C	ほとんど全部	72A	待たせないように	33A
物価の安定をたもつ	83A	べらぼうに高い	82C	ほとんどみな知っている	72A	まだ話せない	36A
ぶどう	14C	ベル	58C			またやる	60C
ふとっている	27A	ベルがなった	35C	骨を折る	31A	待合室（電車の）	12C
ふとん	4A	勉強させる	33A	頬をひとつ殴る	32BC	まちがい	28C
船が出る	11A	勉強する	10A, 61A	ほめた	86B	まちまちである	65A
不熱心	52A	偏見に固執しない	83B	ほめられない	86A	まっかになって恥ずかしがる	28C
船によわない	55C	〔ほ〕		ほらを吹くばかり	52BC	まったく	78A, 88C
部品	37C	貿易して以来	27A			マッチ	25B
父母たるもの	41C	方角がわからない	36C	掘る	33C	待っている	48A
ふみこわす	17C	某国	38C	ぼろくそに言われた	77A	窓	40C
ふもと	8C	報告した	66A			窓はあけられない	37C
冬休みになる	40A	帽子	5A	ぼろ靴一足	53C	まどわされる	46C
プラスチック	25A	帽子をひとつ	43C	本会	32A	学ぶはじから	22C
ぶらぶらしている	60A	方針をかえる	79C	本が二冊	8A	間にあいます	35C
ぶらぶらと	81A	包丁	25C	本性をあらわす	67B	マフラー	5C
フランス語	10BC	法にもとづいて処分	48C	ほんとう	38C	まもなく試験	33A
ブランド	31C	方法がうかばない	36A	ほんとうに苦心した	88A	麻薬というもの	59A
降り続いた	40A	訪問する	49C	ほんとうのこと	73A, 66A	まるきりなっていない	84A
降りませんように	42C	ほうれん草	14A			まるで…のようだ	30B
ふるえる	67A	放浪生活	46C	ほんのすこし	66C	慢心すべきではない	79A
古くなった	60A	ほえる	2A	ほんもう	55C		
ふろしき	12C	ほかに	61A	ほんもの	24C	万年筆一本	19A
風呂に行く	67C	ほかの人	61AB	本屋	9C	満腹した	36C
風呂をわかす	15C	ほかの方法	75A	翻訳	35C	〔み〕	
文化交流	57C	ほかのを	16C	翻訳する資格が	69A	見あたらない	35C
紛糾	86C	北斗七星	35A	ぼんやりする	56C	みあわせる	42C
憤激せしむ	33B	ほごにはできない	75A	ぼんやりと	52C	見うける	83C
文章	28C	ほこり	39C	〔ま〕		見えない	35AB
奮闘しよう	57A	ほころびる	18C	埋蔵量が豊富	53A	見送る	11C
ぷんぷんおこった	28C	ほしい	42B	毎日	19A, 81A	見おぼえている	71A
〔へ〕		ほしいものをやる	34B	巻尺	25C	見かけによらない	46AB
平素	49C	ほしがっている人	64A	まきを割る	25AB		
平素の作法	87A	保守的な男	83B	枕	4A	身から皮まで	47A
併呑された	32B	保証する	24A	負けたらしい	83A	みかん	14C
平和を望んでいる	59A	保証できない	80C	負ける	52A	右の耳から入って	64B
北京直通	13C	ボス	53A	まさか…では	58AB	みこみ	44A
へこたれない	79A	ポスター	23C	ましだ	60AB	短かい	2C
ベッドに横になって	85B	ボスと闘う	35B	まして…では	39A	ミシン	25C
		細い	15C	まじめに	86C	みずから司会する	64C
べつに…ではない	42B	ボタン	18C	まず	23C	店	9C
ベトナム語	69C	ポット	27A	まず…それから…	25C	見たところ	30C
ペニシリン	27C	没頭して	57C	マスターする	62C	乱れる（手足が）	83C
部屋	10A	ホテル	9C	ますます	56B, 86A	道	3C
部屋いっぱいの人	24B	ホテルに泊まる	11C	ますますおかしくなって	80A	見積ると	47C
部屋代食費とも	47A	…ほど驚いた	72C	また	38AB	認める	70B
部屋に入る	23C	…ほどではない	27AB				

重要語句索引

見なす	70B
みなの者	63A
身につける	63C
見のがしてください	77A
身振り	71A
耳	4C
ミャンマーの人	70A
明後日	9C
見ようと見まいと	85A
見られずにすむ	60B
見れば判る	45B
未練があるらしく	83A
身を寄せる所のない	65A
民衆を圧迫	52C
民族意識	34C
みんな	3A
みんな集まって	49C

〔む〕

迎えの自動車を出す	63A
迎える	11A
昔のできごと	83A
昔のもの	59C
むきになって話す	56A
無慈悲にあしらう	56A
むしろ	60AB
むずかしい	39C
息子	32A
娘	32C
むだ足をふんだ	78C
むだだ	51B, 78C
むだに	39A, 60B
むだに勉強する	36B
むだ骨	53A, 78C
むちゃをする	62C
むっつりしている	85A
無法にやり出した	86A
むりができない	59C
無理算段	68A
むりはない	85A

〔め〕

目	4C
迷惑をかける	81C
メートル	33C
目方をはかる	25C
眼鏡をかける	19C
めざまし時計	15C
目をとじる	83C
(一)面	54C
めん鶏	34A

〔も〕

も	3AB
…も入れて	47B
もういたしません	77A
もう一度	60B
もう一分発見がおそいと	49C
もう五人変わった	44A
盲人	58C
もうすぐ…になる	21AB
もうすこし雨が	38B
もうすこしで	59AB, 72A
もう…出すと（かねを）	34C
もうたべられない	36B
もう二度と	69C, 77A
もうみこみがない	44A
毛布	4A
猛烈な砲火	87C
猛烈に	28C
目的を達する	88C
もし…ならば	49AB
餅屋は餅屋	73A
目下	64A
目下の形勢	66A
もっと強硬に	41C
もっとむずかしい	27C
もっとも	29B
もっともだが	54C
もっともらしい	83A
もっと安くても	85B
もっとゆっくり	48C
もっぱらの評判	82C
元手	42C
もとより…だ	54C
物語りをする	22C
物にする	63C
もはや忘れた	83C
…も…も	31A
桃の花	27C
もやし	14A
もよう	26C
もらす	81C
もらった（給料を）	58C
もらって来る	26A
文句をつける	86C
問題が解決できる	63C

〔や〕

夜学	10C
夜学へ通う	22A
役所	10C
役に立たない	60A
役に立つ人間に	57A
焼け死ぬ	59C
夜行	13AB
野菜	14C
やさしい	85A
安い	15C
安すぎる	47C
休む	33C
安んじて	69B
やせている	27A
家賃が高い	37A
家賃も高くない	54C
家賃を要求	26C
やったこと	84C
やっている	69A
やっと	45AB
雇う	34C
やはり	13B, 21C
破れやすい	85B
山に登る	12B
山には	8C
山のふもと	8C
やむなく賛成	88A
やむにやまれぬ	84C
やむをえない	48C
やめようとしない（酒を）	54C
やめようとする人	49A
やめる	38C
ややこしい	29C
やる以上	76A
やる気がない	48A

〔ゆ〕

唯一の突破口	50B
勇気	78C
勇気がない	77C
友好を続ける	70A
友好関係を促進	57A
優勝するためには	57A
友人	6C
悠然とかまえる	79C
郵便局	9C
郵便配達	6C
有力な	38A
優劣の差	70C
誘惑	51A
ゆか	25C
雪	21C
雪がやまない	86A
ゆくえ	59A
行くべき所	72A
油断する	17A, 24B
ゆでる	15C
指輪	32B
夢を見る	20C
許さない	51A
許してくれない	77C
ゆるめる（規則）	60C

〔よ〕

よいか悪いかは	62A
よい場所をとられる	49A
よいほうだ	49C
用事がない	9A
用務員	6A
様子	71C
…ようなことはない	49C
洋服	5C, 8A
洋服から下着まで	47A
洋服を五着	8A
夜があける	21C
よく暗誦する	60C
よくしてやる	51B
よくなった	87C
よく病気した	18A
よくまちがう	31C
よく見れば	45B
よくもまあ	81AB
よけられず	37A
横やりを入れる	65C
よさ	56C
よしあしの見わけさえつかない	78A
予定	42C, 83A

191

重要語句索引

夜通し勉強する 67A	理解している 63B, 50C	連絡先 74A	わざとあらをさがす 84C
夜なか 80C	理解できる 81C	〔ろ〕	わざとのばしている 48C
世のなかで 50C	陸海空軍 44A	老人 30A	忘れずに 42B
世のなかに 34C	陸路を行く 13C	労働者 6A, 41B	忘れた 26A
呼ぶ(医者を) 18A	利己的な 54C	労働に参加してから 40A	忘れて 36A
読む 7A	罹災民を保護 57B	老若男女 69B	忘れないように 17C
読むか読まないかのうちに 46A	理智の核心 84A	牢屋に入れられても 55A	忘れるはずがない 46B
…よりほかはない 74A	立案 38C	録音する 64A	綿入れ 71C
…よりも 27AB	理髪店 9C	録音テープ 64A	私が責任をとる 64B
喜びごと 49C	理由もなく 32C	六才になれば 33C	私としては 46C
喜んで 59A	留学生 61C	ロケット 38C	私にかねをくれという 86C
喜んで…する 77AB	流行歌 72A	ロシア語 10C	私の考え 54B
〔ら〕	竜頭蛇尾となる 60C	論文を書く 62A	私のこと 85C
来会者 61A	量子力学をやる 69A	〔わ〕	わびる 86C
来学年から 69C	良心にそむく 74C	ワイシャツ 5C	笑う 2C
ライター 38C	料理 7C	若い女の子たち 67A	笑うほど 56A
ライターがこわれた 68A	旅費 13C	若い人 72A	笑われる 32AB
来年の春 68A	理論も重要だが 54A	若い人たちの熱心さ 83A	割引 51C
落第する 38C	りんご 14C	わが国の代表 87A	悪い結果になった 46A
らしい 83A	〔れ〕	わかっているかどうか 73A	悪い人 17A
ラジオをいじる 85A	冷蔵庫 37A	若者 30A	〔を〕
ラジオを聞く 22A	冷淡な態度 73A	わからずやの彼も 83A	…を 23AB
ラジオで 57C	例をあげる 42C	わからない 65A, 73C	…を経由する 64B
らしくない 30A	レインコート 5C	わけ 24C, 45C	…を去ること 40AB
ラテン語 59C	レストラン 9C		
〔り〕	恋愛する 35B		
里(五百メートル) 34C	恋愛ばかりしている 69B		
	練習する 57A		

監　　修　中山時子（お茶の水女子大学名誉教授、2016年没）

解答執筆　田　芳　　劉嘉惠　　劉偉静

製作協力　柴田文惠　布施直子

録　　音　田　芳

<ruby>新訂<rt>しんてい</rt></ruby>　<ruby>標準 中国語作文<rt>ひょうじゅんちゅうごくごさくぶん</rt></ruby>　模範解答・音声付き

2015年　7月31日　初版第1刷発行
2017年　2月 1日　初版第2刷発行

原著者●長谷川寛・張世国
監　修●中山時子
校　訂●田　芳
発行者●山田真史
発行所●株式会社東方書店
　　　　東京都千代田区神田神保町1-3　〒101-0051
　　　　電話(03)3294-1001　営業電話(03)3937-0300
装　幀●堀　博
印　刷●株式会社平河工業社
CD製作●株式会社東京録音

※定価はカバーに表示してあります
©2015　中山光美　　Printed in Japan
ISBN978-4-497-21507-9 C3087
乱丁・落丁本はお取り替え致します。恐れ入りますが直接本社へご郵送ください。
Ⓡ本書を無断で複写複製（コピー）することは、著作権法上での例外を除き、禁じられています。本書をコピーされる場合は、事前に日本複製権センター（JRRC）の許諾を受けてください。
JRRC〈http://www.jrrc.or.jp　Eメール：info@jrrc.or.jp　電話：03-3401-2382〉
小社ホームページ〈中国・本の情報館〉で小社出版物のご案内をしております。
http://www.toho-shoten.co.jp/

好評発売中

東方中国語辞典

相原茂・荒川清秀・大川完三郎主編／中国人の身近なことばや用例を多数収録。付録も充実。学習やビジネスに威力を発揮。斬新なデザインと2色刷りで引き易い中国語辞典。……………… 四六判2120頁◎本体5000円＋税 978-4-497-20312-0

精選日中・中日辞典 改訂版

姜晩成・王郁良編／日中辞典約2万語、中日辞典約2万2000語の語彙を収録。学習に旅行にビジネスに携帯便利なポケット辞典。
……………………… ポケット判1408頁◎本体2500円＋税 978-4-497-20002-0

中国語文法用例辞典
《現代漢語八百詞 増訂本》日本語版

呂叔湘主編／牛島徳次・菱沼透監訳／本格的文法辞典として名高い《現代漢語八百詞》増訂本（商務印書館、1995）を完訳。大幅な加筆修正を行い、収録語は全部で約1000語に。 ……………… 四六判608頁◎本体4800円＋税 978-4-497-20303-8

動詞・形容詞から引く
中国語補語 用例20000

侯精一・徐枢・蔡文蘭著／田中信一・武永尚子・西槇光正編訳／常用の動詞・形容詞1072語を見出し語とし、補語との組み合わせを約2万例収録する。
……………………… A5判640頁◎本体2700円＋税 978-4-497-21505-5

やさしくくわしい 中国語文法の基礎

守屋宏則著／初級から中級まで、学習者のニーズに応える、参考書の決定版。本文中の例文にはピンインと日本語訳を附す。検索機能も充実。
……………………… A5判360頁◎本体2000円＋税 978-4-497-94438-2

東方書店ホームページ〈中国・本の情報館〉http://www.toho-shoten.co.jp/

好評発売中

HSKも中検もこの一冊！
単語マスターパーフェクトガイド
（初中級）

ビラール イリヤス著／HSK1級～3級・中検準4級～3級対応。HSK／中検の級ごとに章分けし、品詞別に単語を配列。用例、練習問題を豊富に収録。音声ダウンロード方式。……………A5判304頁◎本体2000円＋税 978-4-497-21614-4

三文字エクササイズ中国語1200
伝わる！使える！三文字会話・フレーズ集〔MP3CD付〕

林修三著／日本語→中国語、中国語→日本語で流れる音声で翻訳の反射神経を鍛えたら、第2部会話編で応用をマスター。
……………………… 四六判208頁◎本体1800円＋税 978-4-497-21511-6

中国語筋トレ100読練習法
〔MP3CD付〕

木本一彰著／2分程度（450～500字）の文章を100回ずつ読み、中国語を「音」として覚え込む。発音、四声をピンイン文の音読で徹底チェック。
………………………… A5判208頁◎本体2400円＋税 978-4-497-21509-3

中国語作文のための短文練習
中文造句

中山時子・飯泉彰裕著／豊富な練習問題と日本人の間違いやすいポイントに重点を置いたていねいな解説で、正確な語法と表現力を身につける。
………………………… B5判224頁◎本体2400円＋税 978-4-497-99560-5

論説体中国語 読解力養成講座
新聞・雑誌からインターネットまで

三潴正道著／中国語の書き言葉「論説体」の読解力を伸ばす参考書兼問題集。別売ドリル有り。……………… B5判208頁◎本体2400円＋税 978-4-497-21007-4

東方書店ホームページ〈中国・本の情報館〉http://www.toho-shoten.co.jp/

好評発売中

中国語口語表現
ネイティヴに学ぶ慣用語〔CD付〕

沈建華編著／是永駿・陳薇編訳／中国人同士のふだんのおしゃべりに耳を傾け、生きた慣用表現を体感しよう。約1000例を収録した「例文解釈」別売CDあり（本体2800円＋税）。……………A5判352頁◎本体2800円＋税 978-4-497-20911-5

街なかの中国語
耳をすませてリスニングチャレンジ〔MP3CD付〕

孟国主編／井田綾訳／友だち同士の会話、電話での問合せ、銀行や病院でのやりとり、テレビ番組など、生の中国語を収録。雑音あり・早口・不明瞭な「聞き取れない」中国語に挑戦！……………A5判268頁◎本体3000円＋税 978-4-497-21208-5

街なかの中国語 Part2
インタビュー・テレビ番組のリスニングにチャレンジ！〔MP3CD付〕

孟国主編／井田綾・平野紀子訳／街頭インタビュー、専門家の解説、アナウンサーが高速で読み上げるニュースなど、ますます「聞き取れない中国語」全48本！………………………A5判280頁◎本体2800円＋税 978-4-497-21209-2

街なかの中国語 Part3
話し手の意図・主張の聞き取りにチャレンジ〔MP3CD付〕

孟国主編／井田綾・平野紀子訳／「聞き取れない中国語」ファイナル！Part3の特徴は、長さと速さと言えるでしょう。訳者による巻末エッセイもおおいに参考になります。……………A5判336頁◎本体3000円＋税 978-4-497-21317-4

聴いて鍛える 中国語通訳実践講座
ニュースとスピーチで学ぶ〔MP3CD付〕

神崎多實子・大森喜久恵・梅田純子著／現役の放送通訳者が指導。多彩な話者によるスピーチのほか、CCTV大富の放送から15分野51本のニュースをピックアップ。収録音声は8時間以上！…A5判376頁◎本体5000円＋税 978-4-497-21413-3

東方書店ホームページ〈中国・本の情報館〉http://www.toho-shoten.co.jp/